プロカウンセラー開業&集客BIBLE《バイブル》

矢場田 勲
Yabata Tsutomu

はじめに

近年、カウンセラーの資格や技術を習得するスクールが増えています。学ぶところが増えると、それに伴いカウンセラーの数も増加します。

しかしながら、開業カウンセラーとして成功している人はその中のごく一部です。

なぜならば、**スクールの勉強はカウンセリングのスキルに終始し、開業の仕方や、開業後、事業を発展させていくためのノウハウまでは学べないから**です。

実際、多くの開業カウンセラーは、開業してから思うような結果を出せていません。

とはいえ、成功しているカウンセラーが世の中にいるのも事実です。

開業後の両者の違いを比べてみると、次の2つのことがわかります。

「新規クライアントの集客数」
「集客した顧客のリピート数」

つまり、カウンセラーとして開業したからには、**「継続的な集客」を生むことが事業として、最も重要だということです。**

本書では「継続的な集客」に成功したカウンセラーの法則をもとに、集客やリピートがうまくいく成功法則を紹介していきます。

また、あなたが開業を実践していく中で、発生する課題に対して、どのように対応していったらいいのかを解説します。

一方、開業に当たり、失敗ポイントに陥らないための方法も解説しています。

失敗するポイントをあらかじめ知っていれば、金銭面での損失や、時間の無駄を大幅に省けることになるからです。

私自身、現在では1対1のカウンセリングだけで100万円を超える月収となっていますが、カウンセリング業を始める以前、熱帯魚のリース事業を失敗させています。

この事業での最大の失敗理由としては、先に挙げた集客の知識がまるでなかったことです。

しかし、この経験で「集客」という意識を持てたからこそ、その後マーケティングの知識である「集客」や「リピート率」「接客」といったスキルを学ぶことができました。

結果、再び開業した足裏マッサージ業で、新規顧客の獲得やリピート率を徐々に向上させ、半年で事業を軌道に乗せました。

その数年後、現在の仕事である心理カウンセラー業を開業させています。

現時点で、毎月10名以上の新規クライアントを集客し、リピート率は70％以上になっています。


本書は、カウンセラーが事業を始めるに当たり、「開業するまでの準備の仕方」「開業後の集客」「リピート率の向上」「売り上げの向上」「安定収入を得る方法」を学ぶための本です。

カウンセラーとして一生現役でクライアントの役に立っていきたいと考えている方から、月収１００万円以上の収入を継続して得たい方、子供が学校に行っている間に自宅でセッションをしていきたい主婦の方に読んでいただきたい内容となっています。

それでは、本書の構成を簡単に紹介します。

第1章と第2章では「開業カウンセラーの魅力や現状」「開業するまでに準備しておきたいポイント」を解説します。

次に、第3章から第5章では「開業後の集客」「集客がうまくいかない人の理由や改善方法」「予約が殺到するホームページの作り方」を具体的に解説します。

第6章と第7章では「収益が安定している人気カウンセラーがやっていること」「開業カウンセラーに必要な経営者感覚を身につける方法」を紹介します。

第8章では「開業カウンセラーが陥りやすい失敗パターン」から事業が失敗に陥らない方法を解説します。

第9章では「安定収益を得たカウンセラーが次のステージへ進む方法」を詳しく紹介します。

最後に、第10章では「開業カウンセラーとして一生活躍するために必要な心構え」をお伝えします。

また各章、繰り返し同じ課題を取り上げていますが、実はこれにも意味があります。

たとえば、あなたが開業したあと、繰り返し同じような課題が目の前に現れたとします。

一見、同じような課題であったとしても、実は課題の質はあなたの成長とともに、より難しい課題に変わっていきます。

つまり、本書で同じ課題を繰り返し取り上げているのは、**あなたの成長によって取り組んでいく課題の内容が変わる**からです。

たとえば、らせん階段を上るようなものだと思ってください。

らせん階段は真上から見ると、円に見えます。

同じところをグルグル回っているように思っていても、横から見れば、確実に上へ進んでいます。

これは、事業も同じです。

事業を続けていくと、同じような課題に打ち当たると思うかもしれませんが、あなたの成長とともに、必ず以前よりも高度な課題が目の前に現れます。

したがって、課題を乗り越えていくたびに、あなた自身も、あなたの事業も成長しているということです。


本書は、読んでいただき納得していただくだけの本ではありません。

あなたの**事業をより成長させるためのツール**として活用していただければと感じています。

本書が、少しでもあなたの開業や開業後の課題を乗り越える手助けとなり、あなたの成功の一助を担えたら幸いです。

2015年4月吉日

矢場田　勲

contents

プロカウンセラー
開業&集客バイブル

contents

第3章 開業から軌道に乗るまで

contents

第8章 開業カウンセラーが陥りやすい失敗

第10章
カウンセラーを生涯続けるための自分自身の心のケア

第1章

あなたもカウンセラー業を開業できる

POINT 1

悩みの数だけカウンセラーは求められている

複雑な社会だから、カウンセラーが必要

イングランドの元サッカー選手であるデビッド・ベッカムが2006年に、メディアのインタビューで「強迫性障害」であると告白しました。

そのインタビューで、ベッカムは自身の症状について、「コーラを冷蔵庫に入れるときに奇数だと落ち着かないので、偶数になるように入れる」「直線に揃っていないと落ち着かない」などと語りました。

昨今、有名人がメディアを通して、心の病気を告白することが多くなっています。それは、心の病気を世間へ認知させる役割を果たし、多くの苦しんでいる人への偏見をなくす活動のようにも思えます。同時に、現代は、多くの人が様々なことで悩んでいる時代だともいえるかもしれません。

社会環境が複雑化する中で、心の病も同様に複雑化しています。うつ病、パニック障害、PTSD（心的外傷後ストレス障害）、強迫性障害、不眠症、社会不安障害、摂食障害……、これら精神科で扱う領域の病です。

私のもとへも様々な悩みを抱えたクライアントがいらっしゃいます。

たとえば、精神科でカウンセリングを勧められて、いらっしゃる方もおられます。

教育の分野では、いじめ、不登校、心身症、発達障害のお子さんを抱える親御さんが悩んだ末に、スクールカウンセラー以外のカウンセリングを希望していらっしゃることもあります。

一方、クライアント自身がインターネットで調べて、「自分は機能不全家族で育ったのでアダルトチルドレンに違いない」と相談にいらっしゃる方もおられます。

もちろん、仕事に関しての深刻な悩み、就職難、転職、リストラ、倒産、失業、過重労働、パワーハラスメントなどで相談に来る方もいらっしゃいます。

ライフイベントや人間関係の悩みに関しても、恋愛、結婚、不妊、育児、虐待、不倫、離婚、介護、夫婦関

係、嫁姑関係、親子関係、ママ友との付き合い、ＰＴＡや子供会、地域の役員など、相談は多岐にわたります。

特に、近年はＤＶ、モラルハラスメント、ストーカーについての相談件数も増えています。

また、スマートフォンやＬＩＮＥといった新しいコミュニケーションツールの出現で、対人関係に変化が生まれ、対人不安を抱える人が多いのも最近の傾向です。

世の中が便利になればなるほど、問題が複雑化し、新しい悩みが多種多様に広がります。

したがって、近年、このような問題を抱えている人達のために、専門的な知識とスキルを会得したカウンセラーへのニーズが増えているのです。

時代が変われば、カウンセリングへのニーズも変わってきます。従来のカウンセリングでは、精神疾患や教育関係中心で行われてきましたが、社会の多様化は様々な個人の悩みを表面化させています。

そのため、カウンセラーも活動の幅を広げ、新たなサービスを作り出して、悩みを抱えている人に対してわかりやすく提供していく必要があるのです。

クライアントが本当に求めるものとは!?

社会の多様化によって、個人の求めるニーズがそれぞれ変わると、カウンセラーやコーチ、コンサルタント、弁護士、探偵といった業種の垣根がなくなってくることも考えられます。

たとえば、離婚を考えているクライアントであれば、「心のケアをしてもらいたい」。それと同時に「実際の裁判になったときには専門的な相談もしたい」。

このような場合、クライアントはカウンセラーの資格を持った弁護士がいれば、その人に相談を持ちかけたいと思うのが当然でしょう。

実際、コンサルタントで人気・実力がともにある人には、カウンセリングの要素が多く含まれているそうです。

なぜなら、**事業の発展は、有効な戦略や手法が必要とはいえ、実際に実行するのは、あくまでも人だから**です。

クライアントが家族のことで悩みを抱え、ショックな出来事を引きずっていれば、いくら優秀なコンサルタントがついていても、クライアントは仕事に集中できず最高のパフォーマンスを発揮することができません。だからこそ、コンサルタントにも、じっくりクライアントの悩みを聞き、心の悩みを解放させるといったカウンセリングが求められるのです。

つまり、クライアントの立場からすると、自身が抱えている悩みを解決してくれれば、カウンセラー、コーチ、弁護士、コンサルタントといった資格は、実際のところどうでもいいというわけです。

ここで、少しカウンセリング方法の種類を紹介しましょう。

まず、カウンセラーとクライアントが1対1のカウンセリング形態です。

次に、カウンセラー1人に対して、クライアントが複数のグループカウンセリングという形態です。このカウンセリング方法には、夫婦、あるいはカップルといった1対2のカウンセリングの形を取ることもあります。

また、子供と母親といった1対2のカウンセリングの場合もありますし、子供と両親といった1対3のカウンセリングの場合もあります。

最近ですと、上司が部下を連れて来てカウンセリングを行うこともあります。

様々なカウンセリング方法がありますので、あなたが得意なカウンセリングのパターンを見つけていきましょう。

カウンセラーは誰でもなれる

「カウンセラーになるにはどうしたらいいのでしょうか？」

私のもとでカウンセリングを受けられているクライアントから質問されることがあります。日本では現在のところカウンセラーの国家資格はありません。

コーチやコンサルタント、探偵、整体、カイロプラクティック、リフレクソロジーなどの仕事に就かれている方と同じで、**「私はカウンセラーです」と名乗れば、誰でも瞬時にカウンセラーになれる**のです。

とはいえ、名乗るのは自由ですが、世間に受け入れられるかどうかは全く別の問題です。当然、カウンセリングの基本スキルは最低でも身につけておく必要があります。

カウンセラーには国家資格がありません。しかし、**「公益財団法人日本臨床心理士資格認定協会」が認める「臨床心理士」という資格**があります。「スクールカウンセラーになりたい」「精神科や心療内科といった病院でカウンセラーとして働きたい」などの場合は、臨床心理士の資格を取得しましょう。

また、働く人のためにカウンセリングを行いたい場合は、産業カウンセラーの資格取得が有利になります。

カウンセラーに関する資格は他にも様々な団体や協会が主催するものが多数あるので、必要に応じて取得しておくといいでしょう。

カウンセラーとしての独立開業の仕方も、人それぞれです。

たとえば、カウンセラーとして働きながら実力をつけて、独立開業する人もいます。

一方、カウンセラーとは違う業界で社会人として経験を積んでから、カウンセリングスキルを学んで、そのまま独立開業する人もいます。

カウンセラーが独立開業するのはとても簡単です。「今日から自分のカウンセリングルームをオープンします」と言えば、誰でもすぐに開業カウンセラーになれるからです。

カウンセラーは経験数がものをいう

本書では、これから開業しようとする人、あるいはすでに開業している人のための内容となっているので、カウンセラーとして就職することに関してはほとんど触れていません。

したがって、カウンセリングのスキルはすでに持っていることを前提で話を進めています。現時点で、カウンセリングスキルがない方は、スクール等でしっかりと学んでください。

とはいえ、カウンセリングスクールを調べだすと、大小様々なスクールがあることに驚かれるでしょう。それに伴って、当然スクールには講師がたくさんいらっしゃいます。

では、すべてのスクール講師はカウンセリングスキルのレベルが高いのでしょうか?

たしかに、プロフィールを見ると、圧倒されるほど様々な資格が並んでいて、相当勉強してきたことはわかります。「この先生なら、なんだか良さそうだ」という雰囲気も感じます。

もちろん勉強はとても大切ですが、実際にクライアントからお金をいただいた上で、1対1のカウンセリングの経験が豊富であるかどうかは、プロフィールだけではわかりません。

「カウンセラーになるのは誰でもなれる」とお伝えしましたが、実は、**カウンセラーを養成する講師にも誰もが**

なれるのです。

たとえば、開業して1対1のカウンセリングを始めると同時に、講師を始めることも可能です。

しかしながら、**どんなにカウンセリングの知識や技術を学んでも、実際のクライアントは一様ではありません。**その場その場で臨機応変に対応していく術は、実際の現場でないと味わえないのです。真剣勝負の場である1対1のカウンセリングの経験が乏しいと、生々しい実践の知恵までは教えることができません。

したがって、スクールを選ぶ際は、その講師が1対1のカウンセリング経験が豊富かどうかを調べておく必要があります。

カウンセリング経験が豊富な講師からは、より実際に近いカウンセリング感覚を養え、学べます。

そこで、ある程度あなたのカウンセリングの基盤を作ってから、他のスクールや講座で自分が身につけたい手法を学んでいくと、より多くのスキルを吸収できると思います。

そして、学んだスキルは即実践してみましょう。自分自身が日常生活で実践してみて、本当にいいと実感したものをカウンセリングの現場で使っていくようにします。

また、スクールを選ぶ上で、卒業生の進路先での活躍も重要な目安になります。スクールのホームページを見れば、卒業生の情報は得られます。活躍している人が多数いれば、学べることも充実しているという証拠になります。

しっかりと自分の目でチェックしてください。

心理療法には数百を超える技法があるといわれています。そのすべてを学ぶには時間がいくらあっても足りません。よって、**いくつかの手法を学ぶことで、それぞれの手法の共通点を見つけることができ、真理は1つだということがわかってきます。**そこがわかると、クライアントの状態に合わせて、学んだ手法をその場でアレンジしていくことができるようになります。多くのスキルを学んでいくことも大事ですが、**自分の軸となる手法をしっかりと磨いていけば、様々なクライアントに多様な対応ができるようになる**のです。

学ぶときの心構え

講座を受ける場合、「面白かった」「感動した」と、ただ漠然と学んでいたのでは、その場限りのエンターテイメントを堪能したようなもので、非常に時間とお金がもったいないです。また、様々なセミナーをわたり歩くセミナージプシーになってはいけません。それでは、知り合いだけがやたらと増える一方、あなたの実践能力はいつまでたっても身につきません。

講座を受けるときは、しっかり目的意識をもって、それを最後まで忘れないようにしましょう。

「1対1の真剣勝負のカウンセリングで、クライアントに癒しと元気を与えられるように学びたい」

「○○さんの悩みを解決するサポートができるように、講座の内容をしっかり身につける」

このように、学んだ後の自分がありありと想像できるようにしてから、学ぶようにします。私の場合、この講座にいくら支払ったかを忘れないように、目的として「学んでから6カ月以内に、講座で支払った元は取る！」と、デスクに金額を書いた付箋を貼り付けています。

そのおかげで、心理療法の講座を終えた6カ月後には、講座の料金を回収しています。

人は、**目的意識を明確にすると、スポンジのように学びを吸収して、その後実践できる**ようになるのです。

武道や禅の教えとして「守・破・離」というものがあります。

「守」は、決められた型や指導者の教えをきっちり守り、繰り返し練習することで基本を習得する段階です。

「破」は、基本をベースにしながら、自分なりに工夫をして、徐々に基本を破り発展させていく段階です。

「離」は、型や教えから離れて、自分独自の個性を発揮する段階です。

「守」は基本、「破」は応用、「離」は独自性です。

つまり、講座で学んでいる最中は、「守」になります。

しかし、残念なことに、この段階で過ちを犯している人も多々見かけます。学んでいる最中から、講師の批判をするのです。たとえば、「自分だったらこうするけどな」と自分なりの見解を述べるのです。

せっかく、その講師の今までの経験や知恵の結晶を学べる貴重な瞬間だというのに、そのような人は自分の価値観に照らし合わせてしまうのです。そして、自分の価値観に合えば「この講師はいいことを言う」、自分の価値観に合わなければ「この講師の言い分は違う気がする」と評価します。

自分の価値観と合わせることからは、新たな学びはありません。

スポンジのように新たな知識を吸収するためには、自分の価値観をいったん手放すことが必要です。学んでいる期間は、自分の価値観をそばに置きましょう。

私の場合、講師を憧れの師匠という存在として位置づけています。

師匠の会話の内容、誘導の声やトーン、考え方を真似します。**成功する人は、真似をするのがとてもうまい**といいます。真似という言葉自体に抵抗がある人は「モデリング」と置き換えてもいいでしょう。
師匠は、成功するまでに何十回、何百回と失敗を積み重ねて、今の地位にいるのです。せっかくうまくいっている方法を惜しみなく教えてくれているのですから、わざわざうまくいかない自分のやり方を混ぜてしまう必要はないのです。
逆に**成功できない人は、真似がうまくありません**。学んでいる最中から自分の価値観を取り込んでしまうからです。批判や愚痴が出てきたら、自分の価値観が主張し始めた証拠です。
よって、価値観は隣に置きましょう。

ちなみに「破」を取り入れるのは、実際のお客様にカウンセリングを行ってからでも遅くはありません。

しっかりと、講師の真似ができてから、少しずつ自分のやり方を取り入れていきましょう。

POINT 2

開業カウンセラーになるメリット

カウンセラーはシンプルに開業できるが、経験がものをいう

カウンセラーという職業は他の業種に比べると、とても開業しやすいです。

たとえば飲食店を開業しようとすると、テナント代がかかります。設備投資も必要です。食材も仕入れなければなりません。スタッフも雇わなければいけません。そのため、飲食店を開業したほとんどの方が融資を受けます。いきなり借金を背負ってのスタートになるので、プレッシャーは大変なものです。

その点、カウンセラーの開業はいたってシンプルで身軽です。

スタッフを雇わず1人で始められます。就職している方でも、週末起業はできます。仕入もありません。自宅で始めれば家賃もかかりません。クライアントの自宅に伺う出張スタイルや電話カウンセリングを行う場合は余計な家賃がかかりません。

開業するに当たっての出費は、電話、パソコン、プリンター、名刺くらいです。携帯電話、パソコン、プリンターをすでに持っている人は、新たな出費は名刺代くらいです。

また、カウンセラーという職業は、自分のライフスタイルに合わせて開業することも可能です。

たとえば、子育て中の主婦であっても、開業することができます。子供が保育園や小学校に行っている間だけ営業すればいいからです。通常、カウンセリングは、完全予約制の場合が多いので、平日の午前中や、平日の午後3時までといったようにライフスタイルに合わせて仕事ができます。

一方、平日、お勤めの人であれば、土日だけ営業するという週末起業もできます。また、会社が終わってから平日の夜にゆとりがある人は、夜だけカウンセリングを行ってもいいでしょう。

いつでも好きなときにカウンセリングが行えるので、スキルさえあれば隙間時間でやり始めることもできます。

　ただし、カウンセリングスキルを習得したからといって、今現在勤めている人は、すぐに会社を辞めないようにしてください。集客がうまくできるようになるには、ある程度の試行錯誤が必要です。したがって、集客のコツをつかむまでは、週末起業家として実力をつけていきましょう。

　また、人生経験をそのままカウンセリングに活かすこともできるので、年配の方でもハンデにはなりません。様々な職業、職種を経験した上で、セカンドキャリアとして独立開業することもできます。

　また、引きこもりや離婚、リストラといった、本来であれば人に知られたくないネガティブな経験をしたカウンセラーでも、カウンセリングで自分の経験を活かすことができます。

　クライアントは、自分と同じ悩みを克服したカウンセラーに相談したいという気持ちが強いからです。

　カウンセラーとは、経験がものをいう仕事です。

　たとえば、私のもとへ来られたご夫婦の場合、夫婦間の悩みについて相談にいらっしゃいました。ご主人は私と同年代だったのですが、「同年代だと安心してすべてを委ねられない」という理由でご主人は年配のカウンセラーに相談へ行かれました。

　たしかに、カウンセラーと同じ年齢かカウンセラーのほうが若かったら、相談しづらいという心理が働くこともあるでしょう。年配の方で人生経験豊かなカウンセラーを好むというニーズは、個人的な体験からも今後、増えるように感じます。

心の報酬が得られる

　カウンセラーは直接クライアントと接します。

　問題が解決したあと、カウンセラーはクライアントから感謝されることも度々あります。もちろん、感謝されなくても、クライアントが自分の足で歩み始めたことを確認できたときは、カウンセラーはこの上ない喜びを噛みしめることができます。

　心の報酬を受け取りながら、お金という報酬も受け取れるわけですから、とてもやりがいのある仕事だと私は思います。

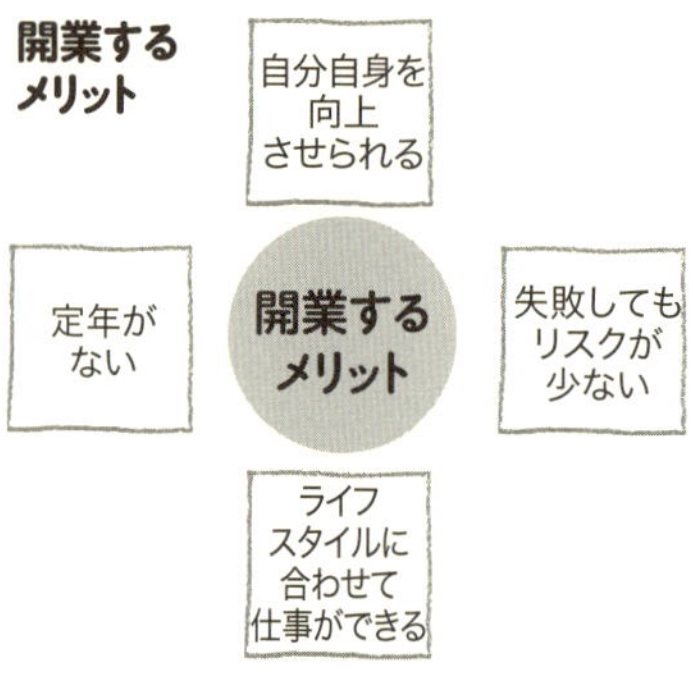
開業するメリット
自分自身を向上させられる
失敗してもリスクが少ない
ライフスタイルに合わせて仕事ができる
定年がない
開業するメリット

POINT 3

開業カウンセラーの現実

カウンセラーが活躍できるのは限られた場所

カウンセラーや開業カウンセラーになることは誰でも可能だということはお伝えしました。

しかし、カウンセラーが世の中から求められているわりに、不安定な職業だと言われているのも現実です。

なぜ、そのように言われているのでしょうか。

カウンセラーによっては、「日本ではカウンセリングの知名度が低いからだ」と言います。たしかに欧米に比べると日本ではカウンセリングがまだまだ知られていません。また、カウンセリングを受けることに抵抗がある人も日本には多いようです。

「カウンセリングを受けていることを誰にも知られたくない」

「主人に内緒で相談に来たので、電話やメールで連絡しないでほしい」

実際、私のところに来られるクライアントに、このように言われることがしばしばあります。

クライアントに理由を聞いてみると、「特に主人に知られてはいけない内容ではないけれど、カウンセリングを受けていることは身内にも隠しておきたい」とおっしゃっていました。

したがって、**カウンセラーが思う以上にクライアントはカウンセリングを受けることに抵抗を感じている**のです。つまり、**カウンセリングを受けに来るクライアントですら抵抗を感じているのですから、一般の方はもっと抵抗を感じているということ**です。ここに、カウンセラーが職業として、成り立ちにくいという現状があります。

実際、カウンセラーが就職しようとしても、非常に厳しい現実が待っていると聞きます。精神科や心療内科といった病院でも、カウンセラーを雇っていないところは多々あります。雇っていたとしても求人1人に対して、応募が殺到し、就職までの道は険しいです。

カウンセリングを学ぶ学校が増え、有資格者が増える一方、活躍する場が追いついていないことで、資格難民が巷にあふれかえっているのが現状です。

カウンセリングへの誤解と偏見

カウンセリングについての誤解や偏見は他にもあります。

たとえば、私の経験からお話しすると、「宗教と関係がありますか？」「ただ話を聞くだけでお金を取るなんて詐欺みたいなものですね」と言われることもあります。

また、A4用紙に質問事項をびっしりと100項目ほど書いてきたクライアントから質問攻めにされたこともありました。

他方、人生相談、身の上相談のように、「この場合はどうするのが正解なんですか？」「遠くから来たのだから、何か答えを持って帰りたいんです」と直接的な答えを求めてくる人もいます。

そうかと思えば、「カウンセリングを受けることで今までの自分ではなくなってしまうのが怖いです」と言う人や、「私の悩みをズバリ当ててみてください」と言う人もいます。

このような誤解や偏見があったとしても、クライアントはそれぞれ真剣ですので、いい加減な対応は決してできません。

一般的に、カウンセリングという言葉自体は聞いたことがあっても、実際にカウンセラーが何をしているかまでは、まだ認知されていません。**理解できないものに、人はお金を出そうとは思わない**のです。

私のクライアントの中にも、私のホームページを閲覧してから、1年以上たってカウンセリングを受けに来る方も多いです。なぜ、カウンセリングを躊躇していたのかをその方達に聞いてみると、次の意見が返ってきました。

「悩みは解決したいけど、本音や秘密を他人に知られたくない」
「相談したことが漏れるのではないか心配」
「カウンセリングは胡散臭い」
「本当に効果があるのか信じられない」
「話をするだけで、何でこんなに高額なのか」
「いくら料金を取られるのかが怖い」
「カウンセラーは本当に信頼できるのか」

クライアントには、実に様々な不安や疑問がカウンセリングを受ける前にあるのです。

また、一般的に、カウンセリングの料金は高額と捉える人は多いでしょう。

５００円や１０００円の商品であれば衝動買いもあります。しかし、**高額になればなるほど、人は一歩踏み出すのに躊躇します。**

「本当に買っていいのだろうか」と心の中での葛藤が大きくなるのです。

ましてや、カウンセリングという商品はわかりにくいものです。

目に見えたり、手に取ったりできる商品であっても、１万円以上するものは躊躇してしまう人が多い中、**目に見えないカウンセリングという商品を販売するのは並大抵のことではありません。**

いろいろと迷ったあげくカウンセリングに来なかった人は、行動を起こすことよりも不信感のほうが上回ったということです。

このような**不信感が見込み客にあると、いざ開業しても、思うように集客できず、結果開店休業するカウンセラーも多数います。**

その一方で月収１００万円を超えるカウンセラーもいれば、スクールで人気講師としてそれ以上の収入を得ている人も現実にはたくさんいます。

その人達と集客に困っているカウンセラーとではいったい何が違うのでしょうか。

POINT 4

開業に向く人、向かない人

マーケティング力を身につける

一流のスキルを持ったカウンセラーであることと、独立開業してカウンセリングルームを経営することは全くの別物です。

したがって、「カウンセリングスキルには揺るぎない自信がある。だから開業したら絶対成功する」とは限らないのが現実です。

カウンセラー業を行う上で、カウンセリングの知識とスキルはもちろん必須です。

それ以外にも自分自身の健康や家族の理解も必要になります。また、開業を決めたら、当面の生活費は用意しておいたほうがいいでしょう。開業してすぐに目標の売り上げが達成されることはないと思ってください。

現在、成功している人であっても、開業して最初の1年間は苦労したという人がほとんどです。

実際、私自身も開業当時、蓄えた資金が毎月どんどん減っていく恐怖と戦いました。

焦ってしまうと、うまくいくものも滞ってしまいます。1年間、売り上げがゼロでも生活していけるだけの資金のゆとりは準備しておきましょう。

その上で、**開業時に最も必要とされるものは、「マーケティング」**です。

「目の前にクライアントがいてくれたら、私のカウンセリングの良さをわかってもらえるのに」

「一度でもカウンセリングを受けてもらえたら、実力を存分に発揮できそうなのに」

このように言うカウンセラーもいます。

たとえば病院に勤めていたカウンセラーなら、クライアントは次から次へとあなたのもとにやってきたことでしょう。

しかし、開業したということは、クライアントを目の前に連れて来るという作業も自分自身でやっていかなくてはなりません。

そのためにも、**マーケティング力を身につけることが**

開業者には必須のスキルだと思ってください。

経営者は決断力が大切

経営者の役割で最も大切なのは、決断することです。開業すると、何かとその場で選択する自体が多くなります。素早く意思決定していく必要があるのです。

「素早く決断したことで、失敗するかもしれない」と不安に思う人もいるでしょう。でも、大丈夫です。**決断は間違ってもいいのです。間違ったと思ったら、すぐに軌道修正していくこと**です。「決断」と「軌道修正」を繰り返しているうちに、**「直観力」が鍛えられて、正しい決断ができるようになってくる**のです。

優柔不断で決断を先送りすることほど、時間の浪費はありません。

また、経営者は孤独なものです。もし、スタッフを雇っていたとしても、経営者とスタッフとでは完全に立場が違います。経営者同士の仲間が大勢いても同じです。たしかに、経営者同士の集まりに参加すれば、モチベーションは上がるでしょう。「自分は1人ではないんだ」という実感もあるでしょう。

しかし、協力して同じ作業をするということはありません。資料やホームページなどを作るときや、事務作業をするときは、1人でコツコツと地道な作業をするのです。

素直さと疑える力

素直さと常識を疑えるというのは相反することのようですが、両者のバランスが大切だということです。

教わったことを素直に実行する人は、学びの吸収がとても早く、結果が出るのもあっという間です。

逆に教わっているときに、今までの知識が邪魔をして変に疑ってしまい、肝心なところを受け取れない人もいます。

実際に私がカウンセリングスキルを学んでいるときも、素直に実行できない人は、「要するに今日学んだことは○○さんの理論を応用したものだ」とか、「○○協会で学んだときは、こういうふうに教わった」とうがった見方で学んでいました。素直さがないと、新しく受け取れる知識を自分のものとして育めません。

他方、常識を疑うことも必要です。**業界の慣習が本当にクライアントや自分自身を満足させるものなのかどうかを疑っていくこと**です。

たとえば、以前、私が配置薬業に勤めていたとき、その会社では新規開拓を定期的に行っていました。

そのとき、会社から教えられた営業は、お客様のお宅へ伺い、インターホンを押して、直接、薬箱を置いてもらえるように交渉する方法でした。

その方法があまりにも効率が悪いのと、住民から苦情を受けることもたびたびあったので、私は「チラシを作ってポスティングをしてみましょう」と社長に提案したところ、あっさりと却下されました。

しかし、あきらめきれない私は、自腹でチラシを作成し、ポスティングをしました。すると、従来の営業方法よりもお客様の反応が高いことがわかりました。しかも、住民からは一切、苦情を言われません。

そこで、私は意気揚々と社長に報告しました。

結果どうなったか……。

「たしかにいいのはわかったけど、この方法は配置薬業界では、今までやったことがないから、やっぱり従来の方法でやっていこうね」

社長は私にこう言いました。

もちろん、私が提案した営業方法のほうが、時間もコストも削減できたのです。しかも、お客様にとってもインターホンをいきなり鳴らされて、押し売りされることは迷惑なはずです。それなのに業界の慣習のほうが重んじられるのです。

１９８０年代には会社の寿命は30年といわれていました。今では5年とも10年ともいわれています。それだけ、時代の流れは速くなっているのです。

安定を求めて新たな挑戦をしなくなった時点で、すでに衰退に向かっているということです。常に時代の変化を察知して、変化していくことが求められています。

何百年も続く老舗の和菓子屋であっても、伝統を受け継ぎながら時代とともに常に新しい商品、サービスを生み出しています。

常に変化と成長をしているからこそ、長きにわたって多くの人達から支持を得られるのです。

実体験を踏まえた上でも、**これまでの常識を疑って、新たなチャレンジをすることはとても重要**だと私は考えます。

開業するということ

今の仕事が嫌だから、そこから逃れたくて開業した場合、すぐに挫折することになるでしょう。

「寝ても覚めても、カウンセラーになりたい」というく

らいの思いがないと、事業を継続していくことは難しいです。

また、カウンセリングルームが清潔なのは当然だとしても、クライアントの目が届かない部分、たとえば裏方である事務作業をする場所も整理整頓されているでしょうか。

事務所が乱雑だと作業をするたびに、いちいち探し物をしなくてはなりません。探す時間は無駄な時間です。どこに何があるかは一目でわかるようにしておきましょう。

また、1人暮らしをしたことがないというのも開業には一見関係ないように思われますが、実はあります。

1人暮らしをすると、実家暮らしとは異なり、生活の上で行わなければならないことの多さに気づきます。

たとえば、買い物、食事、洗濯、ゴミ捨て、掃除、ご近所付き合い、公共料金の支払いなど、1人暮らしを始めた途端、そのすべてを自分でやらなくてはいけないのです。

いかに今まで親に頼っていたのだろうと感謝の念が湧いてくるでしょう。

これは会社勤めしていた人が独立するときも同じです。

いかに会社がいろいろとやってくれていたのかを、あらためて気づくことが多いのです。今まで会社がやってくれていたことを、**独立開業したら自分で全部やりこなさなくてはなりません。**

小さい用事から大きい用事まで、何でも自分でテキパキこなしていく能力は絶対に必要なのです。

ここで、「開業に向く人、向かない人」を32頁にまとめてみました。

「カウンセラーに向く人、向かない人」ではありませんので注意してください。

誰かに雇われる立場ではなく、自分自身でカウンセリングルームを運営していく経営者という観点での向き、不向きです。

開業に向く人

- □ 決断力がある
- □ 孤独に耐えられる
- □ 情熱が持続する
- □ 切り替えが早い
- □ 好奇心旺盛
- □ 人に頭を下げられる
- □ お金の交渉ができる
- □ 自分の価値観を持っている
- □ フットワークが軽い
- □ 素直
- □ 常識を疑える

この項目が多い人ほど開業に向いています。

開業に向かない人

- □ 今の仕事が嫌
- □ カウンセリングスキルさえあれば開業して絶対成功すると思っている
- □ 他人の意見に影響を受けやすい
- □ 整理整頓が苦手
- □ 変化より安定が好き
- □ 1人暮らしをしたことがない
- □ 料金が安ければクライアントは喜ぶと思っている
- □ お金は汚いものだ
- □ すぐに群れたがる
- □ 完璧主義

この項目が多い人ほど開業には不向きといえるでしょう。

さて、いかがでしょうか。「開業に向く人、向かない人」、どちらが多かったでしょうか。

「開業に向かない人」に多く当てはまったとしても、落ち込まないでくださいね。

これから意識を変えていき、本書の内容を実践していくことで少しずつ経営者マインドが身についてくるはずです。

これからのカウンセリング業界

カウンセリング業界はこれからどうなっていくのでしょうか。少し考えてみましょう。

これまで述べてきたように、**複雑化した社会により、多様な悩みを抱える人が増える中で、カウンセリングの需要が増加する**ことは間違いありません。

「カウンセリング自体の知名度が低いから、今まではうまくいかなかった」と言っていた人も、「一般にカウンセリングが認知され、需要が高まることは、今後はいい時代になる」と考えるかもしれません。

果たして、本当にそうでしょうか。

もしカウンセリングが一般に認知され、需要が高まり、カウンセリングを受けることが当たり前の時代になったとしたら……。

たとえば、治療院やマッサージ業界の過去の動向を見ると想像しやすいかもしれません。そして、非常に参考になります。

今から20年前、治療院やマッサージ業界の知名度は低く、同業者で競合することはほとんどありませんでした。

しかしながら、時代のニーズに応え、治療院やマッサージ業界が徐々に知名度を上げ、顧客の需要が高まることで、何が起こったか……。

今までオーナー兼院長という小規模な店舗がほとんどだった業界に、大きな資本を持った企業が参入してきたのです。

企業は、資金を活かして駅前にお店を構えます。それに加え10分1000円というわかりやすい料金体系のクイックマッサージ店を開業させます。

大手企業の参入は、治療院やマッサージ業界に価格破壊を起こしたのです。

従来通りのやり方をしていた治療院は顧客が低価格のお店に流れ、結果、売り上げは減りました。しかし、こうぃった**時代の流れはどんなに愚痴や文句を言っても止めようがない**のです。

私は、いずれカウンセリング業界も同じようなことが起こると考えています。

カウンセリングの知名度が上がると、一層カウンセラーになりたい人が増えてきます。カウンセリング業界全体の市場価値が高まると、大手企業が黙ってはいません。

大手が参入してくることで、今までの価格が一気に下がり、カウンセリング業界にも価格破壊を起こします。しかも大手は資本力があるので駅中や駅の近いところといった利便性が高いところに出店してきます。

今まで低価格路線でカウンセリングをしていた人は、太刀打ちできなくなるのは目に見えています。

つまり、昔は良かったと嘆いていても、あっという間に淘汰されてしまうということです。

したがって、**未来に起こることをいち早く予測して、来たるべき未来の状況に対して怯えることなく、真摯に受け止め、変化に対応していくことが大切**なのです。

将来を見越して今からどのようなカウンセリングルームを運営していくか、しっかり考えていきましょう。

なんだか暗い話が続きましたが、安心してください。激変した治療院業界でもしっかりと利益を出しているところはあります。

大手企業が近くに参入してきても全く動じない店舗もあるのです。

大競争時代に突入する前に、しっかりと**未来を見据えて行動できた人は、たとえ大手企業が参入してきてもグラつかない経営ができる**でしょう。

このように、他業界であっても、うまくいっている治療院の取り組みから学ぶことは、非常に多くあります。

カウンセリング業も、今後訪れるであろう厳しい時代に、ポイントを押さえて取り組むことで、プライベートを充実させながらカウンセリングルームを運営し続けていくことは可能なのです。

第2章

開業するまでに準備しておくこと

POINT 1

開業前は種まきが大切

開業前の事前準備が成功のカギ

開業した直後、いきなりクライアントが殺到するということはありません。あなたが予想しているよりも、クライアントは来てくれないものだと思っておいたほうがいいでしょう。

「クライアントが来ないのであれば、別に急いで準備しなくてもいいのではないか」

「開業してから、ゆっくりと準備しても遅くないのではないか」

このように思われるかもしれません。

しかし、そうではありません。準備することは、いろいろとあるのです。**準備していないと、クライアントはゼロのままです。**

たとえ、しっかり準備をしたとしても、ほんの少ししかクライアントは来ないかもしれません。つまり、ゼロと1では雲泥の差だという認識が必要です。

開業当初の客足はちょろちょろとした川の流れかもしれません。しかし、客足がちょろちょろと流れ始めると、仕事はやがて大きな流れへと育ってくるのです。だからこそ、開業後、早い段階で1人でもクライアントが来ると、自信になります。自信が持てるようになると、さらに行動力が増すのです。**行動が増えると、早い段階でいろいろと試行錯誤するようになり、成功への道程も早いのです。**

一方、準備をせずにいると、客足はずっとゼロのまま。ちょろちょろ流れ出すまでに時間がかかります。せっかく開業して、開業後の準備期間で資金が尽きてしまったら元も子もないです。

したがって、開業して成功するためには、開業前からしっかりと準備しておく必要があります。

開業後、「あれをやっておけばよかった」「これをやるのを忘れていた」「もっと早めに準備しておけばよかった」とたいていの人は慌てるでしょう。

開業したものの、2年もたたずにお店を閉めてしまった人の話を伺ったところ、「技術の習得以外に開業前の準備をしていなかった」と言っていました。

しっかりとした準備をしていないと、いざ開業して間違いに気づいても、修正するには多大な資金や労力がかかります。希望を抱いて開業しても、それが原因で、続けられなくなることもあるのです。

そうならないためにも開業前に先を見越して、しっかりと準備をしておきましょう。

初めての開業は自宅でのカウンセリングがお勧め

カウンセリングを行うためには、まずカウンセリングを提供できる場を確保する必要があります。

潤沢な資金がある人は別ですが、通常は出来るだけ開業コストや運営コストを低く抑えたいものです。

そこで、**カウンセリングスペースのコストを抑えるためにも、まずは自宅開業**を考えてみましょう。

4畳半、もしくは余裕をみて6畳の広さがあればカウンセリングはできます。

家族がいない時間のみのカウンセリングの場合は、リビングルームを使ってもいいでしょう。リビングも、常に整理整頓された状態になるので、家族からも喜ばれます。また、クライアントが来た際、おもてなしの準備に手間がかかりません。

とはいえ、「自宅をカウンセリングスペースにして、ちゃんとクライアントが来てくれるだろうか」と初めての開業で、心配を抱くかもしれません。

私の例になりますが、開業当初、家族と暮らす築30年以上になる一軒家の一室で、カウンセリングを行っていました。

駅から徒歩10分の立地で、外壁にはヒビが無数に入っており、誰が見ても中古住宅です。

洗練されたカウンセリングルームをイメージしていたクライアントからは、初回「イメージしていたところとかなり違いました」と言われたこともあります。

当初、私自身もその場所でカウンセリングを行うことは、「果たして本当にこんな普通の家でクライアントが来てくれるのだろうか」と集客に対する不安を募らせました。

しかし、開業してみると、全くと言っていいほど何も問題はありませんでした。

カウンセリングを行う部屋の装飾は、アジアンを基調とした、リゾート風の空間を演出し、クライアントがリラックスして話ができるようなスペースを作りました。

もちろん、資金には限度があるので、部屋の装飾は出来る限り自分で行いました。

クライアントからは「家を見て、どうしようかと思ったけれど、部屋に入って安心できた」「アットホームで落ち着ける」と外観とのギャップで、評判は良かったです。

ちなみに、当時の私と家族は、家の外観を見るたびに、「よく、こんなところにクライアントが来てくださるな」と感謝していました。

自宅サロンの安全対策

- □ 住所をホームページに載せるかどうかを検討する
- □ 電話番号は携帯のみを掲載する
- □ 仕事用に電話回線を新たに開設する
- □ ブログで自分の子供の顔は出さない
- □ フェイスブックのGPS機能は切っておく

しかしながら、自宅サロンにもデメリットはあります。私は、店舗と自宅の玄関を共有させていたため、クライアントから「先生の家族と玄関で鉢合わせしそうで、気を遣ってしまう」と言われたことがあります。また、クライアントの中には、家の前まで来たにもかかわらず、インターホンを押さずに帰ってしまったこともあります。

ただ、このような事態は数カ月に1回起きるかどうかなので、収益への影響はあまり心配しなくても大丈夫です。

出張カウンセリングと電話カウンセリング

自宅をカウンセリングルームに使うことができない場合、出張スタイルのカウンセリングで開業を行うのもいいかもしれません。

クライアントのもとへ出かける「出張カウンセリング」だと、カウンセリングルームを構える必要はありません。

引きこもりや不登校の悩みを抱えている人の中には、カウンセラーに自宅まで来てもらいたいと望んでいる場合があります。

また、**体調が悪い人やパニック障害の人は、調子によってはカウンセリングの当日に外出が困難な場合もあります。**

このように、クライアントによっては、自宅まで来てもらえる出張カウンセリングが、とても喜ばれます。

とはいえ、出張カウンセリングにもデメリットはあります。まず、クライアントごとに、毎回異なる環境でカウンセリングを行うからです。その場合、**カウンセリン**

グに適した環境が整っているとは限りません。

たとえば、大勢の家族がいる中でカウンセリングをすることもあります。また、カウンセリング中に電話が鳴ったり、インターホンが鳴ったりと、カウンセリングを途中で中断されることもしばしばあるのです。

私の経験を話しますと、10匹以上の猫を飼っているクライアントのお宅へ訪問したとき、部屋中が猫のトイレの臭いで充満しており、またカウンセリング中には毎回様々な猫が私の膝へ乗ってきて、カウンセリングに集中しづらい環境でした。

もちろん、このような環境ばかりではありませんが、何が起こるかわからないという心づもりでいたほうがいいでしょう。

出張カウンセリング専門で開業するのもいいかもしれませんが、デメリットを考えると、余力ができたら自宅サロンと併用する形をお勧めします。

それでは、電話カウンセリングについてはどうでしょうか。

電話カウンセリングの場合、あなたの自宅がそのままカウンセリングの場になるので始めやすいです。

また、電話は地域性が関係なくなるので、いきなり全国の方が見込み客になります。

ただし、電話代が気になるクライアントもいるので、必ずインターネット電話などでカウンセリングを行いましょう。たとえば、インターネット電話の「Skype」(http://www.skype.com/ja/)や「LINE」(http://line.me/ja/)を使うと便利です。ただ、Skypeの設定や使い方がよくわからないという方も多くいらっしゃいます。

設定の仕方は、あらかじめホームページで解説しておきましょう。

クライアントが電話、Skype、LINEと自由に選べる状況にしておくことが大切です。

カウンセリングルームを借りる

賃貸物件を借りることのメリットは、駅から近い場所を自由に選べることです。利便性のいい場所を選べるので、クライアントも継続的にカウンセリングを受けに来ると予測できます。

また、クライアントはカウンセラー以外と会うことがないので、余計な気を遣わずに済み、集中してカウンセリングに取り組めるでしょう。

大きなデメリットは、家賃がかかることです。たとえ、クライアントが来なくても、家賃はしっかりとかかります。

開業当初は出来るだけ固定費を抑えたいので、賃貸物件は、ある程度経営が軌道に乗ってから検討するのが得策だといえます。

また、**賃貸物件を借りる際、テナントとして使えるか、確かめておく**必要があります。加えて、テナントが入れる物件でも、看板を出せない場合があるので注意が必要です。

私は以前、自宅兼店舗を建て替えした際に半年間ほど賃貸のハイツでカウンセリングをしていました。駅から徒歩20分で地元の人でもほとんど通らないような、入り組んだ路地にポツンと建っているハイツです。おまけに一切看板を出せないといった条件でした。

つまり、新規で来られるクライアントにとっては、絶対に見つけることができない場所に店舗を構えていたということです。

そこでどう対策したかというと、ホームページから「Googleマップ」(https://www.google.co.jp/maps/)を印刷できるようにしました。また、Googleマップだけでは、建物の名前や信号名まではわからないので手書きの地図を作り、それもホームページから印刷できるようにしました。

予約を取る際、クライアントへは手書きの地図を印刷しておくか、スマートフォンで地図を表示するか、あらかじめ伝えました。

結果、ほとんどのクライアントがハイツまでの道に迷うことはありませんでした。迷ってしまった方も、電話でハイツまで誘導していたので、特に困りませんでした。

また、私の知人は、駅から徒歩30分以上かかる自宅サロンで開業をしていました。車で来られる方にとっては特に問題はありませんが、電車で来られる方にとっては非常に不便で通いにくい立地です。

そこで、知人は何をしたか。

「駅からサロンまで送迎付きですので、迷うことがありません。車の中で楽しくおしゃべりしましょう」

このように案内したところ、クライアントにはとても喜ばれたようです。

知人のケースのように、立地が不便でも、送迎するという形で十分補えることはできます。むしろ、クライアントにとっては、「送迎付きで贅沢な気分を味わえる」というメリットになりました。

わかりにくい場所、駅から遠い場所などで開業する際は、必ず事前に店舗の道案内対策をしておきましょう。

気をつけなければならないのは、クライアントによっては、ホームページに掲載している住所を見て、予約する前にカウンセリングルームの場所を確認しにくることがあります。確認するだけなら問題ありませんが、場所の確認のついでに、連絡なしでいきなり訪ねてくることがあります。

私の事例ですが、カウンセリング中に延々とインターホンを鳴らされて、困ったことがあります。あとでわかったことですが、遠方から来たのでなんとしても一日会ってから帰りたかったということでした。その気持ちは大変うれしいのですが、お互いが嫌な気分を味わうことになります。

連絡なしで来られても対応できないということをホームページにあらかじめ明記しておきましょう。

あるいは、カウンセリングルームの詳細な地図や場所を掲載しないという手もあります。

カウンセリングの予約後に場所を詳細に伝えることで、こういった事態は避けることができます。

他方、週末起業の方や自宅ではカウンセリングができない方であれば、レンタルルームを利用することをお勧めします。

レンタルルームは、駅から近いところを選ぶこともできます。また、レンタルルームによっては、月額使用料金が比較的安いところもあります。一方カウンセリングを行う時だけ料金を支払うシステムもあるので、マンションやハイツを借りることに比べてコストがかかりません。

クライアント専用の駐車場はあったほうがいい？

クライアント専用の駐車場を確保していないと集客に不利でしょうか。

たしかに、ないよりはあったほうがいいと思います。しかし、現実的には駐車場を確保できない場合もあります。

問題は駐車場があるかどうかではありません。**「クライアント専用の駐車場があるのか、ないのかをわかりやすく知らせているか」が肝心**なのです。

したがって、コインパーキングの場所や、そこからお店までの徒歩の道順をホームページなどでわかりやすく道案内することが大切になります。

また、コインパーキングが何もないところなら、「近くに駐車場はありませんので、電車かバスをご利用ください」と案内しておきましょう。

大切なことは、クライアントを迷わせないことです。こういった情報を提供するだけでクライアントの不安は1つ減ります。

開業できない理由よりできる理由を探す

「みすぼらしい店舗だからうまくいかない」「わかりにくい場所だから」「駅から遠いから」「過疎地だから」と開業できない理由や、集客がうまくいかない理由をいろいろと言う人がいます。

しかし、できない理由を見つけることは誰にでもできます。

デメリットだと思っていた部分は、工夫によって補えるか、角度を変えて観察することでメリットにも変えることができるのです。

私が開業した当初、友人が私にこのように言ってきました。

「こんな、ボロボロの家に来るかな?」

「お店だと誰にも気づかれないと思うよ」

「駅前にテナントを借りたほうがいいんじゃないの」

1年後、私のカウンセリングルームにお客様がいっぱいになっているのを目の当たりにした友人は、次のように言いました。

「立地が良かったね」

「一軒家だから、落ち着けるんじゃないかな」

もし、お客様が全然来ていない状態であれば、友人は1年前と同じことを言ったでしょう。

うまくいったお店の状況を見て、言った本人も忘れるくらいあっさりと覆したのです。

たしかに友人の心配は最もです。

だからと言って、**他人の言葉を鵜呑みにしてあきらめてはいけません**。

なぜなら、冷静に現状を見極めることで、デメリットの陰に隠れているメリットを見つけることができるからです。メリットとデメリットはコインの表と裏の関係と同じです。あなたにとってデメリットだと感じることが、クライアント側から見ればメリットに感じていることもあるからです。

是非、今ある資源をいろいろな角度から眺めて、フル活用してみてください。

POINT 2

開業前に他店の調査はすべき!?

他店のカウンセリングを受けてみる

開業前、他店がどのように運営しているのかチェックしてみましょう。他店の強みや弱みを知ることは、自分自身の強みを発見していくことにつながります。

最も気軽にできるのは、他店のホームページやブログのチェックです。

「Yahoo !」(http://www.yahoo.co.jp/) や「Google」(https://www.google.co.jp/) の検索エンジンを使って、「(あなたの在住) 地域＋カウンセリング」を検索し、上位に表示された検索結果から順に閲覧します。

その際、ホームページが表示されたら、**初見の印象をノートやワード、エクセルなどに書きとどめておきましょう。**

なぜなら、クライアントがホームページを見るときも、初見の印象で内容を読むか、他のページに行くかを決めることが多いからです。

続いて、他店のメニューや料金、カウンセラーの年齢、経歴、営業時間、定休日、際立つ特徴、弱点などをまとめて、ワードやエクセルに入力しておくと、あとで比較検討しやすいです。

他方、ホームページを見ることに比べると手間はかかりますが、**開業前に他店のカウンセリングを実際に受けてみることも大切**です。

プロとして毎日カウンセリングを行っている現場を肌で感じておくことは、講座で学んでいたときとは空気感が全く異なります。真剣勝負のカウンセリングの場を、いくつか体験しておきましょう。

何人かのカウンセリングを体験することで、わかることがあります。

「わかりにくい場所で、長年開業できるのか」
「スキルが足りない人でも開業しているんだな」
「ここでこういう声かけをしてくれたら、次の予約を取ったのに」

このように、客観的に相手のスキルを見ることができ、様々な点に気づけます。

同時に、客観的に見ることで、自分の強みも自覚でき、自信が芽生えるはずです。

クライアント視点とカウンセラー視点

まず、他店のカウンセリングを受けると決めたら、他店では予約から当日までの流れがスムーズに行われているかをチェックします。

違和感がある場合、あなたが開業する際に参考にしましょう。

次に、カウンセリングルームの雰囲気、部屋のレイアウト、使い勝手も見ておきましょう。

そして、どのようにクライアントへ次回の予約を促しているのか、カウンセリング前後の会話も大切なチェックポイントです。

また、カウンセリング後のアフターフォローについても見ておきましょう。

「なぜ、自分は次の予約を取ろうと思ったのか？」

「なぜ、居心地が良かったのか？」

意識して理由を見つけていきましょう。

ポジティブな感情が湧いてきた理由は、1つではないはずです。

「話の組み立てがよかった」

「最後の一押しが効いた」

「照明の当たり具合がよかった」

「部屋の雰囲気が落ち着いていて温かみがあった」

このように、思いつく限り書き出します。

この体験は、あなたが開業するとき、カウンセリングの内容や、カウンセリングルームの雰囲気を作っていく上で参考になります。

つまり、**クライアント側の視点でカウンセリングを受けて感じる一方、同業者の視点から、どういうコンセプトで他店はカウンセリングを行っているかをチェック**していきます。

チェックした結果、あなたの感性がポジティブに揺れたポイントを、お店作りの参考にしましょう。

また、初対面ではカウンセラーもクライアントもお互いが緊張しています。

もちろん、クライアントの緊張度合いのほうが高いとは思いますが、カウンセラーもクライアントがどんな人かわからないので、多少なりとも緊張します。

ここも、実はチェックポイントです。たいていのカウンセラーは、カウンセリングに入る前に、クライアントを和ませる会話をします。

そのときのカウンセラーの会話をしっかりチェックしておいてください。

カウンセラー目線でチェック

サービスを提供する立場で細かい部分を観察する

- □ あいさつ
- □ カウンセリング前の雑談
- □ 服装
- □ 店内の装飾品、小道具
- □ 音楽
- □ 照明
- □ 飲み物
- □ テーブル、椅子の配置
- □ お金の受け取り方法
- □ どの手法を使ったか？
- □ カウンセリング内容
- □ カウンセリング後の雑談
- □ 次の予約についての説明
- □ 回数券などを強引に勧めてこないか？

クライアント目線でチェック

サービスを受ける立場で雰囲気や印象をチェック

- □ カウンセラーの雰囲気
- □ 何に魅力を感じたか？
- □ どんなことに違和感を抱いたか？
- □ 話しやすさ
- □ 居心地の良さ
- □ カウンセリング後の心境

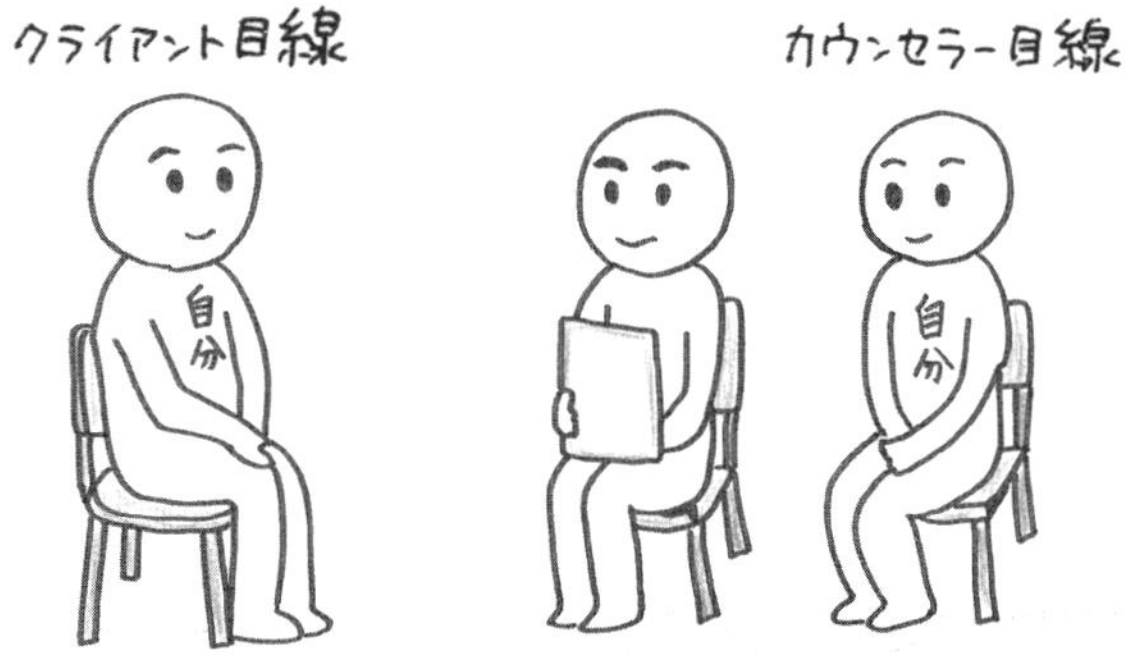

クライアントはカウンセリングスキルと関係ないところも評価する

ここまでの説明では、カウンセリングの内容以外にチェックすることが多いなと感じられた方もいらっしゃると思います。

他店の動向を見ることは、自身のカウンセリングの内容の見直しや、カウンセリングのスキルアップの参考になります。

ただし、開業カウンセラーがうまくいかない理由の1つに、スキルばかりにこだわり、スキル以外の部分をないがしろにしていることが多いのも事実です。それでは、カウンセリングスキルがいくら高くても、事業の継続は難しいです。

スキルさえあれば他は必要ない、というのは、間違いだという認識を持ってください。

たとえば、飲食店のグルメサイトの口コミには、料理だけではなく、お店の雰囲気も評価に書かれています。「店内が騒がしかった」「注文してから提供されるまでずいぶん待たされた」「料理はとてもおいしかったけど、再訪はない」など、店内の雰囲気や接客サービス、料理の提供時間といったお店全体を、お客様は評価しています。

これは、カウンセリングに関してもいえることです。クライアントは、あなたのカウンセリングスキルだけを評価しているのではなく、すべての雰囲気を見ていることを知っておいてほしいのです。

たとえば、クライアントからメールで問い合わせがあった際、素早く返信すると信頼されます。

私も初めてのクライアントに、「なぜ、私のカウンセリングを受けてみようと思ったのですか?」と理由を尋ねたとき、「返信が早かったから、信用できそうだった」と言われました。

逆に、私は失敗したこともあります。

クライアントからの問い合わせメールに対して、返信を送るのが遅くなったのです。

後日、クライアントから「メールを送ったのですが届いているのでしょうか? せっかく予約しようと思っていたのに残念です。他のところへ行きます」と断りのメールをいただきました。

つまり、これらカウンセリングスキルとは全く関係ないことが実は重要なのです。なぜなら、**クライアントはスキルとは関係ないところでも、カウンセリングを予約するかどうかを決める**ことがあるからです。したがって、外出先からも携帯電話でクライアントのメールが来ているか、こまめにチェックしましょう。また、メールが来ている際は、迅速に返信ができるようにしておきましょう。

どうしても迅速な対応が取れない場合は、ホームページに「メールの返信には24時間かかります」と明記しておくと、不測の事態にも対応することができます。

成功している人のホームページから学ぶ

成功しているカウンセラーが、「どのようなホームページを作っているのか」「どのように集客をしているのか」「どのように予約を取っているのか」「どのようにクライアントをリピートさせているのか」など、これらの動向はしっかりとカウンセラー視点からチェックしましょう。

一方、ホームページに関しては、クライアント視点で先が読み進めたくなるかもチェックします。

なぜなら、ホームページは画面に表示されてからの、数秒が勝負だからです。人間は瞬間で「このサイトをこのまま読むか、別のサイトへ移るか」を判断しているといわれています。

「ホームページ全体の印象はどうか？」「雰囲気は良さそうか？」「文章は読みやすいか？」「直感的にわかりやすいか？」「心に響いてくるか？」「カウンセラーにすぐにでも会いたくなるか？」など、成功しているカウンセラーのホームページを閲覧して参考になった点を、すぐにあなた自身も実践できるように書き出しておきましょう。

たとえば、普段、あなたが利用しているお店の中でも、いくつかお気に入りのお店があるでしょう。

その際、「なぜ、このお店が好きか」と明確な理由がわかるときもあれば、「なんとなく好きだ」というときもありませんか。

そこで、お店を利用するとき、「この店がなんとなく好き」という無意識のレベルを、「なぜ、この店が好きなのか?」「なぜこのお店は流行っているのか?」「何がそんなに多くの人を魅了するのか?」「なぜ、何回も通ってしまうのだろう?」「なぜ余計なものまで、つい手に取ってしまうのか?」というように、はっきり意識化してみてください。

このような視点で買い物やサービスを受けると、自然と感性が磨かれていきます。

普段から感性を磨くことで、ホームページをチェックする際にも、無意識レベルで「なんとなく好き」だったのが、「ここが好き」と理由を明確にしていくことができます。

開業準備中に押さえておきたい知識

開業して最も苦労することは、見込み客の開拓です。

開業当初、私は「開業したら、たくさんクライアントが来すぎて、忙しさのあまり体を壊してしまうのではないだろうか」と、今から考えると恐ろしいほど間抜けな考えを持っていました。

そういう考えは開業後、1カ月もたたないうちに木っ端みじんに打ち破られます。

意気揚々と開業しても、現実は切ないくらいにクライアントが来ないものです。

こういった状態にならないようにするためにも、**開業前の準備が大切であること**を忘れないでください。

さて、開業するまでに準備期間は最低でも、1年くらいは必要です。実際、開業までの準備期間が2年あれば、余裕を持てます。

一方、現在、在職中の人は、カウンセリングスキルを身につけたとしても、いきなり会社を辞めないでください。

なぜなら、見込み客をたくさん集めて、予約がしっかりと入る状態にするには、マーケティングの勉強が絶対に必要だからです。

また、開業すると同時に、あなたは経営者になります。

経営者は、売り上げた金額や経費を集計して、1年後に税務署に報告するという義務が生じます。勤め人であれば、あなたが売り上げたものは、他の人があなたの代わりに作業してくれます。

しかし、自営業のあなたの代わりをやってくれる人はいません。

私は在職中に夜学に通い、簿記3級の資格を取得しました。資格自体はプロフィールには載せていませんが、その知識はあとあと、とても役立ちました。

私自身の話をすると、実際、毎月の会計チェックや決算は税理士に依頼しています。

ただ、ある程度の経理知識がないと、税理士と会話をするときに、意思の疎通がうまく運ばない場合があります。

その場合、非常に困るのはお店の現状を経営者が正確に把握できないということです。

つまり、事業計画を立てても、広告予算を組んでも、中身が非常にアバウトになってしまいます。

このような事態に陥らないためにも、ある程度、経理知識も勉強されることをお勧めします。

POINT 3

開業前からブログ、メールマガジンを利用して情報を発信する

ブログやSNSで情報発信の練習を始めてみよう

開業するためには、先にも述べましたが、マーケティングの勉強が必要です。この節では、詳しくは触れませんが、マーケティングに関する本を必ず2、3冊は読んでおきましょう。

そして、あなたが得たマーケティング知識の実践の場として、ブログ、メールマガジン、Facebookといった SNS（ソーシャル・ネットワーキング・サービス）を活用しましょう。

ブログやFacebookは、すでに完成されているサイトなので、登録してから30分もあれば、すぐに公開することができます。しかも無料なので、使わない手はありません。

マーケティングスキルに自信がないという人であっても、開業するのであれば、是非活用してください。情報発信することで、マーケティングのスキルは格段に上がります。

また、開業の準備段階から情報発信するのに慣れるのが大切です。インターネット上のコミュニケーションを通じて、人を集める感覚を養っていきましょう。

そうは言っても、なかなか始められない人がいるのも事実です。

「自分ごときが誰かに向けて情報を発信するなんておこがましい」と萎縮してしまう人もいるかもしれません。

では、どういう状態になったら情報発信できるのでしょうか。

「もっと実力がついてから」

「もっと自信が持てるようになってから」

このような考え方では、いつまでたっても始めることができません。

こういう場合、考え方の順序を逆にします。

「実力や自信がついてから行動するのではなく、行動するから実力や自信がついてくる」

このような順序に変えていきましょう。

実際に活躍している人は、十分な実力がついていない不完全な状態でも情報を発信しています。発信し続けていると、読者から質問がきます。

その質問に応えるために、必死に調べたり、より深く考えることで、どんどん本人にも実力がついていき、成長します。すると、さらに自信がついて、情報発信ができるようになるのです。

現時点のあなたの情報を誰かに提供することで、必ず心に響く、誰かがいます。

あまりかしこまらず、あなたなりの言葉で率直にちょっとした情報を伝えるほうが、読み手の心に届きます。

ブログ、SNS、メールマガジン、YouTube活用法

それでは、初心者でも利用しやすい「ブログ」「ＳＮＳ」「メールマガジン」「YouTube」について説明しましょう。

まず、ブログは、「アメブロ（アメーバブログ）」（http://ameblo.jp/）をお勧めします。なぜなら、日本で最も利用者が多いので、それだけ見込み客も多く集められる可能性が高いからです。それに、ＳＥＯ対策にもアメブロは有効です。ＳＥＯ（Search Engine Optimization）とは、「サーチエンジン最適化」の略で、Yahoo！やGoogle提供の検索エンジンにおいて、上位に表示されるように対策することです。

アメブロは検索エンジンとの相性が良く、アメブロの記事は検索エンジンにおいて上位表示されやすいというデータがあります。

たとえば私は以前「頑張っても、頑張っても結果が出ないときは」という題名の記事を載せました。

そのとき、「頑張っても結果が出ないときは」と検索エンジンに入力すると、このアメブロの記事が検索結果の1ページ目に掲載されました（２０１４年12月時点）。

検索サイトの上位に表示されると、アメブロを利用している人以外からも読んでもらえる機会が高くなります。つまり、それだけ見込み客候補が増えるということです。

また、ＳＮＳでは「Facebook」（https://www.facebook.com/）を活用しましょう。

セミナーを開催したいとき、簡単にセミナーへの招待ができ、非常に便利なツールです。

このように無料で使えるサービスがあるのに、何も利用しないのはもったいないことです。

完成している無料のサービスを自由に使わせてもらえ

ることに感謝して、とことん使っていきましょう。

そして、メールマガジンは、気軽に始められる無料のメールマガジン配信スタンドの「まぐまぐ」（http://www.mag2.com/）を利用することをお勧めします。

ホームページをすでに持っている人は、有料のメールマガジン配信スタンドを利用してもいいでしょう。

有料メールマガジン配信スタンドを使う最大のメリットは、メールマガジン登録者の名前とメールアドレスが手に入ることです。リストが手に入ることで、ピンポイントでセミナー紹介や商品紹介ができて、何かと便利です。

無料のメールマガジンの場合、登録者の名前まではわかりませんが、まずは無料メールマガジンで始めて、購読者が増えてから有料メールマガジンに配信することを考えるのもいいでしょう。

最近では、動画共有サービスの「YouTube」（https://www.youtube.com/）を利用して、自分の仕事を紹介している人も増えています。

1回2、3分ほどの動画をスマートフォンで撮って、簡単にインターネット上にアップすることができます。

カウンセラーの自己紹介やカウンセリングルームの雰囲気を伝えるには、最適なサービスです。

また、YouTubeもアメブロ同様、検索エンジンとの相性が良いので、検索結果が上位表示される可能性が高いです。

POINT 4

開業するならホームページは必須

パソコンは苦手……

「パソコンは苦手だから、ホームページなんて私にはできない」

今の時代、「パソコンは苦手」を言い訳にはできません。今やホームページの利用は避けて通れないのです。

開業するのであれば、あなたのお店専用のホームページを作って公開してください。

カウンセリングのように客単価の高いサービスは、逆を言えば利用者が慎重にカウンセラーを選び、お金を支払う価値があるのかどうかを検討するのです。

つまり、ホームページの情報量が乏しいカウンセラーだと、クライアントは不安になり、連絡することに躊躇します。

逆に、お客様が知りたい情報をふんだんに提供しているホームページであれば、安心してあなたに連絡してくるのです。

ブログではホームページの代わりは果たせない

「ブログをやっているからホームページはいらないのではないか」

このように、考える人もいますが、**ブログではホームページの代わりは果たせません**。なぜなら、特徴が違うからです。

まず、信頼性が違います。ブログは無料なので、誰でも始めることができます。

しかしながら、ホームページを完成させるためには、お金と労力がかかります。

当然、しっかりと作り込んだホームページは、「真剣にカウンセリングをやっている人」という印象をクライアントに与えます。

また、ホームページとブログをアクセス数で比較すると、ホームページは公開後、検索結果に上位表示されるまである程度の時間がかかり、アクセス数は上がりませんが、いったん上位に表示されたら、一定のアクセス数がしばらく安定して続きます。一方、ブログは記事を更新すると、瞬間的にアクセスが集中しますが、更新を止めるとアクセス数は落ちます。

ちなみに、ブログやその他のインターネット上の無料サービスは、サービスが突然終了することや、アカウントが突然削除されることもあります。

実際、私の知人は、突然アメーバブログでアカウントを削除されて、仕事に大打撃を受けました。

無料ブログに集客を頼っていたら、ある日を境に突然、新規のクライアントが来なくなるといった事態が起きるかもしれません。

開業して、クライアントをたくさん集客したいと考えるのであれば、無料ブログやメールマガジンだけでは、圧倒的に情報量が足りません。

見込み客が知りたい情報を、ホームページに載せて充実させるからこそ、あなたからカウンセリングを受けたいと思ってもらえるのです。

だからこそ、クライアントに情報をたくさん伝えるためには、自前のホームページが必要になるのです。

そして、ホームページをベースに、ブログやメールマガジンといった無料サービスも利用して、それぞれのサービスの特徴を活かしながら、運営していくのが望ましいです。

安価なソフトでホームページを自作する

「ホームページを作ったことがないけれど、大丈夫でしょうか?」

今までにホームページを一度も作ったことがない人ならば、不安に思うのは当然でしょう。

とはいえ、不安に思う必要はありません。

最初は誰もが未経験者です。

私自身、初めてホームページを作ったときは、ホームページの入門書を片手になんとか作り上げました。その際、私は「ホームページ・ビルダー」(http://www.justsystems.com/jp/products/hpb/)というソフトを使ったのですが、出来上がったホームページは素人丸出しで、デザインも悪く、決して自信を持って人様へお見せできるものではありませんでした。

プログラミングやデザインの知識がある人でない限り、最初から上手に自作できる人はいません。

また、最近ではテンプレートがいろいろ出ているので、あなたのお店に合ったものを選択すれば、デザイン性の高いホームページが割と簡単に作成できます。

とにかく、開業するために、まずはホームページを作り上げることが必要です。自作のホームページに慣れてくると、さらにデザイン性が高く、クライアントにとってもわかりやすいホームページを作れるようになります。

自作する場合、先ほども紹介した「ホームページ・ビルダー」か、ブログ感覚で簡単に作れる「シリウス」(http://sirius-html.com/) という作成ソフトをお勧めします。

その他、簡単にホームページが作れる比較的安価なサービスもあるので、あなたにあったものを探してみるといいでしょう。

トップページのレイアウト

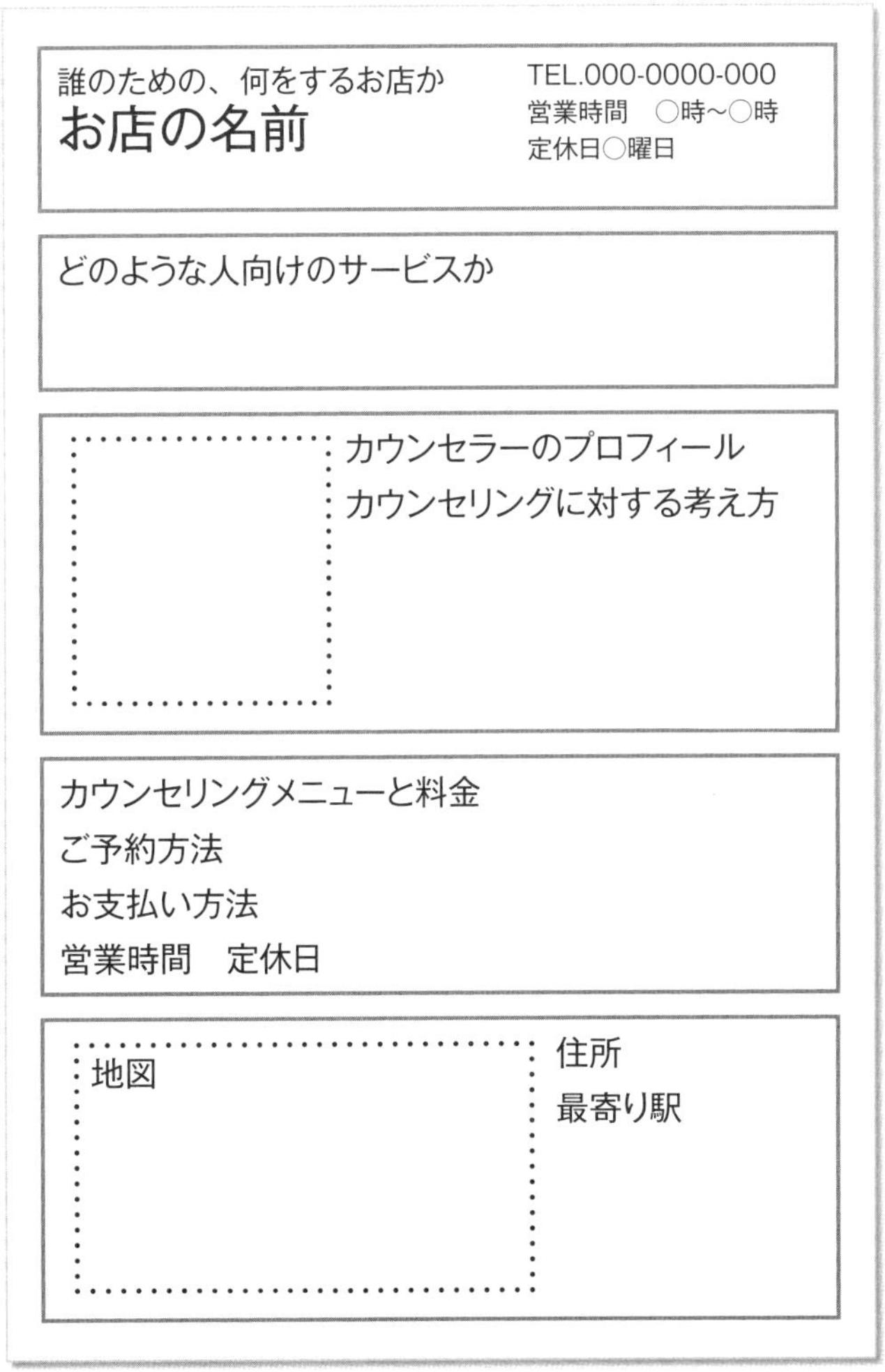

とりあえず、トップページだけでも、自分で作ってみましょう。トップページに、タイトル、キャッチコピー、どんな人へ向けてのホームページか、どのようなサービスか、プロフィール、料金、場所、最寄り駅、申し込み先、営業時間、定休日などの情報が盛り込んであれば、すぐに公開できます。

完璧に作り上げてから公開しようと思わなくても大丈夫です。

とにかく、**トップページを作ったら、すぐに公開**しましょう。というのは、ホームページを公開しても、すぐには検索エンジンに表示されないからです。

ある程度時間が経過してから、検索結果に表れてきます。私の場合、心理カウンセリング業のホームページを公開してから、1カ月後にようやく問い合わせがありました。ホームページは時間差を想定して、出来るだけ早めに公開しておくことが大切です。また、公開してから、トップページ以外も少しずつ作り込んでいくと効率的です。

ホームページ作成業者に依頼して作る

資金に余裕がある人は、最初からホームページ作成業者に依頼してもいいでしょう。その場合の作成費用は30万円くらいが目安になります。

または、自作のホームページを開設して、その後事業が軌道に乗ってからプロに依頼して、よりデザイン性のあるものを作成してもいいでしょう。

業者に依頼するときに、注意する点として、業者にホームページ作成の丸投げだけは、絶対にしないでください。ホームページを作成する業者は、ホームページ作成のプロであっても、マーケティングについての知識がないことがほとんどです。当然、カウンセリングについても知りません。

見栄えのいい、かっこいいホームページは作れても、肝心の見込み客にとって、使い勝手の悪いホームページに仕上がってしまっては元も子もないです。

見込み客に「おしゃれなホームページね」と思ってもらっても、問い合わせや予約に全くつながらなかったら意味がありません。

したがって、集客を意識したホームページを作成してくれる業者を探して、依頼するようにしてください。また、あなたのカウンセリングの内容やこだわりをしっかりとヒアリングしてくれる業者が最適な業者といえます。

独自ドメインを取得して、レンタルサーバーに申し込む

ホームページを公開する前には、独自ドメインを取得しましょう。ドメインとは、ホームページの住所のようなものです。ドメインは、インターネットやメールの基

本となり、相手がインターネット上のどこにいるのかを特定するのに必要です。

たとえば、ウェブサイトのURLが「http://www.○○○.co.jp」だとしたら、「○○○」の箇所がドメインです。

ドメインを取得する際、多少の費用はかかっても、独自ドメインを取得したほうが、集客メリットはあります。

なぜなら、プロバイダーが提供するドメインは無料で使用できるものもありますが、検索エンジンで上位に表示されにくいというデメリットがあるからです。

ちなみに、私は「ムームードメイン」(http://muumuu-domain.com/)というところで取得しています。年間1000円程度でドメインを維持できるので、コスト的にメリットが大きいです。

ドメインを取得したら、次はレンタルサーバーに申し込みます。

レンタルサーバーは、インターネット上でホームページを公開する場合などにデータの保管場所として利用することができます。

ドメインが「住所」、ホームページが「家」だとすると、レンタルサーバーは「土地」に当たります。

ホームページを仕事で活用するならば、レンタルサーバーと独自ドメインはあらかじめ準備しておきましょう。

ドメインとレンタルサーバーを押さえていれば、いつでもホームページは開設できます。

また、開設する前に、必ずウィルス対策のセキュリティソフトを導入しておきましょう。

たとえば、ホームページを開き、ホームページを見た見込み客から問い合わせが来て、インターネット上で様々な人とメールのやり取りが増えると、一方でウィルスメールも送られて来るようになります。

間違って、「クライアントからのメールだ」と開いてしまうと、パソコンはあっという間にウィルスに感染します。だからこそ、ホームページを開設する前から、事前にウィルス対策はしておきましょう。

あなたのパソコンがウィルスに侵されてしまったら、多くのクライアントに多大な迷惑をかけてしまうことになります。

また、無料のセキュリティソフトではなく、必ず有料のセキュリティソフトを導入し、常に最新バージョンへ更新するようにしてください。

加えて、定期的にデータはバックアップして、パスワードもしっかりと管理することを忘れないでください。

カウンセリング料金の決め方

カウンセリングの場以外ではカウンセリングをしない

「職場でストレスを溜め込んで、家で家族に八つ当たりをしてしまうんです。どうしたら、いいですか？」

私のもとに、初めて電話してきた見込み客がこのように質問してくることがあります。

このような質問に対して具体的に答え始めると、かなりの時間を取られることになります。

また、このような質問をしてくる見込み客は、決して悪気があるわけではありません。

とはいえ、あなたはボランティアでカウンセリングを行うわけではないので、こういった事態に陥らないためにも、**ホームページにはカウンセリング料金をしっかり明記**しましょう。

また、カウンセリング料金とともに、**カウンセリングを行う場所や時間をあなた自身が守ることも大切**です。

たとえば、クライアントと約束した時間以外はカウンセリングを行わないと決めましょう。

カウンセリングの決め事がしっかりしていると、先ほどの電話での質問もうまく受け応えることができます。

見込み客が質問したことを伝え返した上で、「私のカウンセリングでじっくりお話を聞かせていただいて、良い方向に進めるように一緒に取り組んでいくことができますが、ご予約をお取りしましょうか？」と言います。

このように、「あなたの悩みに対してカウンセリングをお引き受けできますよ」というメッセージを伝えた上で、予約に導きます。

それに対して、見込み客の反応はたいてい3通りに分かれます。

1つ目は、「それでは予約をお願いします」というパターン。

2つ目は、「それなら、いいです」と言ってあっさり電話を切るパターン。このケースは、そもそもカウンセリングを受けようと本気で考えていない人が多いです。

納得できる回答だけがほしいので、真面目に電話で答えても予約にはつながりません。

3つ目は、「もう少し検討します」というパターン。これには2通りの人がいて、本当にカウンセリングを受けようか迷っている人と、回答がほしいだけの人です。

見分けるためには「カウンセリングを受けるに当たって、疑問や不安な点がありましたら、遠慮なくご質問くださいね。よろしいでしょうか?」と言い、相手の反応を見るとある程度わかります。

「私と同じような悩みを抱えている人はいますか?」

「1回カウンセリングを受けたら、続けなくてはいけないのでしょうか?」

「何時までやっていますか?」

「比較的空いている曜日ってありますか?」

このように質問してきた人は、クライアントになる可能性が高いと思ってください。

したがって、質問に対しては親切にお答えして、疑問点も出来るだけ解消しておくようにすると、予約につながりやすいです。

また、その場ではしつこく追いかけることはしないほうがいいでしょう。

カウンセリングの料金設定ポイント

「カウンセリング料金をいくらにするか」

開業するに当たって誰もが悩むところだと思います。目に見える商品だと、販売価格がある程度決まっていて、それほど悩むことはありません。

しかし、カウンセリングという目に見えない商品だと、価格があってないようなものなので、価格づけがとても難しいです。しかも、1回のカウンセリング時間は自由に決められます。

だからこそ、他店を調査することが重要なのです。他店の料金を調べれば、ある程度カウンセリングの料金相場はわかると思います。もちろん、相場を参考にするのは問題ありません。

とはいえ、開業カウンセラーとして、出来るだけ長く続けたい人が絶対にやってはいけないことが1つだけあります。

それは、**価格を安くつけすぎること**です。カウンセリングという商品は、「労働集約型」と言って、自分自身の体を使って対価をもらいます。形がある商品のように短時間に大量に売りさばくことはできないのです。

また、労働時間の上限は決まっていますので、おのずと最大売り上げも決まってきます。

つまり、予約がいっぱいの状態であったとしても、低価格でカウンセリングをしている場合、忙しい上に、お金もなく生活自体が成り立たなくなります。

たとえば、60分2000円で相談を受けるとします。1日5人のクライアントが来たとして、1万円の売り上げです。ひと月に24日働くとして、120人にカウンセリングを施しても24万円の売り上げです。

自宅サロンで家賃がかからない場合を考えても、プロバイダー料、電話代、広告宣伝費、その他の費用を差し引くと、残ったお金は20万円以下になってしまいます。とはいえ、生活費に加え、勉強代や自分自身へのご褒美も必要でしょう。

だから、開業カウンセラーは、忙しい割に儲けが少ないので、どうしても長きにわたって開業カウンセラーとして生活していくのが厳しいと言わざるを得ない状況になっているのです。

カウンセリング料金は1万円以上

開業カウンセラーとして続けていくためには、1回のカウンセリング料金に1万円はほしいところです。

たとえば60分で1万円とします。1日5人で5万円の売り上げです。24日労働で仮にすべての予約が入っていたとしたら、1カ月で120万円の売り上げになります。

もちろん計算上だけですので、実際にはすべての予約が成立するわけではありません。ただ、もし半分の予約数だったとしても、60万円の売り上げは確保できるわけです。ゆとりがあるわけではないかもしれませんが、カウンセリングを長期間続けていける売り上げではあります。

では、開業した直後の経験が少ない状態のときに、60分1万円をクライアントに請求する自信がない場合はどうしたらいいでしょうか。

その場合、まずは安い料金で始めてみましょう。

たとえば、慣らし運転中の期間は、60分3000円でやっていきます。ここで**気をつける点は、ただ単に60分定価3000円という提示をしないようにしてください。**

もし、この価格で徐々に人気が出てきて、「もうそろそろ1万円に価格を引き上げたい」とあなたが思ったとしても、そう思っただけでなかなか値上げを実行できないからです。お客様の気持ちを考えると定価を引き上げることに、罪悪感が生まれます。

期間限定の特別価格で提供する
カウンセリング60分
3,000円
カウンセリング60分
通常10,000円のところ
今だけ特別価格3,000円
で受けられます。
6月末まで特別価格、
7月1日以降は通常料金になります。

こういった事態を避けるために、**「本来は60分1万円のところ、今だけ特別価格3000円です」**と最初から**期間限定で提示しておく**のです。

そうしておけば、あとあと価格を上げるときに、それほど抵抗を感じず、クライアントも納得してくれます。

自分の金銭感覚を信用しない

価格を設定するときのポイントは、**自分自身の価値観で決めない**ことです。自分の金銭感覚で決めると、たいてい安くなってしまいます。

「自分がカウンセリングを受けにいくとしたら、この価格で継続して出せるだろうか？」と疑問に思って、どんどん価格を下げてしまうのです。また、人情として安くしてあげたいという気持ちが芽生えることもあるでしょう。

たとえば、100円均一ショップでグラスを買う人がいれば、5万円もする高級ワイングラスを買う人もいます。物やサービスを購入する金銭感覚は人によって異なります。

「このカウンセリング料金では、予約する人はいない」

というのは、あなたが勝手に抱いた幻想です。「これだけの内容でこの価格なら、あなたのカウンセリングを受けたいです」と言う人は必ずいます。

もし、全然クライアントが来なくても、「値段が高すぎるのかな?」と考えるのは止めましょう。

それよりも真っ先に考えるのは、「悩んでいる人に適切な情報が伝わっていない」ということです。

適切な情報が届いていたら、値段が高くても必ず成果は出ます。

開業カウンセラーとして活躍し続けるためには、安易に安い値付けをすることなく、十分に利益を含んだ適正な価格にしておくことが大切です。

適正なカウンセリング価格にすることで、クライアントにとっても余計な遠慮がなくなります。**人は支払った対価を取り戻そうとして、それだけ真剣になるから**です。安すぎると、「質問するのをよそうかな」と遠慮したり、「どうせ安いカウンセリングだから、大したことないだろう」と、カウンセラーの技術がないという判断にもつながったりするのです。

クライアントの質

また、格安料金でカウンセリングを行うと、価格の安さに魅力を感じた人だけが集まって来るようになります。すると、クライアントの質も低下します。

「クライアントの質とは、何事だ」と不快に思う人もいるかもしれませんが、**開業カウンセラーになるには、あなたがお客様を選ぶことも必要**です。

これは、私自身の経験からそう感じます。

私は、カウンセリングを始めた当初、格安料金で行っていた時期が少しの期間だけありました。その期間、カウンセリングの経験が積めたことはよかったのですが、精神的には非常に辛かったです。

まず、時間にルーズな人が多かったです。そして、カウンセリングの終了時間になっても構わずしゃべり続ける人、値切る人、ドタキャンが多い人など、仕事をする上で困ったことが連発しました。

料金の安いカウンセリングは、それだけで安っぽいというイメージがついてしまい、クライアントからはぞんざいに扱われてしまうのです。

「なぜ、私のカウンセリングに来られたのですか?」という質問をクライアントにしたとき、「出来るだけ腕のいいカウンセリングを受けたかったけど、そっちは高いんでね……」と答えられたこともあります。

つまり、カウンセリングが始まる前から、すでに「腕が悪いから安い」という先入観がクライアントにはついているわけです。

また、私の方も「どうせ格安だしな」という甘えがどこかに出て、自分ではしっかりやっているつもりでも、いろいろなところで少しずつ手を抜き始めていたかもしれません。そうすると、ますますクライアントがわがままになっていくという悪循環に陥ります。

当時の私は、あるクライアントから「この価格でやっていたら大変でしょう」と逆に心配もされていました。

生活していくのにギリギリの不幸せそうなカウンセラーから、カウンセリングを受けたいと思うでしょうか。

安く設定しすぎて、カウンセラーとしての仕事を続けることができなくなったら、それこそクライアントに迷惑をかけてしまいます。

そこで、私はすぐにカウンセリング価格を改定し、それに合わせてホームページの内容も改良しました。すると一気にクライアント層が変わったのです。

文句や愚痴を言う人は格段に減り、悩みを真剣に解決したいという思いを持った人が多く集まるようになったのです。

価格改定後、再度、私はクライアントに「なぜ、私のカウンセリングに来られたのですか？」と質問をしました。クライアントからは、「安かろう悪かろうのカウンセリングは受けたくない」「格安のカウンセリングを受けたけど、話を聞くだけで何もしてくれない」という意見を伺いました。

私は**「安くすることが必ずしもクライアントのためにならない」**ということを、このときの経験から強く感じます。

料金の受け取り方

それでは、料金の受け取り方について説明しましょう。カウンセリングのホームページをいろいろ見ていると、複数の料金の支払い方法があることに気づきます。現金、銀行振り込み、クレジットカードといった支払い方法です。

私は開業当初、当日の現金払いのみで開始しました。お客様が少ないうちは気にならなかったのですが、毎日クライアントが来るようになってから、一方で「こんなにもキャンセルが多いのか」という現実に驚きました。

キャンセルの理由を聞くと、次のような答えが返ってきます。

「頭が痛いので今日は止めておきます」

「体調がすぐれないので、改善してからまた予約し直します」

「予定が入ったのでキャンセルしてください」

「寝坊したので、今日は行けません」

クライアントは、様々な理由で簡単にキャンセルをします。連絡を寄越さずに、無断でキャンセルする人もいました。

これは、相当な機会損失です。本来であれば売り上げがあるのに、ほんの数秒の電話で断られると、一瞬にして売り上げはゼロになってしまうからです。

おまけにキャンセルをする人は、何度も繰り返します。

また、キャンセルを繰り返す人は、カウンセリングの成果も芳しくありません。

ドタキャンの被害

実質的な被害

- □ あったはずの売り上げを失う
- □ 他のクライアントを入れられない

精神的な被害

- □ 落ち込む
- □ イライラする
- □ ストレスが溜まる

これは、双方にとって損失だと思うようになり、私は対策を施しました。

銀行振り込みにするとキャンセルが減る

そこで、私は銀行の指定口座へ事前にカウンセリング料を振り込みしていただくようにしたのです。同時にキャンセル規定もホームページの目立つところに掲載しました。

この対策を施してから、格段にキャンセルが減りました。実際、以前は体調が悪くなると、決まってキャンセルしていたクライアントが、カウンセリング当日にきちんと来るようになりました。

急に予定が入ってキャンセルを連発していたクライアントや寝坊でキャンセルしていたクライアントも、問題なく来るようなりました。何より、カウンセリングの成果自体があきらかにアップしました。

これは、クライアントが入金した時点で覚悟が決まり、実際に約束した日時に来るということで、「やろうと決めたことは実現できるんだ」という暗示につながるのです。当然自信も高まりますので、カウンセリングの結果にもいい影響が及びます。

反対にキャンセルを繰り返すと、「やろうと決めたことは実現できない」という暗示が生まれ、自信が低下することにつながります。当然カウンセリングの結果にも悪い影響が及びます。

うつ病で悩んでいて当日でないと体調がわからないと言う人は、当日の朝に電話予約してもらうようにしました。そこで当日予約の場合の支払い方法は、当日の現金払いにしました。

また、事前に銀行振り込みをしてもらい、体調の良いときに当日予約をしてもらうようにしました。

このように、うつ病のクライアントに対しては、「当日、予約が空いていれば、お取りする」と対応すれば、キャンセルはなくなります。

その他、事前にクレジットカード払いを取り入れておくのもいいでしょう。「PayPal」は手数料も安く、審査も簡単なので導入しやすいです。

予約日、当日にカウンセリングルームでのクレジットカード払いを導入したい場合は、「PayPal Here」や楽天が提供する「楽天スマートペイ」が便利です。スマートフォンやタブレットがあれば誰でも導入できます。

このように、料金の受け取り方もいろいろと用意しておくと、クライアントがカウンセリングを受ける際、心理的な壁を下げることができます。

カウンセリング料金の受け取り方

当日支払い

- □ 現金
- □ クレジットカード（楽天スマートペイ、PayPal Here）

事前支払い

- □ 銀行振り込み
- □ クレジットカード
- □ 現金（事前に支払う）

POINT 6

カウンセリングルームのコンセプトを決める

3秒でコンセプトが伝わるか？

「カウンセリングをやっているので、悩んでいる方は受けてみてくださいね」

開業カウンセラーが作ったホームページを閲覧していると、カウンセリングのことを伝えてはいるものの、見込み客から見て魅力のあるものにはなっていないことが多いです。

たとえば、何についてのホームページなのかが、一目見てわからないものや、ホームページの文章をじっくり読んでみないと、カウンセリングをやっているのかがわからないものです。

一目見てよくわからないホームページでは、見込み客はすぐに別のページに移行します。

見込み客が、あなたのホームページをじっくり見るか、別のページに移行するかの時間は、たったの3秒といわれています。つまり、**見込み客に、3秒でホームページの内容をわかってもらえないと、いくら一生懸命作ったホームページであったとしても、全く見てもらえていない**ということです。

そうならないためにも、あなたのカウンセリングルームのコンセプトを決めておきましょう。

あなたの専門性をコンセプトに打ち出す

開業後ある程度の期間がたっている人は、今まで来られたクライアントの年齢や性別、悩みの種類を書き出しましょう。最も多い年齢層や悩みの種類を特定します。

性格改善の悩みが一番多いのであれば、「性格改善専門カウンセラー」を前面に打ち出します。単に「カウンセラーです」と言うよりも、性格で悩んでいる見込み客にとって、魅力のあるカウンセラーだと認識されます。

悩みの数だけ、あなたの専門性をコンセプトに打ち出すことができます。

たとえば、「イライラを癒し、エネルギーに変えるカウンセラー」「あがり症専門カウンセラー」「対人緊張を克服するカウンセラー」「職場の人間関係に悩んでいる人のためのカウンセラー」などです。

見込み客は自分の悩みを解決してくれそうなカウンセラーを探しているので、あなたが専門性を掲げることは顧客の判断材料になるのです。

悩み以外でも専門性は打ち出せます。

たとえば「30代女性専門」「不登校や引きこもりの学生専門」「子育て専門」「ビジネスマン専門」といったように、**顧客層で絞り込む方法**です。

また、「世田谷区で実績ナンバーワンのカウンセラーです」「市内で随一、35年の熟練カウンセラー」などと商圏を打ち出すことで、地域の顧客を取り込むことができます。また、電話カウンセリングをしていれば、見込み客は全国に広がります。

一方、「うつ病を克服した経験をもとにカウンセリングをしている」など、カウンセラー自身の経験もコンセプトになります。

目的で強みを打ち出すという方法もあります。

たとえば、「夫婦カウンセリング専門」「グループカウンセリングが得意」「企業向けのカウンセリング」などです。

開業する前に、自分の半生を振り返る

これから開業する人は、カウンセラーになろうとしたキッカケを書き出してみましょう。どんな悩みを抱えた人に来てもらいたいかも考えましょう。

自分自身の経験や悩みを克服した経験も思い出せる限り全部書き出します。生まれてから現在までの年齢順

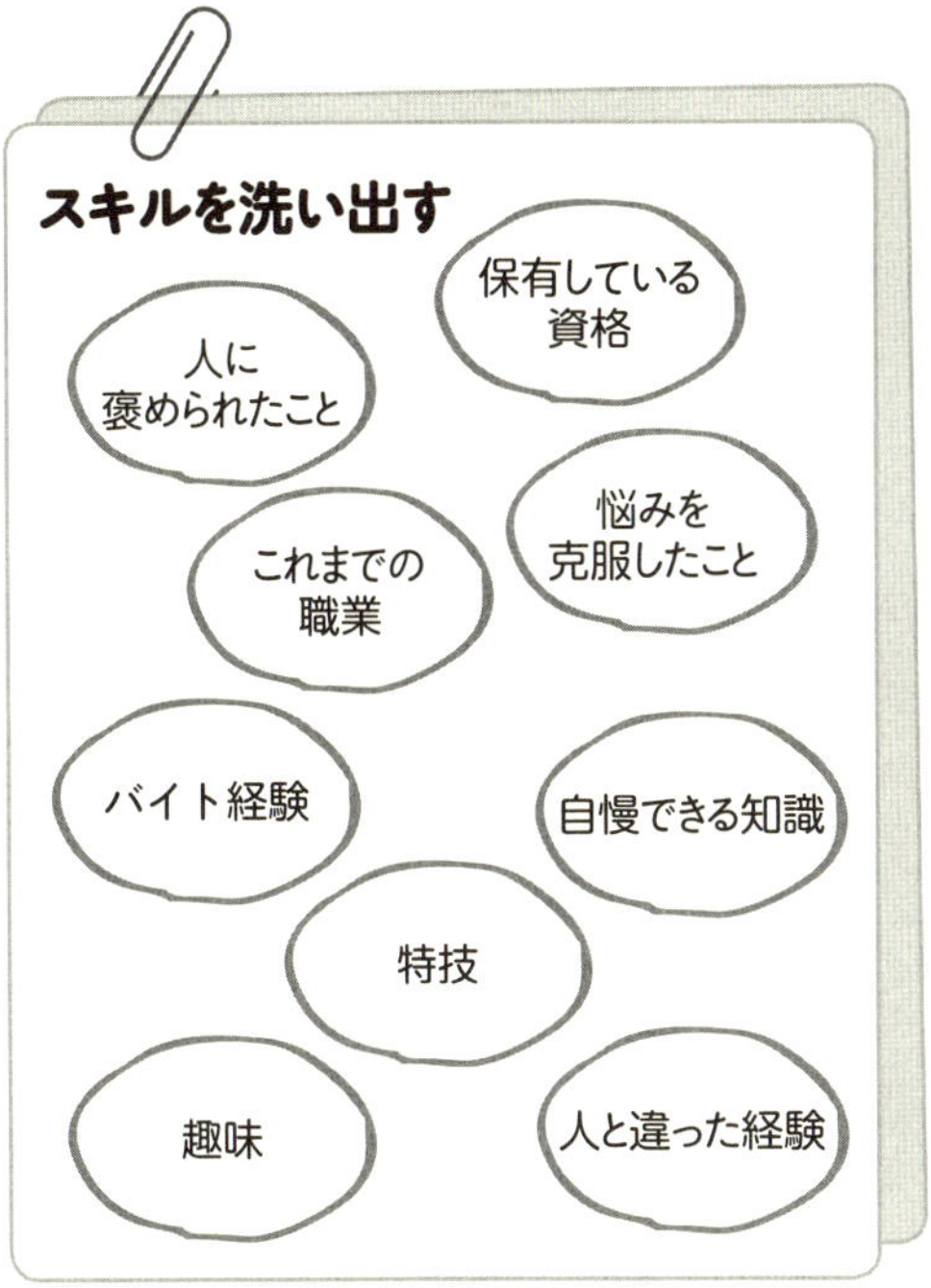

に、自分史を作るつもりで起こった出来事を書いてみてください。

昔のアルバムを見返しながら作業することで、忘れていた出来事もたくさん見つかるはずです。

また、あなたの長所と短所も書き出しましょう。

意外と自分の長所はわかっていないことが多いです。たとえば、他人には難しく感じることが、自分は自然にできているなど、案外気づきません。

あなたのことをよく知ってくれている友人にあなた自身のことを質問して、あなたの良さをたくさん語ってもらいましょう。

過去の職業、アルバイト先で褒められたこと、以前打ち込んだ趣味や資格といったことも根こそぎ思いつく限り書き出し、人生の棚卸をしてみましょう。その中に、あなたの強みが隠れています。強みを見つけたら、クライアントに伝えたい「コンセプト」を作り、それをあなたの専門性にします。

とはいえ、開業前の段階では「専門性は見つからない」と考える人もいるかもしれません。

「専門性に魅力を感じた見込み客が集まるのはわかるけど、まだ事業を始めてもいない段階では専門性をなかなか見つけられない」

「専門性を絞り込めないので始められない」

このように身動きが取れない状態に陥るのが最もいけません。

もし、あなたが自分の強みを見つけられないで困っているならば、絞り込まなくても構いません。

とにかく、広く浅くでもいいので、カウンセリングを始めていきましょう。そして、カウンセリングを経験しながら徐々に専門性を見つけても遅すぎることはありません。

都市部と地方のカウンセラーの違い

都市部では見込み客の人口が多いという利点がある反面、カウンセラーの数も多いので、絞り込んだ専門性を打ち出していかないと、その他大勢として埋もれてしまいます。

逆に地方都市では、都市部に比べるとそもそも見込み客になり得る人口が少ないので、専門性を限定しすぎると、集客できない可能性があります。

したがって、地方で開業する場合、まずは広く浅く事業を開始して、あなたが開業する地域の人口や特性に合わせて、徐々に絞り込んでいくようにしましょう。

必ず、どの地域にも地域性はあります。たとえば、単身赴任者が多い土地柄で、「子育てママのカウンセリング」に絞り込んでしまうと、そもそもの見込み客の数が少なすぎて、集客に苦労することになります。

こういう事態を避けるためにも、管轄の役所で地域の人口や世帯数、年齢を確認するといいでしょう。

地域の特性とあなたのコンセプトが一致することで、見込み客を集客できる可能性は高まります。

資格は強みになる？

「○○認定カウンセラー」「全米○○協会認定」などの資格をプロフィール欄に羅列している人をよく見かけます。

果たしてこういった資格は、見込み客にとって魅力的に映っているのでしょうか。

たしかに、一見カウンセラーとして能力のある人に見えます。

しかし、見込み客が「○○協会」という存在を知らなければ、その資格の価値はわかりません。

つまり、見込み客は、資格の保有だけではカウンセラーに対してのメリットを感じないのです。

そこで、見込み客にメリットを感じてもらえるように、わかりやすく伝わる形に内容を変換していくことが大切です。

「○○という資格を取得していることによって、あなたに○○（メリット）を提供することができます」

このように伝えると、初めて見込み客はカウンセラーへのメリットを感じることができるので、資格が活きたものへと変化します。

資格をアピールするときは、同時にお客様にどんな価値を提供できるのか、わかりやすく伝えるようにしましょう。

店名の決め方は大切

カウンセリングルームの店名は、ホームページや名刺、チラシ、パンフレット、看板、ブログ、メールマガジンといった公の各種印刷物やツールに使用していきますので、よく考えてから決めるようにしてください。

「好きな名前だから」「心地よい響きだから」「おしゃれだから」といった理由だけで、安易に店名をつけないようにしましょう。凝った名前をつけると店名を覚えてもらえない可能性が高いです。

もちろん、耳にすっと馴染んで、覚えやすい店名であることは望ましいのですが、それだけでは不十分です。せっかくですから、マーケティングの上でも有利になる名前にしたほうがいいのです。

マーケティングで有利になるということは、インターネット検索したときに上位表示されやすい店名ということです。覚えやすくて、尚且つ集客しやすいものが最高です。

また、英語やフランス語といった外国語を使った店名をつける人もいますが、これも覚えてもらえない可能性が高いです。外国語を店名に使う場合は、必ずカタカナでふりがなを表記しておくようにしてください。

一方、誰もがつけそうな店名は覚えやすいという利点もありますが、インターネットの検索結果にあなた以外のお店も多数表示されます。

見込み客の多くは、気になるお店をインターネットで検索して、じっくり検討してから予約するかどうかを決めています。たとえば、顧客があなたのお店のチラシを見て、店名からインターネットで検索しても、あなたのお店が見つからなかったとしたら、すぐに探すのをあきらめてしまうものなのです。

それでは、どんな店名が顧客に好まれるのでしょうか。それは、覚えやすく、尚且つ珍しいものです。珍しい名前だと、インターネット検索で上位に表示されます。また、見込み客にも、見つけてもらいやすくなります。

店名は思いついたら、すぐにインターネットで検索してみましょう。検索結果にその店名が表示されなければ、検索で上位になる可能性が高いということです。

また、単純な単語を2つ組み合わせて店名を作っていくのも効果的です。思いついた言葉をすべて書き出して、言葉同士を組み合わせてみましょう。響きがよくて覚えやすい名前、あなたの雰囲気に合う名前、お店のカラーに合う名前など、いろいろと考えながら見つけていきます。

「ネーミングツールソフト」と検索すると、無料で使えるソフトが手に入りますので、それらを活用するのもいいでしょう。

店名は一度決めると、ホームページや名刺、その他の印刷物にも使用するので、簡単には変えられません。しっかり、吟味して決めましょう。

POINT 7

予約から当日までの流れをまとめる

予約の取り方

見込み客の予約が入ってから、カウンセリング当日までの流れをしっかりと把握しておくことが大切です。

出来るだけ見込み客が予約を取りやすいように、ホームページに複数の予約方法を記載します。

この際、メールアドレスや電話番号のみで受け付ける店も多いですが、「メールは使えない」「電話するのは緊張してしまう」というお客様もいらっしゃるので、FAXでも受け付けられるようにしておきましょう。

また、ホームページに予約フォームを作っておくのも便利です。予約フォームに、氏名、住所、携帯電話の番号の入力を設定しておけば、スムーズにホームページから予約が受けられます。

無料で利用できる「フォームズ」(http://www.formzu.com/)という便利なメールフォームもあるので、それらを活用していきましょう。

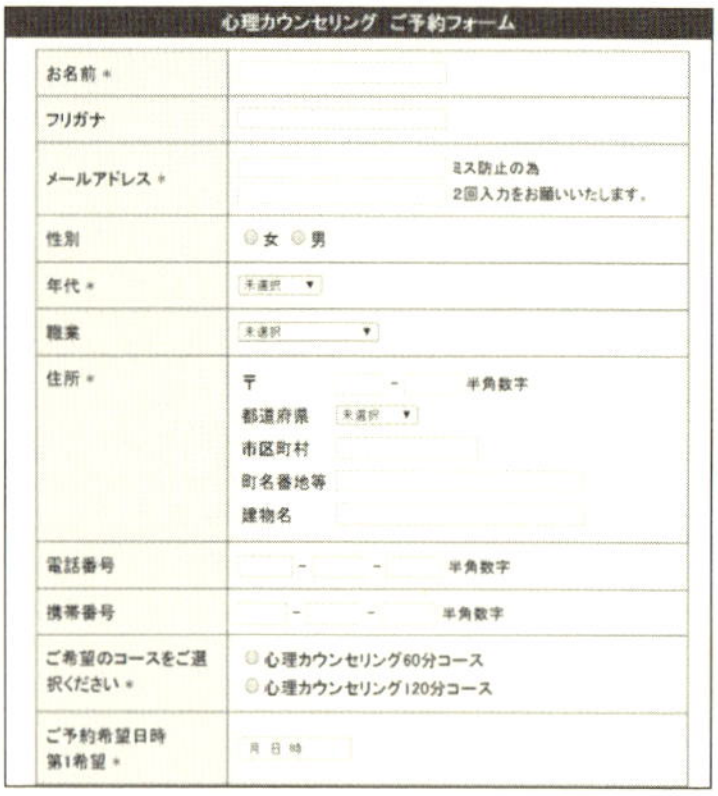

心理カウンセリング　ご予約フォーム	
お名前 *	
フリガナ	
メールアドレス *	ミス防止の為 2回入力をお願いいたします。
性別	女　男
年代 *	未選択 ▼
職業	未選択 ▼
住所 *	〒 - 半角数字 都道府県 未選択 ▼ 市区町村 町名番地等 建物名
電話番号	- - 半角数字
携帯番号	- - 半角数字
ご希望のコースをご選択ください *	心理カウンセリング60分コース 心理カウンセリング120分コース
ご予約希望日時 第1希望 *	月 日 時

フォームズの予約フォーム

さらに、カウンセリング時に、クライアントの付き添いが同席できるのか、別室で待ってもらうのか、外で待ってもらうのかをホームページに記載しておくことも忘れないでください。

病院感覚で家族が複数ついて来られるケースもあります。いきなり来られても、対応できない場合があるので、当日慌てないように、あらかじめ予約フォームでチェックできるようにしときましょう。

予約フォームで受け付けるときに気をつけること

予約フォームで予約を受け付ける際、クライアント側のメールアドレスの入力間違いが多々あります。

かつ、予約フォームに携帯電話のメールアドレスを入力している場合、迷惑メールを防ぐために携帯電話以外のメールからは受信拒否に設定している人も多いです。

いずれにしても、店からの返信は相手に届きません。

したがって、**ホームページで予約方法を説明する場合、メールアドレスの間違いが多いことや、携帯電話のメールアドレスを利用するときはメールの受信拒否設定を解除するなどの文言を記載**しておきましょう。

見込み客は、初めてカウンセリングを予約するとき、かなりの勇気を振り絞ります。

「ちゃんとメールが届いたのだろうか?」

「自分の悩みは丁重に扱ってくれるだろうか?」

「悩みを打ち明けて笑われないか?」

このように、様々な不安が脳裏をよぎっているはずです。

見込み客との最初の出会いは、信頼関係を築く重要な一歩となります。見込み客の不安や緊張をしっかり汲み取って、コンタクトを取りましょう。

たとえ見込み客がメールアドレスを間違えていたとしても、そのまま放っておくのはよくありません。アドレス間違いで、返信したメールが相手に届かない場合は、返信したあとにあなたのもとに通知が届くはずです。そのときは、見込み客に電話するようにしましょう。

また見込み客が、受信拒否設定にしている場合、あなたの返信メールが届いたか届いていないのかわからない場合があります。こういう事態を避けるために、メールの返信の文面に「私からのメールが届かないケースがありますので、このメールを受け取ったら、受け取った旨をご返信ください」という文言を入れておきましょう。

あなたのメールが届いていれば、たいていその日のうちに見込み客は返信してくれます。1日たっても返信がなければ、受信拒否設定にしている可能性が高いので、電話して、コンタクトを取ってみるといいでしょう。

いずれにしても、そのまま放置しておくと見込み客はいつまでたってもあなたからの連絡がないことに、不安を募らせることになります。その不安がいつしかあなたへの怒りに変わる可能性だってあるのです。本来であれば不必要なトラブルは未然に防いでおいたほうがいいので、早めに対処しておくといいでしょう。

電話予約の確認事項とは?

電話での予約の際は、次の項目を確認しておきます。

必ずクライアントへ予約日時、支払い方法と支払い期限、携帯電話の番号などを、復唱して伝えましょう。また日時の確認は、忘れずに曜日も伝えます。

特に予約時間は、間違いをなくすためにも必ず確認しましょう。たとえば、13時に予約を取ったとき、クライアントに「13時、午後の1時、お昼の1時にお待ちしております」と、言い換えて伝えると間違いがありません。

さらに、予約時間外のことも見込み客にはしっかりと伝えておきます。

「病院とは違って待合室がありません。早く来られると待っていただくところがありませんので、当日は時間厳守でお願いします」

「次の方の予約も入っています。もし予約時間に遅れると、その分カウンセリング時間も短くなる可能性がありますのでお気をつけください」

このように伝えておかないと、見込み客によっては、病院感覚で30分早く来たり、遅れて来たりします。

また、予約フォームやメールでの対応と同様、付き添いの方が来られるかどうかも必ず確認しておきます。

付き添いの方が来られる場合、初回だけ同席してカウンセリングを行うケースが

電話予約の確認事項

- □ 当店は初めて?
- □ (初めての場合) 何を見てお電話いただいたのか?
- □ どんな悩みか簡潔に教えてもらう
- □ メニュー、価格を伝える
- □ 予約日時を押さえる
- □ 1人で来るのか、付き添いがいるのか?
- □ 支払方法の確認
- □ 事前入金の場合は、期日を伝える
- □ キャンセル規定についての説明
- □ 名前(フルネーム)
- □ 携帯電話の番号
- □ 当日の交通手段は?
- □ 場所の説明
- □ 車の場合、駐車場の有無

あります。あるいは付き添いの方が最初の数分間だけ同席して、途中で退席されることもあります。いろいろなケースを想定しておきましょう。

付き添いの方が待てるようなカフェやファミリーレストランの地図を作成して渡せるように準備しておくと、より親切な対応となります。

様々なケースがあるので、当日慌てなくていいように、事前に見込み客に確認しておくことが大切です。**電話を受ける際は、予約表とメモ用紙、筆記用具は必ず用意**しておきます。

私は長年モレスキンの1週間見開きで時間ごとに記入できるバーチカルタイプの予定表を使用しています。様々な形式の予定表が各社から販売されていますが、このタイプが私にとっては最も時間管理をしやすいです。

電話でよく聞かれること

「カウンセリングの料金は?」
「そちらの場所はどこですか?」
「健康保険は利用できるの?」
「カウンセリングってどんなことをするの?」
「予約はどうすればいいの?」

ホームページに明記していたとしても、こういった質問は後を絶たないものです。**頻繁に受ける質問に関しては、回答マニュアルを作成して、電話のそばに置いておくと便利**です。

また、何度も質問される内容は、ホームページのQ&Aのページで回答を記載するようにしましょう。

私の経験では、予約する前に、店の場所を聞いてくる見込み客の電話をよく受けました。だいたいの場所を聞いているのかと思ってお伝えするのですが、お店までの行き方を詳細に伝えてほしいと言う人も結構いらっしゃいます。

私も以前は、詳細にお伝えしていたのですが、聞いただけで予約しない人や、片や予約した人でも、結局直前に伝え直さなければならないので、あまり意味がありませんでした。

現在は、詳細な行き方や場所を知りたい人に対しては、「ご予約後にしっかりお伝えしますので大丈夫ですよ」と言っておくだけにとどめています。

このような対応に変えても、全く問題ありません。

電話予約の際もメールを送信してもらう

私のところでは電話予約の場合も、出来る限り事前にメールを送ってもらうように促しています。**メールのやり取りがあれば、入金を確認した際に連絡することができます**。期日までに入金がない場合は、催促のメールを送れます。

加えて、メールで悩みや症状を詳しく伝えてもらうこともできます。

また、ドタキャン予防にも利用できます。予約日前日にこちらからメールを送信することで、クライアントの「うっかり予約日を忘れていた」という事態を防ぐこともできるのです。

一方、電話で予約を受け付けたとき、無断キャンセルを減らす方法があります。

予約の際、最もよくないのが、キャンセルについて案内しないことです。

「キャンセルされるときは、必ずご連絡くださいね」

という、ひと言は絶対に必要です。世の中には無断でキャンセルしても、「自分はお金を出している側なんだ」と言う人もいます。

片や、無断キャンセルをすることに罪悪感があったとしても、連絡する勇気が出ない人もいます。どちらにしても、お店にとっては迷惑な行為です。

そこで、予約電話での対応を次のような表現に変えると、さらに無断キャンセルを減らせます。

「キャンセルされるときは、ご予約日時までにご連絡いただくことになっておりますが、お電話いただけますでしょうか？」

このようにお願いすると、クライアントは「はい、わかりました」と約束をしてくれます。「ＹＥＳ」と言う返事をもらっておくことはポイントになります。つまり、**クライアントに言わすことで、「予約したこと」「キャンセルすること」に対して責任を持ってもらう**のです。

さらに、もうひと言、加えてみましょう。

「直前でキャンセルされると、その日にどうしても予約を取りたかった他のお客様のご迷惑になってしまいます。ですので、キャンセルされる場合は、出来るだけお早目にご連絡いただくことになっておりますが、お電話いただいてもよろしいでしょうか？」

このようにお伝えすると、自分がキャンセルすることで、どんな被害が起こるのか、想像してもらえるようになります。そうすることで、クライアントは「絶対にこの日に行こう」という決心が高まるのです。

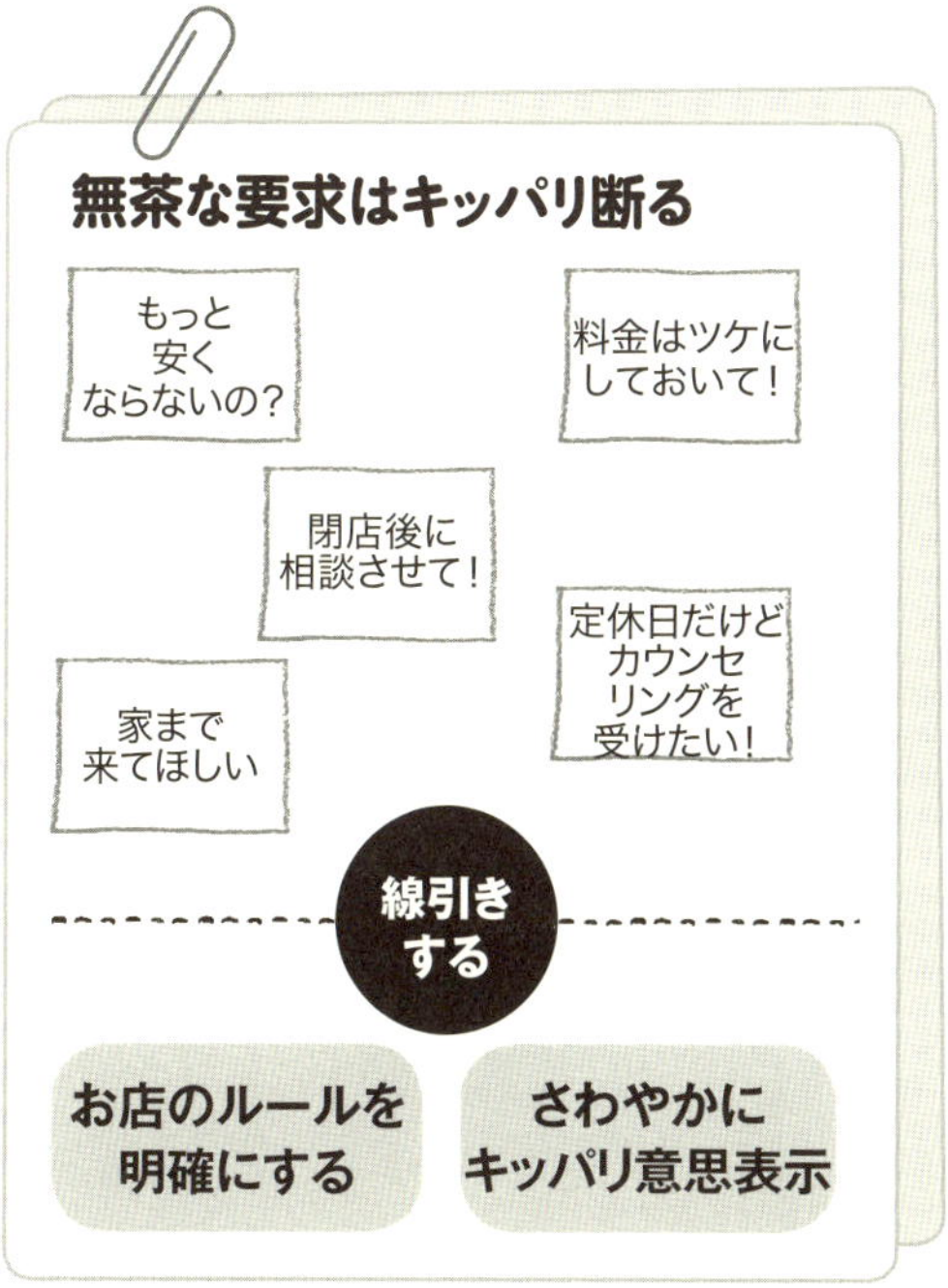
無茶な要求はキッパリ断る
もっと安くならないの？
料金はツケにしておいて！
閉店後に相談させて！
定休日だけどカウンセリングを受けたい！
家まで来てほしい
線引きする
お店のルールを明確にする
さわやかにキッパリ意思表示

断る勇気も必要

開業してそれほど予約が埋まっていない状況で問い合わせがあると、自分にはとうてい無理だと思える症状を抱えているクライアントであったとしても、つい焦って予約を入れたくなるものです。

ここで無理をして、自分にできないことをやろうとすると、結果的にクライアントの信頼を失ってしまうことになりかねません。

クライアントにお店を選んでもらうことも大切ですが、店側もクライアントを選んでいくことが必要なのです。

私がクライアントを断る場合は、以下の通りです。

・病院の受診が必要だと判断した場合
・正当な理由がないのにキャンセルを繰り返す場合
・無理な要求をしてくる場合
・いくら説明しても「でも……」と否定的な言動の場合
・嫌がるクライアントを家族が無理やり連れて来ようとする場合
・「カウンセリングを受けたら、絶対変わるんですよね」と、しつこく聞いてくる場合

……など、引き受けられないことを明確にしておくと、問い合わせがあっても回答に迷うことがなくなります。冷静でありながら、丁寧な対応ができるので、断られたクライアントへも嫌な印象を与えにくいです。

予約の流れを考えておかないと、予約を無意識に先延ばしにしてしまう

予約から当日までの流れをしっかり考えて準備してお

くと、いつ予約が入っても慌てなくて済みます。裏を返せば、**準備が整っていない状況だと、「今、予約が入ったら困る」と無意識のうちに思うようになる**のです。たとえば、ホームページの公開を遅らせたり、予約しにくいホームページの作りにしてしまうのです。クライアントからの電話の応対も逃げ腰になってしまいます。

これらを無意識のうちにしていると、頭では「早く始めたい」と考えていても、気がつかないうちに自分で自分の足を引っ張っているような状態になるので、考えてみたら非常に怖いことです。

したがって、開業後、カウンセリングに集中できるように、しっかりと開業の準備期間中に予約から当日までの流れを用意しておきましょう。

次の「開業準備チェックリスト」は、開業時に必要なものなので、あらためて確認にしてください。

開業準備チェックリスト

- □ ホームページ作成
- □ ブログ開始
- □ メールマガジン開始
- □ カウンセリングシート作成
- □ 名刺
- □ チラシ
- □ パンフレット
- □ 予約受付表
- □ CDラジカセ（リモコン式）
- □ 領収書
- □ 簡易レジスター（持ち運べるタイプ）
- □ 照明（できれば調光タイプ）
- □ テーブル
- □ イス
- □ パソコン
- □ 複合プリンター
- □ 顧客管理ソフト（エクセルでも可）
- □ ひざ掛け（冷え性の方に喜ばれる）
- □ 観葉植物
- □ コートかけ
- □ スリッパ
- □ タオル（雨降りのときに拭くためのもの）
- □ 貸し出し用のカサ

カウンセリングシートは情報の宝庫

カウンセリングシートは、初対面のクライアントの情報を知ることができ、カウンセリングの組み立てをするのに役立ちます。

もし、カウンセリングシートなしで、クライアントの情報を知ろうとすれば、カウンセラーは口頭でクライアントに対して質問責めをしてしまい、無用なプレッシャーを与えてしまう恐れがあります。

しかし、用紙での質問事項であれば、クライアントへプレッシャーを感じさせることなく、落ち着いて記入してもらえます。

カウンセリングシート

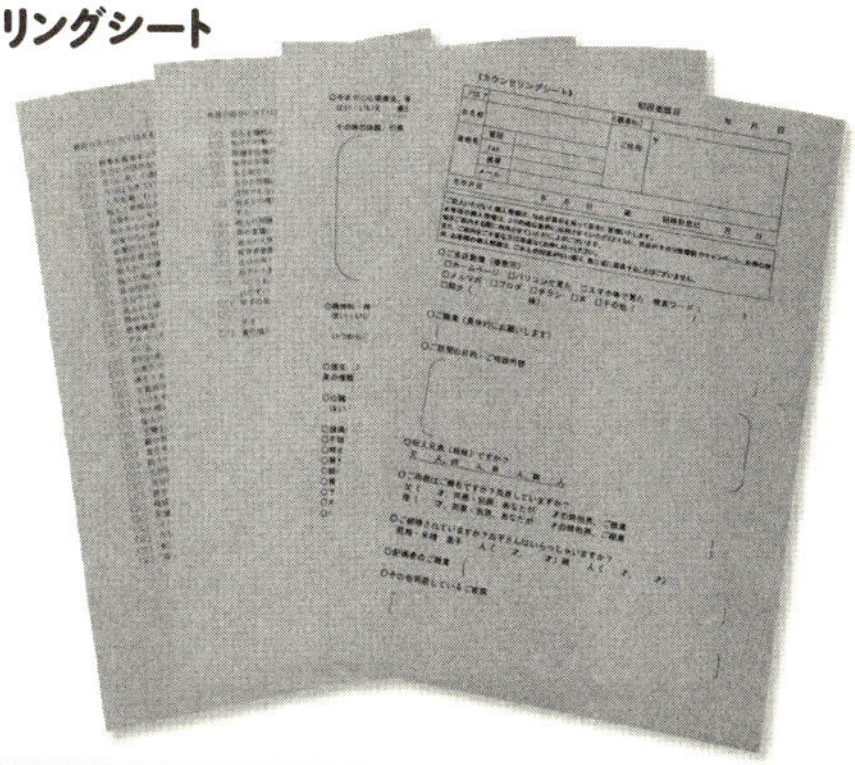

カウンセリングの顧客リスト

クライアントに記入してもらったカウンセリングシートから読み取れる情報はたくさんあります。「カウンセリングは初めてなのか？」「他のカウンセリングを体験しているのか？」「通院歴はあるのか？」「服用している薬の有無？」「家族構成」「病歴」などです。

これらをカウンセリングシートから読み取ることで、クライアントの知識や経験に応じて、カウンセリングの内容を変えていくことができます。

また、今後のマーケティングに活用することも可能です。「どのようにしてカウンセリングルームを知ったのか？」「クライアント自身が調べたのか？」「家族が調べたのか？」「どのポータルサイトで検索したのか？」「検索ワードは何か？」なども、今後のためにクライアントから必ず情報を入手しておきましょう。

カウンセリングの理解度を確かめる

カウンセリングを受けることが初めてのクライアントの場合、カウンセリングを受けるに当たっての不安や期待を、初めに伺います。クライアントの不安や期待に関する回答次第で、現時点でのカウンセリングへの理解度がわかります。理解度に応じて、カウンセリングについての説明や効果的な受け方をお伝えすると、カウンセラーへの信頼度が増します。

クライアントが「カウンセリングを受けて、果たして効果があるのだろうか」という疑念を抱いたままだと、あとあとのカウンセリングの効果にも響いてきます。

ちょっとしたことですが、**クライアントが最初に抱く不安や疑問をある程度最初の段階で払拭しておくことで、あとあとスムーズにセッションを進めていくことができる**のです。

一方、すでに複数の施設でカウンセリングを受けているクライアントの場合、他店に対して何らかの不満を抱いているため、あなたのお店へ来た可能性が高いです。そこで、クライアントへは、「以前のカウンセリングではどのようなことをしていたのか？」「どのような成果がでたのか？」「どのような不満があったのか？」「どのようなところが良かったのか？」などを伺います。

私がクライアントから伺った、以前通っていたカウンセリングについての回答で、1番多かったのは、「話はじっくり聞いてくれたのでそのときはスッキリしたが、その後も聞くばかりだったので、何も変化がなかった」という不満でした。2番目に、「自分のこと（カウンセラー自身の話）ばかりで、私の言いたいことが言えなかった」という不満が多かったです。

1番目のクライアントの不満は、「話をじっくりと聞いてもらいたい」と、クライアントが何らかの形で悩みを改善していきたいという強い気持ちが伝わります。しかし、その悩みを改善できないままなので、不満を抱えているということです。

そういうときは「今抱えている悩みをお聞きした上で、どうすればいい方向に進んでいけるのか、大まかな道筋を示していきたいと思います」と、カウンセリングの方針を立てていくことを事前にお伝えしてから、話を進めていきます。

2番目のクライアントの不満は、意外ですが、必要以上に自分の話をするカウンセラーが、カウンセリングの現場には多いということです。

これらの意見から、**クライアントの話を否定することなくじっくりと聞くことが大事だということ**がわかります。

「思いついたことは何でもおっしゃってくださいね」「カウンセリングにおいて、必要を感じたときは私自身のことも話す場合はありますが、それはよろしいでしょうか？」

このように、カウンセリングにいらしたクライアントへ伝えることで、クライアントの不安を早い段階から減らし、信頼関係を築きましょう。

クライアントへ方向性を示す

私自身も、以前カウンセリングを受けたことがあります。しかし、未来の方向性を示してくれるカウンセラーは皆無に等しかったです。当時の私は、カウンセリング自体が順調なのか、それともまだまだ先は長いのか、さっぱりわからず不安ばかりが高まっていました。

私自身の経験からも、**ある程度の方向性を示していくほうが、クライアントは安心してじっくりと取り組める**と思います。

この方向で いかがでしょうか？
それがいいです
カウンセラー

通院歴の有無を確かめる

精神科や心療内科、神経内科といった病院に通っていたか、あるいは現在通院中かということもカウンセリングシートを見ながら話をしていきます。

さらに「病院に通っていることについて、ご自身はどう受け止めているのか？」「ご家族はどんなふうに見守ってくれているのか？」を尋ねていきます。

これによって、「病院とこれからも積極的にかかわっていきたいのか」「薬を止めたい気持ちが強いのか」がわかってきます。

病院や薬に関しては、カウンセラーが直接、口を出すことはできませんが、**どうすればいいのか迷っているクライアントに対して、今後どのようにしていけばいいのかといった目安を伝えることは可能**です。

たとえば「病院とカウンセリング、どっちがいいのだろうか？」と迷っているクライアントがいます。

その場合は、「病院とカウンセリングのどちらも通われている方もおられますよ」「薬が合わないようでしたら、医師に相談してみるといいですよ。どういうふうに医師に言ったらいいか、迷われているようでしたらここで練習することもできますが、いかがでしょうか？」などと答えます。

他のクライアントがどのようにしているかをお伝えして、次の行動につながるように手助けしましょう。

今後の運営に役立つ質問

カウンセリングシートの活用として、アンケートをつけることもお勧めします。クライアントへのアンケートは、今後のカウンセリングルームの運営に役立つからです。

たとえば、アンケートに書かれた「当カウンセリングルームを選んだ理由を教えていただけますか？」という質問に対して、**クライアントはあなたのお店を選んだ理由を書きます。それは、あなた自身が気づいていないない、客観的なあなたの強みです。**この強みを、ホームページに反映させることで、見込み客にあなたのコンセプトをより伝えやすくなります。

また、「カウンセラーに希望することはありますか？」「カウンセリングに期待することはありますか？」などの質問では、クライアントの期待や望みがわかります。

「当店を何で知ったか？　ホームページ、ブログ、メールマガジン、紹介……」なども、必ず聞いておきましょう。

このような質問に対する答えのすべてが、開業後の運営に活かされていくので、クライアントにアンケートを取っておきましょう。

また、カウンセリングシートを見ながら、「カウンセリングルームの場所はすぐにわかりましたか？」「どういった言葉で検索しましたか？」などと、雑談をしていくうちにお互いの緊張もほぐれていきます。

カウンセリングシートを有効に使うことで、早い段階からクライアントと打ち解け、安心感と信頼感を築けるようになります。

初回のカウンセリングでクライアントが満足すれば、次の予約へもつながりやすいです。1つひとつの言動は小さいですが、非常に重要なポイントとなります。

カウンセリングルームのコンセプトを表した名刺

名刺とは、ただ単にあなたの肩書きと名前を知らせるものではありません。

名刺を相手に渡す目的は、あなた自身やあなたが提供するサービスに興味を持ってもらい、何らかの行動を起

こしてもらうことです。

したがって、肩書きは、ただ「カウンセラー」と書くよりも、カウンセリングルームのコンセプトが表れた肩書きを示すようにします。

今後、仕事に結びつく名刺のポイントは3つです。

1つ目は、どんな人にカウンセリングを受けてほしいのか？

2つ目は、カウンセリングをやっている理由。

なぜ、この仕事を全力で取り組んでいるのか、わかりやすく簡潔に伝えます。ストーリー性があると、クライアントに「この人は信頼できる」と、思ってもらいやすいです。泥臭い人間性に、人は惹かれます。

3つ目は、名刺を渡した人にどういう行動を取ってほしいのか？

ホームページやブログへの誘導や、メールマガジンなどに登録してもらうことです。

それと、名刺には顔写真やイラストを載せたほうが相手に印象を残します。

名刺はあなたを表現する最も小さいツールです。しっかりと働いてもらえるように作り込んでいきましょう。

カウンセリング当日の準備

次いで、カウンセリング当日の準備も押さえておきましょう。

不馴れなうちは、カウンセリングの内容ばかりに気を取られて、当日の準備をうっかり忘れてしまうことがあります。

カウンセリングの最中に焦らなくていいように、次の「カウンセリング当日のチェックリスト」を普段目にするところに掲げておきましょう。

カウンセリング当日のチェックリスト

- □ 掃除
  （玄関、カウンセリングルーム、トイレ、お客様が使う場所は念入りに）
- □ 部屋の温度を快適に保つ
- □ 音楽を流す
- □ ラジカセのリモコンを手元に置く
- □ 飲み物
- □ カウンセリングシート
- □ 筆記用具
- □ おつり
- □ 領収書

POINT 8

開業届けを提出する

「個人事業者」か「法人」、どちらで開業するか?

開業したら、「開業届」を税務署へ提出しましょう。税務署に行くと、丁寧に書き方を教えてくれますので、全く心配はいりません。飲食店のように許可が必要になるわけではないので、簡単に手続きができます。

開業するとき、「個人事業者」か「法人」で迷う人もいると思います。法人にする場合は、定款を作成して登記する必要があります。行政書士や司法書士に依頼すると、一般的には20万円から30万円の費用がかかります。

一方、少し手間はかかりますが、自分で登記申請を行えば10万円ほどで法人が設立できます。

最初は個人事業者で届け出て、事業が軌道に乗ってから法人に切り替える場合もあります。

また、事業を始めると、売り上げや経費を計上して報告する義務が生じます。個人事業者で青色申告する場合と法人の場合は、複式簿記で記帳し、貸借対照表と損益計算書を作って、確定申告しなければなりません。個人の場合は自分でもできますが、法人の場合は一般的に会計事務所に依頼することになります。会計事務所にお願いした場合の費用は、月々1万円からの顧問料と、確定申告月には10万円以上が必要になります。

開業してすぐに十分な売り上げが出ないことも考えられるので、最初は個人事業者でいいかと思います。

ただし、売り上げが上がって忙しくなるのが目に見えている人や、集客に自信があって事業を大きくしていきたい人は、最初から法人で始めてもいいでしょう。

準備が整っても開業に踏み込めない

ここまで準備ができたら、あとは開業するだけです。とはいえ、ここで二の足を踏む人が結構いるのです。

「まだ何か準備が足りないのではないか」

「もっと完璧に準備しなければ」

「そもそもスキルが足りていないのではないか」

「クライアントをいい方向に導けるのだろうか」

これは開業を目標に頑張ってきた人が陥る無意識の反発です。夢中で準備をしているときには気がつかなかったネガティブな感情が、準備が整ってくるにつれて、姿を現してくるのです。

完璧に準備できる人や完璧なスキルを有している人など、この世にはいません。

こういうときは、現時点での自分の全力を尽くした上で、「カウンセリングの内容をどう受け止めるかはクライアントに委ねてしまおう」という考え方が有効です。

100%すべて自分が責任を負うとなると、プレッシャーがかかりすぎます。

「50%の責任は自分が負うけど、あとの50%はクライアント次第だ」というように考えると、気持ちがずいぶんと楽になります。また「短期間で改善させてあげなくちゃ」と結果を求めすぎると、かえってカウンセリングがうまくいきません。この場合、気持ちの上では「このクライアントは、いずれは良くなっていくから一生かけてサポートしていこう」という長期的な視野をもってカウンセリングに当たりましょう。すると、カウンセリングを行う際に余計な力が抜けて、今持っている自分の能力を最大限に発揮できます。

一方、「自分1人でこのクライアントを支えなくてはならない」と思うと、心が重たくなります。

たとえば、「自分を含めて5人のカウンセラーで、このクライアントを支えていこう」という気持ちになると、心が軽くなります。

実際、クライアントによっては、他のカウンセリングを受けていたり、本を読んでいたり、講座を受けていたりと、いろいろと取り組んでいます。

カウンセリングがうまくいったとしても、あなた1人でクライアントを改善へと導いたわけではないのです。

「最終的には、自分のところで悩みが解決したけれど、それまでの取り組みがあったからこそ、自分のカウンセリングがうまくいったんだ」と考えておいたほうがいいでしょう。または、「自分のところでは残念ながらすべてがうまくいかないかもしれないけど、次のカウンセラーのところで解決できれば、それでもいい。自分もちゃんと貢献できるはずだ」と考えると気が楽になります。

開業に踏み出すとき、ここで紹介した考え方を取り入れて、最終的には「なるようにしかならない」「何もしないことが人生において最大のリスク」と腹をくくって行動しましょう。

第3章

開業から軌道に乗るまで

POINT 1

見込み客が集まるルートを複数持つ

開業したのにクライアントが来ない最大の理由

準備が整ったらいよいよ開業です。開業したら、まず何をすべきでしょうか。

それは「集客」です。悩みを抱えている見込み客は日本中にたくさんいらっしゃいます。しかし、その見込み客をあなたの目の前に連れて来ることができなければ、カウンセリングを行うことはできません。

とはいえ、集客の大切さがわかっていても、実際にお客様がゾクゾクと集まって来るかというと、思うようにいかないものです。カウンセラーに限らず、接骨院、飲食店、美容院など、どの業種も集客には頭を悩まされています。

では、お店に**クライアントが来ない一番の理由**をご存知でしょうか。

それは、「あなたのお店を知らないから」です。

「こんな近所にカウンセリングが受けられるところがあるなんて、今まで知らなかったです」

私は最近になっても、クライアントからこのように言われたことがあります。

見込み客は、あなたのお店のことを認識していないから来ないのです。知らないのに、カウンセリングを受けようがありません。

したがって、あなたのお店をたくさんの人に知ってもらうためには、絶対に集客活動が必要なのです。

カウンセリングスキルを習得し、開業の準備を整えても、肝心のクライアントを獲得できなければ、「自称カウンセラー」の枠から出ることはできません。

実際のところ、**開業カウンセラーとして成功できるかどうかは、どれだけ上手にクライアントを獲得できるかにかかっています。**他の業界でも同様ですが、**カウンセラーとしての能力と同等以上に、「クライアントを集客する力」「マーケティング力」が重要**なのです。何度も言いますが、これはいかなる業種・業界であっても同じです。自ら集客する能力がなければ、衰退していくしかありません。

出会いの場面を増やす

見込み客をたくさん集めるためには、見込み客との出会いの場面を出来る限り増やすことです。

たとえば、婚活と同じようなものです。本気で結婚したいと思い続けている人は、何をするでしょうか。誰かから声がかかるまでじっと待ち続けている人はいないでしょう。

結婚の確率を出来る限り高めるためには、未来のパートナー候補と接触する機会を増やしていくはずです。

結婚紹介所に登録したり、婚活パーティーに参加したり、友人に紹介を依頼したり、社会人サークルや習い事など、本気な人ほどできることは何でもするはずです。

これは、カウンセラーにおける「集客」も同じです。**見込み客との接点が多ければ多いほど成約数は高まります。あなたのことを知ってもらう機会が多ければ多いほど、カウンセリングを受けてもらえる可能性が高まるの**です。

つまり第2章で紹介した、ホームページやブログ、メールマガジンなども見込み客との出会いの場です。

その他、名刺、チラシ、パンフレット、口コミ、紹介、パブリシティ、タウン誌、心理系のポータルサイトと様々な集客方法があります。

このように、集客する手段はたくさんありますので、これらを組み合わせて、見込み客をどんどん集めていきましょう。

お客様が来ないもう1つの理由

お客様が来ない大きな理由が、もう1つあります。

たとえば、あなたのチラシを見た見込み客が、ホームページやブログを見に来ました。出会うところまではうまくいったのですが、素通りして他のホームページへ移ってしまいました。

これはどういうことかというと、見込み客は「私の悩みを解決できそうなホームページではなかった」と判断を下したということです。

見込み客は、今抱えている悩みを解決してくれるための、適任者を探しているのです。

これも、先ほどお話しした婚活の例で説明すると、たとえば、あなたが出会いの場に参加したとしても、自分のプロフィールを全く明かさず内緒にしておくと、相手はあなたの存在を認識しても、素通りしてしまうのです。

年齢、職業、趣味、長所、好みのタイプ、結婚の条件などを詳しく提示しておくことで、相手は自分の条件と照らし合わせてくれます。条件が許容範囲であれば、相手は結婚の可能性があるかもしれないと興味を示してくれるのです。

「どなたかいい女性（男性）はいませんか？」

このアピールでは、相手はあなたのもとには来てくれません。

カウンセラーにおける集客も全く同じです。

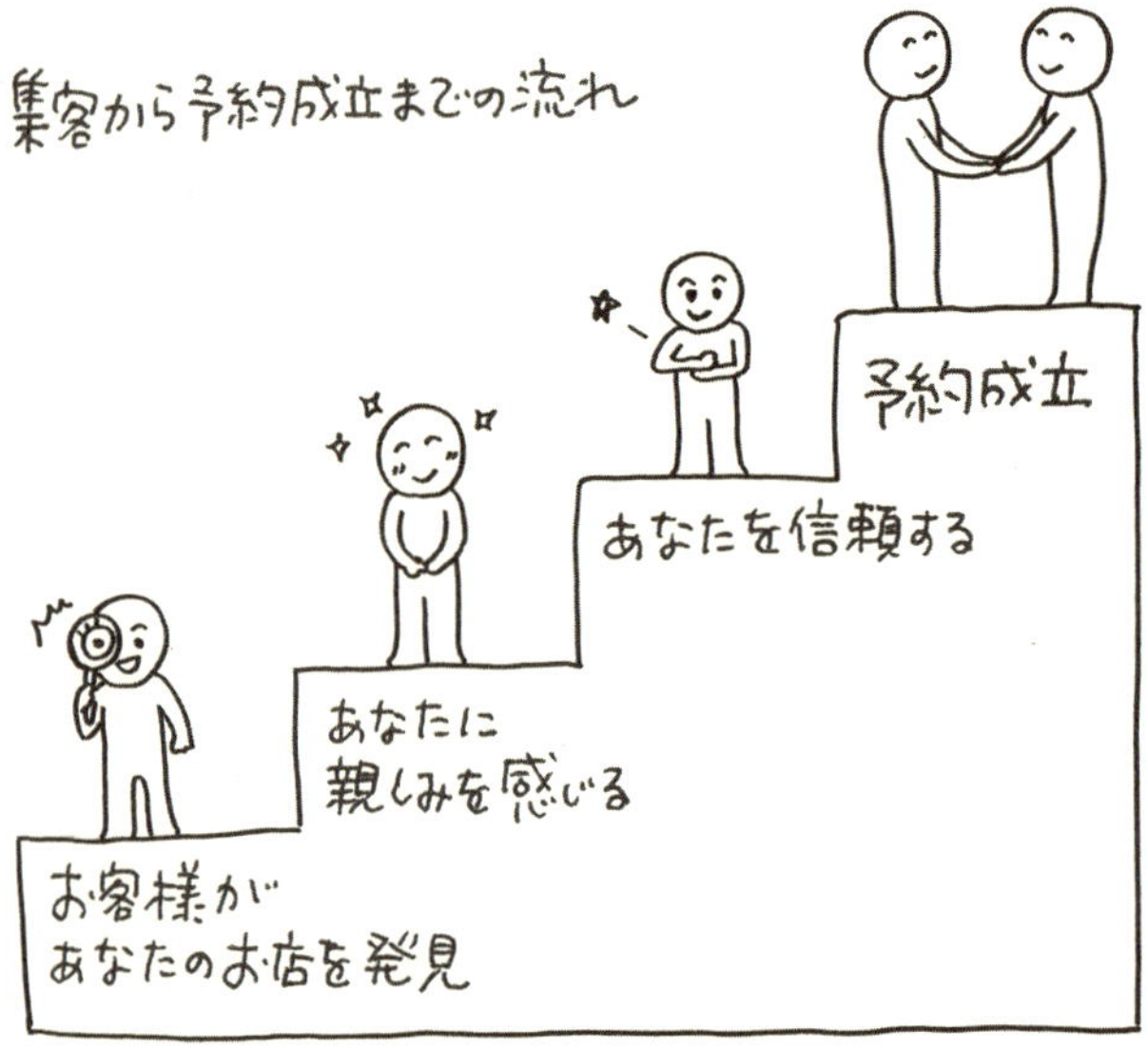

「私はカウンセラーです。いろいろと問題を解決できますので、なんでも相談してくださいね」

このように**「なんでもできます」という受け身のスタイルでは、見込み客はあなたのもとへは来てくれません。**

見込み客が抱えている問題と、その問題を解決してくれそうなカウンセラーの条件が合わなければ、見込み客の集客は難しいです。

そこで、「どんな人にカウンセリングに来てもらいたいか」をしっかりアピールし、「こんな悩みに関して得意です」とカウンセラーの強みを伝えることが大切です。**カウンセラーができることを提示することで見込み客から発見されやすくなり、興味を持ってもらえるようになります。**

見込み客が、「私のこの悩みを解決できる人っているのかな?」と探している条件が、あなたの条件にピッタリ合えば、あなたにコンタクトを取る確率は高まります。

見込み客にとっては、カウンセラーでなくても構わない

悩んでいる人からすれば、悩みを解決してくれる人であればカウンセラーでなくても構いません。**見込み客にとって職業は関係ない**のです。カウンセラーでもコーチでも弁護士でも探偵でも便利屋でも誰でもいいのです。

よって、「なぜ、私は弁護士やコーチではなく、カウンセリングを受けなくてはいけないのか?」という**見込み客の心の疑問にしっかり答えられないと、あなたのもとへは来てくれない**と思ってください。

「なぜなら、○○というカウンセリングを受けると○○ということができて、○○という結果が得られるからです」

このように、見込み客へ答えられるようにしましょう。

たとえば、ある見込み客が「自分はカウンセリングを受けるのが良さそうだ」と判断したとします。

そこで、あなたが大勢いるカウンセラーの中から見込み客に選んでもらうにはどうしたらいいか……。

答えは、見込み客の「なぜ、私は数多くのカウンセラーがいる中で、あなたからカウンセリングを受けないといけないの?」という疑問に対して明快に返せるかどうかです。

「それは、○○だからです!」と見込み客が納得できるような回答を準備しておければ、あなたは見込み客に選ばれます。

見込み客はカウンセラーを選んで、ようやく次の行動に移れるというわけです。

複数の集客ルートを持つ

集客を1つの方法に絞るのは大変危険です。

たとえば、あなたが最初に試した方法がたまたまうまくいったとします。うまくいったものだから、他の方法を試す必要がないとあなたは考えました。

とはいえ、世の中の移り変わりは想像以上に早いものです。今うまくいっている方法が、2、3年後にもうまくいくとは限らないのです。

1つの方法に集中すると、それがうまくいかなくなったときに、リスクも集中します。

リスクは分散しておくほうがいいのです。**必ず複数の集客ルートを確保**しておいてください。

また、集客において絶対に失敗したくない気持ちから「どうするのが正解ですか?」と細かい部分まで聞いてくる人がいます。

しかし、「こうすれば絶対失敗しないでうまくいく集客」という方法はありません。

とにかく、あなた自身が「この方法がいいかもしれない」と思ったものは、まず試してください。仮に失敗しても痛くない程度の予算でテストするのです。どんな媒体を使って、どんなタイミングで、どんな集客をするか、自分の店にあった方法を試していく中で見つけて育てていくのです。

成功者は、必ず試行錯誤をした結果、独自の成功法則を持っています。

逆にうまくいかない人は、正解がこの世のどこかにあるものだと信じ、正解を求めすぎて、結局身動きが取れなくなっています。

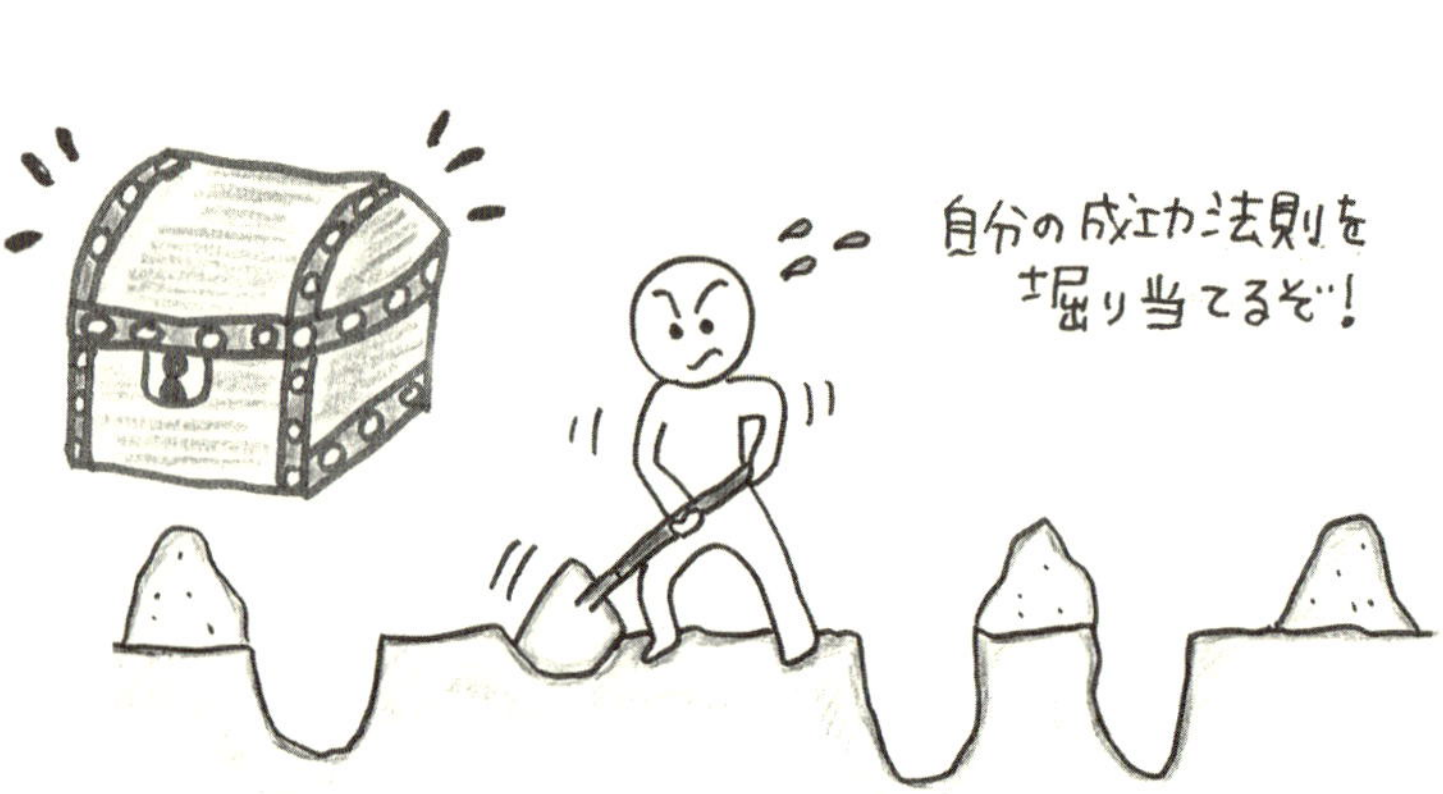

POINT 2

当たるチラシの作り方

効果的なチラシの撒き方

一昔前に比べて、最近はチラシの反応率が下がっています。ただ単にチラシを撒けば人が大勢集まるという時代ではなくなっています。

特に、近年はインターネットを利用したホームページやブログ、Facebookなどでの集客が主流になりつつあります。

だからと言って、「チラシは効果がない」と一概にはいえません。**インターネットが主流だからこそ、逆に私はチャンスだと思っています。**

もちろん、ただ単にチラシを撒くだけでは効果は期待できませんが、実際に現在でもチラシで収益を上げているところはたくさんあります。

たとえば、新聞の折り込み広告には、スーパーマーケット、電気店や不動産、学習塾、葬儀社のチラシがたくさん入ってきます。つまり、チラシを撒くことで、十分採算に見合う収益が確保できているというわけです。

以前、私がマッサージ店をメインに経営していたとき、私も主にチラシで集客をしていました。

特にチラシは、主婦の可読率が高いです。したがって、主婦をメインターゲットにした商品を掲載すると、より効果が高くなります。

そこでカウンセリングルームのチラシを作る際、たとえば不登校や引きこもりのお子さんに悩む親御さんが興味を持ってくれるような内容にするのは、効果的です。

作成したチラシは、ポスティングか新聞の折り込み広告、ミニコミ誌への折り込み広告、あるいはスーパーマーケットや市民会館、カルチャーセンターなどにチラシを置くなど、いろいろと活用できます。

また、店頭においてクライアントに持ち帰ってもらうことで紹介につながることもあります。

チラシは、インターネットの集客とは異なる客層を取り込めます。この効果はあなたのお店にとって、必ず集客の武器になります。

チラシに掲載する内容で反応率が変わる

「チラシに何を書くのか」。チラシの内容次第で、チラシを手にした人の反応率は大きく変わります。ホームページとは違い、チラシの紙面は限られています。そこで、優先順位の高い順に内容を絞っていく必要があります。

チラシのよくある失敗例としては、お店の名前を大きくチラシの一番目立つところに書いてあるものです。誰もが知っている有名店ならば構いませんが、名前が通っていないお店の場合、見込み客は店名を認知していません。

次に多い失敗例は、店名に続いて、メニュー、連絡先、アクセスが中心のチラシです。たしかにこういった情報がなければ、見込み客は行動しようがありません。しかし、この内容では、見込み客の感情の流れを完全に無視しています。

たいてい、店の情報はチラシの内容に興味を持ったあとで初めて知りたくなるものです。

新聞に折り込まれているチラシを、1枚1枚じっくりと見る人は少ないでしょう。見込み客は、興味があるチラシ以外は一瞬しか見ません。この一瞬が、ゴミ箱行きか、じっくり見てもらえるかの分かれ目なのです。

それでは、**見込み客が興味を持つチラシ内容**とはどういうものでしょうか。まず、チラシを手に取った人の感情の流れに沿った順番で情報を提供していくことが大切になります。

興味を持たれるチラシの内容は、次の1から7の流れになります。

1. 誰のためのチラシなのかが一目でわかる（一番目立つ文字で）
2. 見込み客が漠然と抱える悩みを明確にする
3. その悩みを解決できることを伝える
4. お客様の声
5. 仕事への思い
6. メニュー、営業時間、連絡先、アクセス
7. ホームページへの誘導（行動を促す）

最も大事なのは、まず「1」の「誰のためのチラシなのか一目でわかる」ということです。ここは、チラシの入口に当たります。

「2」では、誰が対象なのか、その人がどんな悩みを抱えているのか、悩みをそのままにしておくことで起こり得るデメリットを書き出します。これによって、今まで漠然と悩みを抱えていた見込み客が、「このままにしておくのはよくないな」と考えるようになります。

そして、「3」で、カウンセリングを通じて、その悩みを解決できる方法があることを伝えます。

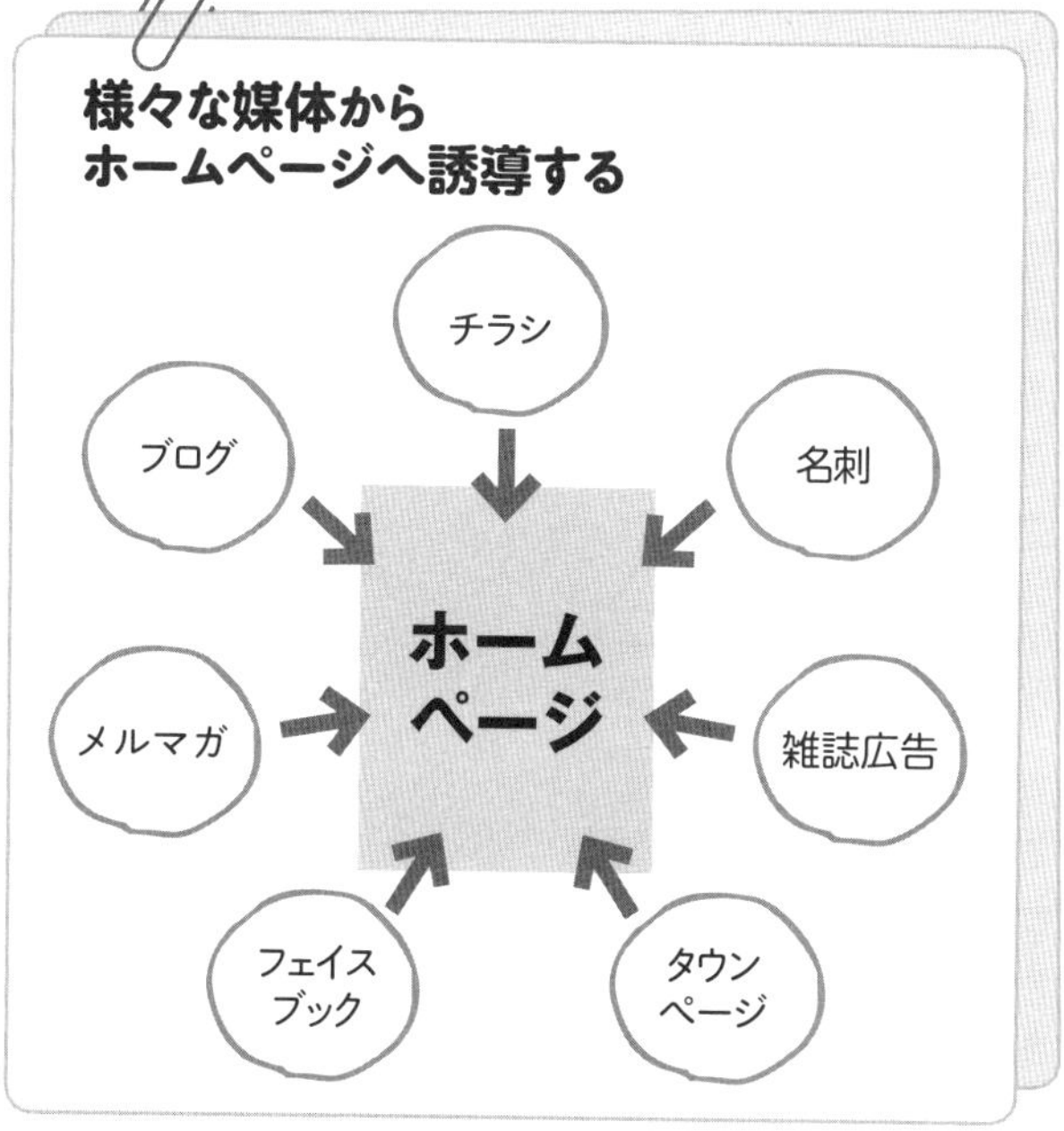

その上で、「4」にお客様の声を掲載すると信頼性が増します。

「5」に、仕事への思いや情熱も伝えましょう。「6」にはメニューや営業時間、連絡先、アクセスを掲載します。

最後に、「7」でチラシを見て興味を示した見込み客に、どんな行動を取ってもらいたいかを示します。これは、チラシの出口に当たり、2番目に大事な部分です。

カウンセリングの場合は、より詳しい内容を知ってもらうために、ホームページに誘導するのがいいでしょう。チラシや名刺には、必ずホームページのURLを記載し、情報が豊富に掲載されているホームページへ誘導しましょう。

これらが、チラシに興味を持たれる内容の流れです。

チラシは、入口と出口が大切です。

そして、入口から出口まで、見込み客がスムーズに読み進められるように構成して作りましょう。

チラシの作成手順

チラシのサイズはB4が一般的です。新聞に折り込まれているチラシは、ほとんどがB4サイズです。

チラシを業者に依頼して作る場合、チラシ作成業者や広告代理店に相談しましょう。

その際かかるコストは、印刷のもとになる版代と折り込み代とを合わせて1枚2～10円ほどです。業者によって価格が違うので、複数の業者から見積もりを取りましょう。印刷する枚数が多ければ、当然1枚当たりのコストは安くなります。

私は開業当初、パソコンでＡ４サイズのチラシを作って、インクジェットプリンターで印刷していました。

チラシ作成、投入までの流れ

チラシの目的を決める
↓
チラシのサイズ、片面か両面かを決める
↓
ラフデザイン、原稿を作成
↓
原稿ラフを印刷会社に提出
↓
原稿のチェック
↓
チラシ完成
↓
チラシ投入

また、チラシを自作したあと、Ａ４サイズのチラシを新聞の折り込み広告に入れ、見込み客の反応を見ながら、チラシの内容を作り直していました。

私の場合、見込み客から満足な反応がでたら、あらためてサイズをＢ４にして、新聞に折り込み広告を入れようと考えていましたが、Ａ４サイズでも十分な収益が出たので、そのままＡ４サイズでチラシを撒くことが多かったです。

この辺りは、チラシを撒く地域によっても違いがあるので、試しながら決めていくようにしてください。

ちなみに、自作する場合は、マイクロソフトの「Microsoft Office Publisher（パブリッシャー）」というソフトが扱いやすく、チラシやニュースレターを作るのにお勧めします。

近隣店舗、ご近所に挨拶まわり

チラシが出来上がったら、まずは近隣店舗へ挨拶まわりをします。そのとき、近隣のお店にチラシを置いてもらえるようにお願いしてみましょう。

とはいえ、お互いのメリットが大切ですので、チラシを置かせてもらう際は、あなたのお店にも名刺やチラシを置くことを申し出るようにします。

交渉する店舗によっては、A4サイズのチラシでは大きすぎる場合もあります。名刺サイズ、ハガキサイズ、A5サイズといった小さいサイズも持参しておくとスムーズに話が進みます。

一方、自宅でカウンセリングルームを開業する場合、ご近所にも挨拶しておきましょう。

あなたにとっては大切なクライアントでも、ご近所から見れば、あなたの家に見知らぬ人が頻繁に出入りしていることを不審に思う人もいます。

挨拶に伺う際は、どういったお店なのかを伝えるとともにチラシを渡しておきましょう。それが縁になって、ご近所の方から、クライアントを紹介してもらえることもあります。実際、道に迷ったクライアントを、ご近所の方が私のお店まで案内してくれたこともありました。

逆に、開業当初、私がご近所に開業の挨拶をすぐにしていなかったため、クライアントがご近所の方にお店のことを尋ねても「そんな店は知らない」と言われて、そのまま帰ってしまったこともありました。

こういう失敗から、私は身をもって、ご近所への挨拶の大切さを体験しました。

POINT 3

ホームページで集客する

トップページはホームページの顔

第2章で紹介したホームページについて、ここでもう少し詳しくお伝えします。

ホームページを作成し、公開した時点で満足してしまう人を多々、見かけます。特にホームページを作成することに手間取って、かなりの時間と労力を使った人は、完成したことへの達成感で満足してしまう傾向にあります。

しかし、**ホームページを公開した時点では、まだスタートしたにすぎません。ホームページは、集客することが目的**です。

よって、ホームページを公開したら、「クライアントにとって、より魅力あるホームページに変えて、少しずつ育てていくんだ」という感覚を持ちましょう。

チラシは1枚に情報をまとめますが、ホームページは無限にページを増やせるので、チラシに比べると情報量が圧倒的に多くなります。

情報量が多くなると、その分、見込み客の目に触れる時間が増えます。つまり、ホームページを閲覧した見込み客が、あなたのお店の情報に関心を寄せて、親しみを持つ可能性が高いともいえます。

したがって、見込み客にとって、有益な情報を日々、増やしていくことが重要です。

そこで、**トップページには、訪れた人が瞬時にわかるように、必ず「誰が何をするホームページなのか」を明確に記載しましょう。そして、カウンセラーの写真も必ず載せます。**

間違っても、見込み客に「いったい何を提供しているのか」「誰がやっているのか」などと思わせる、目的がわからないホームページには、決してしないでください。

それだと、見込み客がせっかくあなたのホームページにたどり着いたとしても、すぐに他のホームページへと移動してしまいます。

ホームページが無数にある時代で、いくら「じっくり見てくれたら、良さがわかるのに」と言っても、こういった受け身の考え方では、見込み客に通用しません。

見込み客へ読ませるホームページにするには、「良さが伝わる内容だから、じっくり見てもらえる」と能動的に考えていくことが必要です。

トップページで情報をひと通り公開

人は自分が理解できないものに対して、考えるエネルギーを使いません。

これは、ホームページにおいてもいえることです。

「私のためのホームページだ」

「この人なら私の悩みをわかってくれそう」

「（難しい言葉がなく）わかりやすい！」

「勉強になる」

「早く相談に行きたい」

ホームページを閲覧しに来た見込み客には、このように「必要な情報が載っている」と思わせる必要があります。

トップページはホームページの中で、最も重要なページです。トップページを見ただけで、見込み客が「この人からカウンセリングを受けたい」と判断すると言っても過言ではありません。

よって、情報がひと通りわかる内容にしておくといいでしょう。

まず、**トップページには、必ず「何をしているホームページなのか」が一目でわかるように記載しましょう。**

また、見込み客が相談や予約を取りやすい仕掛けも考えて作りましょう。

たとえば、チラシのようにすべてが簡潔にまとまっているページということです。

また、メールマガジンを発行している場合、トップページで登録ができるようにしておきましょう。

ホームページを閲覧して、すぐに問い合わせや予約をしてくれる人もいますが、メールマガジンを読んで、じっくりと検討する人もいるからです。

見込み客がカウンセリングに行きたいという気持ちになるまで、あなたのお店の情報をメールマガジンで提供しましょう。

同時に、トップページ以外のページも、少しずつ充実させていきます。

「トップページ」「初めての方に」「当カウンセリングルームの特徴」「メニューと料金」「お客様の声」「予約方法」「よくある質問」「アクセス」といったページを作るといいでしょう。

見込み客が気になること

あなたのホームページを閲覧して、「カウンセリングを受けてみたい」と興味を持った見込み客は、次のことが気になってきます。

「場所はどこだろう？」
「予約の仕方は？」

こういった疑問は、ホームページ内で必ず答えらえるようにしておくことが基本です。せっかくあなたのカウンセリングに、見込み客が興味を抱いても、場所がわからなければ余計な不安を生みます。

そうならないためにも、**アクセスのページをしっかり作り込みましょう**。まず、電車で来られる方のために、最寄り駅を記載します。また、最寄り駅から徒歩何分なのかも記します。曲がり角ごとに目印になるものは記載しておきましょう。

一方、車で来られる方のためにも、駐車場の有無や目印になる建物、信号名なども記載します。

文字だけでは不十分なので、地図アプリの「Googleマップ」（https://www.google.co.jp/maps/）などを使ってページにカウンセリングルームの地図を埋め込むようにしてください。

また、**手書きの地図を載せておくと、より親切な対応**といえます。手書きの地図だと、より詳細に近隣のお店や信号名も記載することができます。

地図を手書きして、スキャナーで取り込み、画像を適切なサイズにしてからページに貼り付けます。また、手書き地図は、見込み客が手軽に印刷できるようにしておきましょう。実際、私のカウンセリングルームにいらっしゃるクライアントからは、「ホームページから印刷したお店の地図で、迷うことなくたどり着けた」と非常に好評を博しています。

見込み客によっては、予約方法がわかりにくいために、連絡するのをあきらめる場合もあります。せっかくホームページを閲覧して、行動に移してくれようとしても、最後の詰めが甘いと見込み客を逃してしまいます。これは、非常にもったいないことです。

とはいえ、予約の段階で見込み客がホームページ上で迷子になることは意外と多いです。

私自身、インターネットでよく買い物をするのですが、気に入った商品が見つかっても、なかなか購入する場所がわからなくて、イライラすることがあります。いくら探しても購入場所が見つからない場合は、別のお店で購入することすらあります。このように、見込み客を逃してしまうのは、絶対に避けたいことです。

だからこそ、**予約方法は目立つところに作っておいてください。**

また、予約フォームの内容は悩みのチェック項目など、必ず充実させましょう。**予約フォームでは、何に対してクライアントが悩んでいるかを知ることができ、事前に対策を練ることができます。**一方、クライアントもチェック項目があると「こういった悩みも受け付けてもらえるんだ」と安心できます。

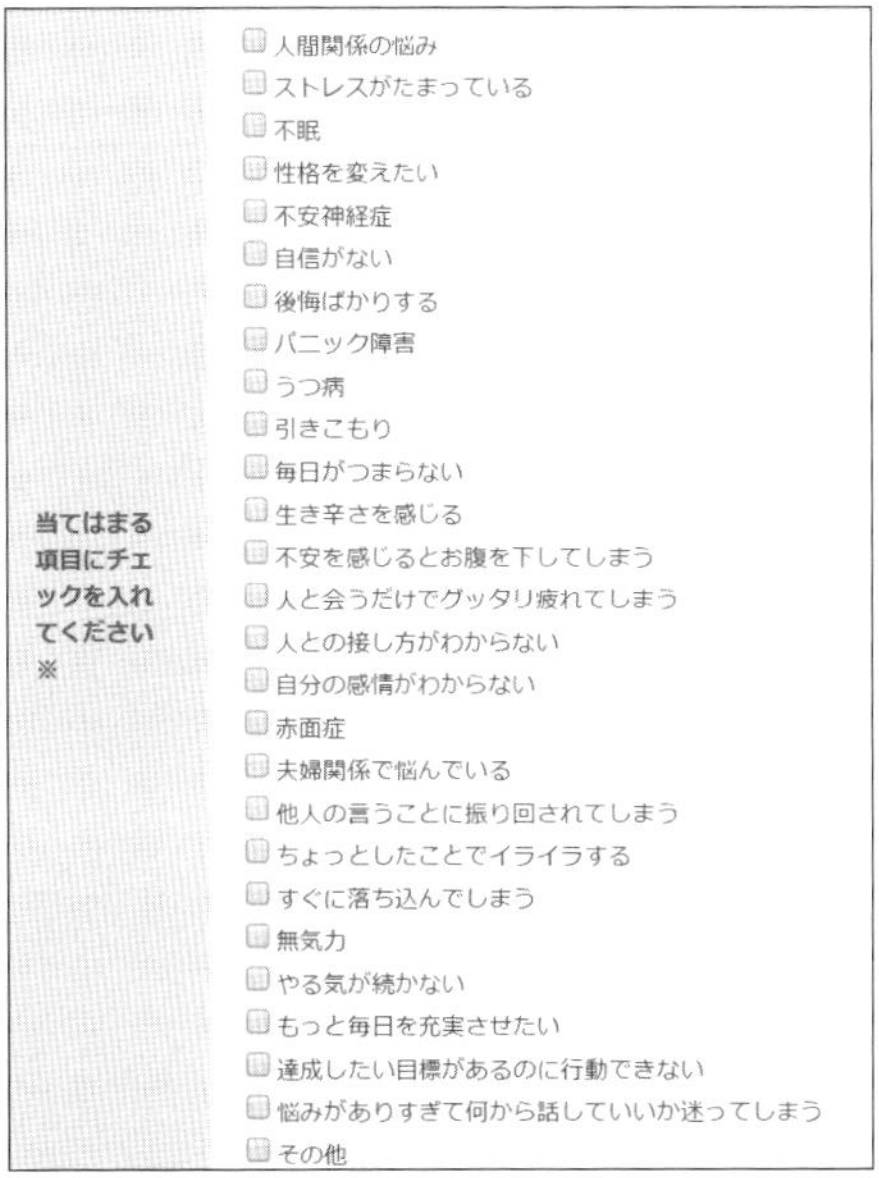
当てはまる項目にチェックを入れてください ※

- 人間関係の悩み
- ストレスがたまっている
- 不眠
- 性格を変えたい
- 不安神経症
- 自信がない
- 後悔ばかりする
- パニック障害
- うつ病
- 引きこもり
- 毎日がつまらない
- 生き辛さを感じる
- 不安を感じるとお腹を下してしまう
- 人と会うだけでグッタリ疲れてしまう
- 人との接し方がわからない
- 自分の感情がわからない
- 赤面症
- 夫婦関係で悩んでいる
- 他人の言うことに振り回されてしまう
- ちょっとしたことでイライラする
- すぐに落ち込んでしまう
- 無気力
- やる気が続かない
- もっと毎日を充実させたい
- 達成したい目標があるのに行動できない
- 悩みがありすぎて何から話していいか迷ってしまう
- その他

予約フォームのチェック項目

見込み客の行動障壁を下げる

行ったことのないお店に1人で入るとき、人によっては多少の不安を感じます。

私も初めてのカフェに入店する際、まず、お店の外観をチラッと眺めます。次に、店内の様子をそれとなく窺ってから、ドキドキしながら入ります。

一瞬のうちに、「注文方法は、セルフなのか、席で注文するスタイルなのか。常連さんばかりではないだろうか。見込み客も歓迎してくれそうな雰囲気なのか。1人でも居心地がいいのか。客層はどうか。女性ばかりで男の自分は浮かないか……」などと様々な思いが巡ります。ここで、私の場合、ネガティブな感情が勝ったときは、入店しないで他のカフェを探します。

サービスの内容がある程度予測できる飲食店であっても、私のように葛藤する客がいるのですから、カウンセリングという得体の知れないサービスであれば、なおさら、見込み客の警戒心は高まると想像できます。しかも、高額な値段を払ってカウンセリングを受ける場合、見込み客はより店選びに慎重になります。

そこで、**見込み客の不安や怖さといった行動の妨げに**

なっている気持ちを、出来る限り減らす方法を考えましょう。

予想される、見込み客の不安や怖さとは、いったいどういったものでしょうか。


「カウンセリングって何をするの?」

「ただ、話を聞いてくれるだけでしょ……」

「どんな効果があるの?」

「偉そうに上から目線で注意されない?」

「自分の悩みは笑われるのではないだろうか?」

「カウンセリングって宗教みたいなものなの?」

「洗脳されそう……」

「今までの自分がなくなってしまいそうで怖い」

「ぼったくりじゃないの?」

「話を聞くだけで何故こんなに高いの?」

「場所がわからなかったらどうしよう」

「どんな人が担当するの?」

「年齢は?」

「人柄は?」

「どんな経歴の人かな?」


これらの不安は、私がクライアントに「カウンセリングに来られる際に、気になったことや不安はありましたか?」と実際に問いかけたときの回答です。見込み客は実に様々な不安や恐れを抱いていることがわかります。

カウンセリングに対する不安や恐れを完全にゼロにすることはできないかもしれません。しかし、**ホームページで詳しくお店の情報を伝えることで、事前に見込み客のネガティブな感情を減らしていくことはできる**のです。

検索エンジン対策

ホームページで集客するには、出来るだけあなたのホームページが上位に表示されるように対策をします。上位に表示されると、見込み客があなたのホームページにアクセスする確率が高まるからです。逆に、検索結果が2ページ目以降だと、見込み客に見てもらえる確率が下がってしまいます。

ここで、まず、あなたのホームページを検索してみてください。狙ったキーワードで検索結果が3位以内に入っているでしょうか? 最低でも1ページ目に表示されるようにしておきましょう。

検索エンジンの対策については、第5章で詳しく紹介します。

POINT 4

心理講座で見込み客を集める

気軽に参加できる講座やお茶会を開催する

見込み客を集客するためには、心理講座の開催も考えてみましょう。なぜなら、心理講座に参加した人達の中で、カウンセリングを受けてくれる人がいるからです。

見込み客によっては、初めての場所で初めての人に会って、1対1のカウンセリングすることに、極度の不安を感じることがあります。しかし、**心理講座であれば、自分以外の客も講座にいるので、比較的気軽に参加できます**。しかも、講座はカウンセリングよりも手頃な価格なので、見込み客はより参加しやすいといえます。

たとえば、1、2時間程度の講座で数千円の価格であれば、見込み客も気軽に参加できますし、知り合いも誘いやすいです。

また、講座以外にも体験会やお茶会、ワークショップなどを開催して、見込み客との接点を増やすと、カウンセリングへ移行してくれる見込み客もより増えます。

1dayセミナーだと価格が高くなる傾向はありますが、参加者同士の交流がより深まるといったメリットもあります。よって、あなたが開催している別の講座やイ

お茶会で親しみも湧く

ベントにも、参加者同士が一緒に参加するようになります。

開業カウンセラーは、いろいろな人と会う機会を増やしていくことが大切です。

何度も顔を合わせていくことで、人は自然と親しみを覚えるからです。

人間関係を少しずつ構築していけば、見込み客もカウンセリングへの抵抗がだんだんと少なくなってきます。

不景気が続くと講座の人気が高まる

不景気が続くと、先行きを不安に思う心理が働き、何かしら手に職をつけておきたいと考える方が増えます。

また一方、自立心や向上心が高い方は、自分自身が興味のある講座を受講する傾向にもあります。

様々な思いを抱いた参加者は、「カウンセリングを受けたい」という方と、「いずれは自分がカウンセリングを行いたい」という方の、大きく分けると2通りの方がいます。

カウンセリングスキルを十分に持ったカウンセラーであれば、2通りの方のニーズに応えられるように講座の準備をしておくといいでしょう。

講座のテキストを準備したり、実際の講座で複数の人達と話したりする経験は、1対1のカウンセリングにも好影響を及ぼします。また、1対1のカウンセリングで得た事例を講座のテーマとして活用することもできます。

ただし、事例を紹介する際、個人を特定できないように、性別、年齢、住まい、職業、状況は必ず変えるように、細心の注意を払ってください。

カウンセリングと講座を行うことは、カウンセリングに来られた方が講座に参加する一方、講座に参加された方がカウンセリングを受けたりもするため、非常に相乗効果が生まれやすく、収益も安定します。

このように、**カウンセリングと講座は非常に相性がいい**ので、それぞれを組み合わせていきましょう。

どこで講座を開催するか？

4、5人ほどの小規模な講座を開催するのであれば、普段使い慣れているカウンセリングルームを使用するのがいいでしょう。

あらたまった講座が苦手な人は、カウンセリングルー

ムでお茶会を開くというのも有効な方法です。なぜなら、「お茶会」という言葉は、女性に興味を示してもらいやすいからです。

私が主催した講座では、内容は全くといっていいほど違わないのですが、「心理講座」と掲げるより「お茶会」と掲げたほうが、より気軽にお客様に参加してもらえました。

その際、人数分のお茶とちょっとしたお菓子を用意しておけば、すぐにでも始められます。

お菓子は「持ち込み可」にしておくのもいいでしょう。参加者が持ち合わせたお菓子だけでも、話は盛り上がります。

講座のテーマを決めてから開催してもいいですし、特にテーマを決めずに、その場で時事ネタをテーマに話しを展開していっても構いません。

もし、あなたのカウンセリングルームが複数の参加者が集まるには不便な場所ならば、駅の近辺で集まれるところを探しましょう。貸し会議室や個室のあるレストランなど、探せばいろいろと見つかります。

また、管轄の役所や市民センターに登録すれば、近くの公民館や市民センターなどの施設を安く借りて、講座を開催することもできます。

告知の際に注意するポイント

講座を開催する日程が決まったら、**開催日を出来るだけ早い時期から、ブログ、メールマガジン、Facebook、ホームページなど、自分が利用できる様々な媒体で告知**しましょう。

そして、**告知は何度もすることが大切**です。

「こんなにメールマガジンを送って、しつこいと思われないだろうか？」

「こんなに告知して嫌がられないか？」

このような心配は無用です。嫌だと思う人は、そのメールマガジンを開封しません。

講座の開催内容に興味がある人は、「参加しようか、どうしようか？」と迷っている人です。

たとえば、1回目の告知で「ふ〜ん、こんなのがあるんだ」と文章をチラっと見るだけで、すぐに忘れ去っても、2回目、3回目の告知で、「ひょっとして、今の自分に役立つのではなかろうか？」と少しずつ文章を読み込み、そして4回目の告知で、「あと2名です。検討されている方はお急ぎください」といった文面を見て、慌てて決断するのです。

このように、開催を知らせるメールが何度も送られて、参加する決意が徐々に固まる人もいるので、遠慮せずに、どんどん繰り返し告知していきましょう。

そして、事前に告知内容の中で、どのような形式で開催するのかを、「講座」「ワークショップ」「お茶会」のいずれか、一目でわかるように説明しておきましょう。

当日、講座で行うことを明記しておくと、参加者は安心して申し込むことができます。

参加者は、「みんなの前で自分の悩みを打ち明けたくない」と言う人や、逆に「みんなの前で自分の悩みを打ち明けて、共感してもらいたい」と言う人など様々です。

事前に当日参加者にやってもらうことを明確にしておくことで、思っていた内容と違ったという不満を避けることができます。

ここで、セミナーの形式を少し説明します。

講座形式とは、テキストに従って講義をします。理解度を確かめるために簡単なテストを行うこともありますが、基本的に講義を聞くことが多いです。気軽に参加してもらえる形になります。

ちなみに、カウンセラー養成講座の場合、「講座」と銘打っていても、実戦形式で取り組むことが多いので、「どういった行動を参加者にしてもらうのか」という内容を出来る限り詳細に記しておいたほうがいいでしょう。

ワークショップ形式とは、参加型の学習の場という位置づけになります。参加者同士で話し合ったり、体験したりと、能動的に参加することが必要です。

最も学びが深くなる形式ですが、話を聞くだけだと思って参加してきた人や、何らかの症状を抱えていて積極的に他人とかかわり合うことが難しい人にとっては、苦痛を感じさせてしまいます。

講座などで伝わりやすい話の組み立て

それでは、講座やワークショップ、お茶会の参加者に伝わりやすい話の流れを、次の「1」から「6」で説明します。

1．話のテーマ「今日は○○についてお話しします」

当日、話をする内容について簡潔に説明します。何を話すか最初に伝えておかないと、参加者は混乱します。

2．参加するメリット「今日の話を聞いてもらえると、こんなメリットがあります」

講座やお茶会を受けたあとに、参加者はどんなメリットが手に入れられるかをあらかじめ伝えておきます。得られるメリットを事前に伝えると、参加者は自然と自分自身の課題と照らし合わせて考えるようになります。「○○というメリットが得られるということは、今の私の××という悩みを解消できることに使えるかもしれないな」と結びつけてくれるのです。

実際、講座が終わった直後に書いてもらったアンケートの内容を見ると面白いことがわかります。

たとえば、事前に「今回の内容は、夫婦関係のすれ違いを改善することに使えます。また、子供にやる気を出させるのにも活用できます」とメリットを伝えておくと、講座後のアンケート用紙には「夫婦関係がギクシャクしていたので、このテクニックは使えると思いました」「子供が宿題を全然やらないので、今日教えてもらった手法が使えそうな気がします」など、私が最初に説明したメリット通りの感想を書いてくるのです。

このように先にメリットを伝えておくことで、実生活で使ってもらえる可能性は高まります。

3．意見「○○について、私はこんな考えを持っています」

世間一般の意見とは異なる、あなた独自の考えを伝えます。

通常の考えをそのまま伝えるだけでも構わないのですが、それだけでは面白味がありません。

世間でいわれている考え方とは真逆の意見でもいいですし、別角度の視点からあなたの意見を伝えてもいいでしょう。

そうすることで参加者の今まで正しいと思っていた価値観を揺さぶることができるのです。

4．背景「こういった考えを持つようになったのには、こんなことがあったからです」

あなた独自の意見に至った経緯やきっかけを伝えます。「5．理論や事例」で詳しく説明するので、ここでは簡単に伝えるだけでいいでしょう。

5．理論や事例「重要なポイントが3つあります。まず1つ目は……」

理論や方法論、事例を詳しく説明していきます。

講座の時間に応じて、重要なポイントは増減して調節しましょう。

また話のメインはこの部分になるので、しっかり作り込んでいきましょう。

6．結論「したがって、私はこのような考えを持っているのです」

結論です。表現は多少変えることになりますが「3．意見」と同じことを伝えて終わります。

最後に、日常生活で簡単に行える実践方法を参加者に伝えると、講義内容をより実践してくれる可能性が高まります。

以上、このような流れで、講座やお茶会を組み立てていくと、参加者を満足させられます。

ちなみに、気軽な雰囲気のお茶会は、話の組み立てが特に大切になります。

全くのノープランで話し始めると、何を言いたかったのか参加者に伝わらないこともあるからです。

お茶会では、あらかじめ大まかな話の組み立ては決めておきましょう。

まずは、参加者同士に自己紹介や雑談、また最近の気になるネタを促し、場の空気を和ませるようにします。

その上で本題に入っていくと進行しやすいです。

第4章

集客が
うまくいかない人の特徴

POINT 1

そもそも集客のことを考えていない

頭で考えた集客は「絵に描いた餅」になりやすい

スキルはあるのに、プロのカウンセラーとして一歩踏み出すことができない人の中には、「資金がないから始められない」と言う人がいます。

一方、「今は自信がないからもっと自信がついたら始めます」と言う人もいます。

このような理由を掲げ、行動を起こせない人は、いつまでたっても開業カウンセラーとしてスタートを切れません。また、スタートできない人の特徴は、具体的な準備をしていない人が多いです。

したがって、まだ具体的な行動ができていない人は第2章を読み返して、事前準備をしっかり行いましょう。実際に行動を起こすと、自分の自信につながり、さらに行動を広げられます。

そもそも、カウンセラーという職業は、資金をかけなくても始められます。まずは、ブログやメールマガジンなどを使って、スタートさせましょう。

第4章では、開業カウンセラーとしてスタートしたものの、集客できない人の特徴を中心に見ていきます。うまくいく方法はいろいろあるのですが、失敗する点はたいがい決まっています。

もし、あなたがうまくいかない方法を選んで、失敗する考え方を持っていたら、どんなに努力しても報われません。

開業の準備をしっかりして、集客の努力もしたのに、いまいち思うような成果が出ていない人は、この章をじっくりと読んでください。

まず、カウンセリングを受けてもらうためには、見込み客をあなたのもとに集めることが絶対に必要です。つまり「集客」のことです。

開業すると、必ず集客の問題が出てきます。

しかし、実際、「集客」について、本気で行動している人はどれくらいの数いるでしょうか。

カウンセラーの知人で、「集客について、全く考えたことがない」と言う人がいました。

彼は、長年飲食店の厨房に働いていたそうです。

かつて、カウンセリングを受けたことで、カウンセラーこそ自分の生きる道だと思い、その彼は飲食業からカウンセラー業に転身しました。

飲食業時代の彼は、お客様がオーダーした通りの料理を作るのが業務で、集客に関する行動には一切携わったことがありませんでした。したがって、カウンセラー業に就いてからも、集客についてはは全くと言っていいほど関心がなかったのです。

あるとき、私は彼に「どのようにしてクライアントを集める予定なの？」と質問をしました。

「実際、開業したらなんとかなるんじゃないの」と彼は答えました。また、「立地が良ければなんとかなるし、他のみんながやっているように、ブログやメールマガジンを書いていくうちに結構集まって来るんじゃないかな」とも、彼は言っていました。

たしかに彼の言う通りです。ブログやメールマガジンを書き続けることは、集客に結びついてきます。

ただ、**頭で考えているのと、実際に行動するのとでは、思った以上にギャップが大きい**です。

実際、ブログやメールマガジンを始めても、ホームページを公開しても、驚くほど人は集まりません。

20代で熱帯魚のリース業を起業したときの私もそうでした。スキルさえあれば、注文が殺到すると思い込み、集客について考えたことがありませんでした。

当時の私は、熱帯魚の水槽を置いてくれそうな病院や老人ホーム、レストランといった施設にDMを送って、ドキドキしながら連絡を待っていました。

注文が来なかったらどうしようというドキドキではありません。

「忙しくなりすぎたらどうしよう」

「どうやって断ろうか？」

勘違いのドキドキです。今、思い出すと恥ずかしくてたまりません。

もちろん、注文はおろか、問い合わせの連絡も一切ありません。案の定、初めての開業は、何も成果がないまま終わりました。

集客とは何か？

それでは、集客とはいったい何でしょうか。

集客とは、「お客様を集めること」です。あなたが提供できるサービスを広く知らせて、魅力を感じた人をあなたの目の前に連れて来ることです。

熱帯魚のリース業時代の私は、提供できるサービスを多くの人に知らせるという点が欠落していました。DM（ダイレクトメール）を送ったのは、たったの14軒です。DM圧倒的に数が足りません。もし、仮にDMの出来がすばらしかったとしても、いきなり契約をいただく可能性は低いでしょう。

実際、当時、私が作ったDMは、お世辞にも出来の良い物ではありませんでした。傲慢で生意気な印象を持たれる、独りよがりのDMだと、今は考えています。

よって、見込み客が魅力を感じるわけもなく、当然、当時の私のDMはゴミ箱に直行したと思います。

では、かつての私のような失敗をしないためにも、顧客を集客する方法を説明しましょう。

それは、**見込み客が購買（予約）するまでの「意思決定のステップ」**というものです。

カウンセリングという商品を知って、瞬時に予約をする見込み客はいません。あなたの**カウンセリングを予約してもらうためには、5つのステップがあることを理解することが大切**です。

①認知する
②興味を持つ
③比較検討
④意思決定
⑤予約する

振り返ると、私がかつて作ったDMは、サービス内容と価格を前面に打ち出していました。見込み客が、価格やサービスを検討し始めるのは3ステップ目です。見込み客が興味を持つ前に、一方的に商品の良さをこれでもかと説明しても、お客様は嫌がるだけです。

集客できない一番の理由

第3章でもお伝えしましたが、**お客様が来ない一番の理由は、「あなたのお店を知らないから」**です。

意思決定ステップでいうと、「①認知する」ができていない状態です。つまり、お客様を集客できないという一番の理由は、あなたやあなたのカウンセリングルームをお客様が知らないからです。

当たり前ですが、知らない商品は買いようがありません。知らないレストランで食事することはできません。知らないインターネットショップで買い物することもできないのです。

「こんなにおいしいものは他では食べられないのに」とレストランのオーナシェフがどんなに強く思っても、「こんなにいい商品が、これだけお手頃な値段で買える機会なんてないのに」とインターネットショップのオーナーのもどかしい思いがあっても、誰も知らなければ試すことさえできません。

だからこそ、**あなたはお客様にサービスを知ってもらうための集客活動をしなければなりません。**

私は、集客活動に対して、どうしても前向きになれない人に伝えたいことがあります。

あなたが集客活動をしていない間にも、**あなたのサービスを待っている人が、必ずこの世の中のどこかにいる**ということです。

今も深い悩みの中にいて、どうしていいのかわからずに途方に暮れている人が必ずいます。彼らは、何か改善への手がかりはないかと必死に探しています。

その人達のためにも、あなたのカウンセリングの存在を知らせてあげる必要があるのです。

実際、私のところにいらしたクライアントが、このように言っていたことがありました。

「この8年間ずっと悩んでいたけど、こんな近くにカウンセリングルームがあるなんて、全然知らなかった。もっと早く知っていれば、もっと早く楽になれていたのに」

このクライアントの言葉を聞いて、私は「今以上にカウンセリングルームを知ってもらう活動をしなければ」と気が引き締まる思いになりました。

POINT 2

自分から売り込みをしたくない

集客をポジティブな印象に変える

「集客をしなければいけないのはわかっているけど、なぜか躊躇してしまう」

このような人がいます。

これは「集客」という言葉を聞いた時点で、ネガティブな感情を誘発している可能性があります。

それでは、集客という言葉を聞いて、あなたは次のようなことを連想するでしょうか。

- 営業
- 売り込み
- 嫌われる
- 怖い
- 恥ずかしい
- 考えたくない
- 出来る限りしたくないこと

……など、ネガティブな印象がいろいろと湧いてくる人もいるでしょう。

しかし、「集客」という言葉自体にネガティブな印象を抱いたままだと、集客する側のあなたは、お客様に対して申し訳ないという気持ちが生まれ、集客活動自体を躊躇することになってしまうのです。

ここで、一転、**集客に対してポジティブな印象を持てるように考え方をあらためる必要があります。**

それでは、集客という言葉を聞いて、ポジティブなことを連想してみてください。

- 困っている人にいい方法があると知らせる活動
- 人との出会い
- 必要としている人に、必要なものを届ける
- 人生を好転させるキッカケとなるもの
- 見込み客に「興味があるからもっと詳しい話を聞かせてほしい」と思ってもらう行動

……など、ピンとくる言葉はありましたか？　集客という言葉をポジティブな定義に変化させていきたいので、前向きになれる意味づけであれば何でも構いません。

最初は納得できなくても、「こういうふうな考え方もできないことはないな」と思ってください。少なくとも、ネガティブな言葉よりもポジティブな言葉に連想できるようにしておきましょう。

そして、実際にポジティブな気持ちで集客に望んで、すばらしい結果を手に入れている状態をイメージしてください。

集客という言葉を聞くと、自然と楽しい気持ちが持てれば最高です。

集客がポジティブな印象に変わってくると、集客活動そのものが楽しいものになってきます。あなた自身が楽しく取り組んでいると、見込み客も自然とあなたのもとに集まってきます。すると、見込み客が「あなたに興味があります。是非、詳しい話を聞かせてください」と近寄って来るのです。

あなたの**集客は、強引な売り込みとは真逆のことをしているという認識**を持ちましょう。

**集客に対する
ポジティブなイメージ**

・困っている人に
いい方法があると知らせる活動
・人との出会い
・必要としている人に、必要なものを届ける
・人生を好転させるキッカケとなるもの
・見込み客に「興味があるから
もっと詳しい話を
聞かせてほしい」と
思ってもらう行動
・多くの人に喜んで
もらえる取り組み
・ワクワク
・自分を成長
させてくれる行動
・自信が高まる
・好奇心が
くすぐられる

**集客に対する
ネガティブなイメージ**

・営業
・売り込み
・嫌われる
・怖い
・恥ずかしい
・気乗りしない見込み客を説得する
・お金がかかる
・時間がかかる
・嫌なこと
・億劫
・考えたくない
・出来る限り
したくないこと

断られるのが苦手

中には、自分自身が傷つきたくないから集客できないと言う人もいます。

「自分のサービスが受け入れられなかったらどうしよう」

「拒否されたら立ち直れない」

このように、見込み客に断られ、見向きもしてもらえないと想像すると、今まで取り組んできたことが全部否定されるような気がするので、怖くて集客活動ができないと言うのです。

たしかに集客活動をして、見向きもされないことはあります。むしろ、見向きもされないことのほうが多いでしょう。

100人いたら、99人はあなたの集客活動に見向きもしません。たった1人でも興味を示してくれる人がいたら、うまくいったと思うほうがいいです。

必要以上に、断られたり無視されたりすることに対して怖がってしまうと、集客のための活動ができなくなります。

こういうときは「99人に断られたらどういう事態になるのか」と、リスクを想像してみます。実際、あなたにどのような被害があるでしょうか。

落ち込むという精神的なダメージはあるかもしれませんが、断ってきた見込み客があなたを攻撃するなどの実質的な被害は何もありません。

「99人は、それほど困っていなかったんだな」

「今は自分のサービスを必要とはしていないのだな」

見込み客の事実が判明しただけです。

集客活動をしないときのリスク

それでは、集客活動をして相手に断られるリスクと、集客活動をしないでいるリスクを比べてみましょう。

集客活動をして断られた場合は、多少の恥ずかしい思いや落ち込むなど、その場限りの短期的なリスクです。

片や、**集客活動をしないリスクは、売り上げが一切上がりません。見込み客が一向に来ないので、売り上げが一切上がりません。**売り上げがなければ、仕事を続けていくことはできません。

そうなると、あなたの生活自体も危うくなり、あなたの人生にかかわる長期的なリスクを背負うことになります。

どちらの被害が大きいかは一目瞭然です。

どんなリスクがあるのかをしっかり把握することで、

今取るべき行動が見えてくるのです。

「そうは言っても断られるとショックだ」

そう答える人もいると思います。かつての私もそうでした。勇気を振り絞って依頼したのに断られてしまうと、ショックを引きずったものです。何度も「断られることは、人格を全否定されているわけではない」と自分自身に言い聞かせました。しかし、頭ではわかっていても、完全に嫌な気持ちは払しょくできません。そして、ショックを受けるのが嫌だから、依頼や告知すること自体を全くしなくなりました。

そこで、現在、カウンセリングでクライアントに課題として使う方法を紹介します。とても簡単ですが効果的です。

見込み客に断られて、ショックを受ける人は、実は自分自身が断ることも苦手な人が多いのです。

したがって、まずは断ることに慣れる練習から始めます。

たとえば、駅前でチラシを配っている人の前へ歩いて行き、チラシを差し出されたら、丁寧に会釈して断るのです。

これはかつて私が行っていたことです。

それ以前の私は、チラシを差し出されても、その人が視界に入っていないかのように無視して素通りしていました。そして、素通りしたあと、なんとなく後ろめたい気持ちを感じていたのです。

ところが、「いらないです。ご苦労様です」と感じ良く会釈しながら声をかけると、断ったとしてもさわやかな気持ちが湧いてきます。

実際、私自身もアルバイトでチラシ配りをしたことがあるのですが、チラシを受け取ってもらえなくても、とても感じのいい断り方をする人もいれば、完全無視の人やジロッと睨み付けてくるような人もいました。

別にチラシ配りのアルバイトをしてくださいと言っているのではありません。チラシ配りの人のそばにいて、**断り方の観察をしてみると、必ず丁寧に断る人がいることがわかります**。そういう人の真似をしてみるのもいいでしょう。

他にも、営業電話や訪問販売、新聞の勧誘も断りを練習するチャンスです。売り込みだとわかった瞬間、話を一切聞かずに断る人もいると思いますが、それでは断りの練習にはなりません。

相手からどんなサービスなのか、話をじっくりと聞いてから、最後に「いらないです」とキッパリ断るのです。なぜなら、**じっくり話を聞いてからだと、断ると悪いかなという気持ちが芽生えてきます。その思いが芽生えてから「いらないです」を伝えることで、断ることに対しての免疫がついてくるのです**。利害関係がない相手で断る練習をしていくと比較的スムーズに行えます。

次は断られる練習です。相手にノーを言われることに慣れていくことが大切です。

どうするかというと、相手にちょっと難しいことを依頼してみるのです。これは断られるだろうというくらい面倒なことをお願いしてみます。

私が20代のとき、実際に友人に依頼したことです。

「ヒット曲ベスト30を人気順にCDにコピーしてくれないかな」

かなり面倒くさいことを言う奴です。当然何人もの友人に断られました。

「面倒だ」「自分でやれよ」「あほちゃう」とストレートに言われることもありました。

「悪いけど、今は時間ないわ」

「パソコン使わへんねん」

みんな、いろいろな断り方をしてきます。

こちらとしたら、わざと相手に断りの返事を言わせているので、そんなにショックを受けません。

一方、一生懸命CDをコピーしてくれた友人が1人いました。無茶なことを依頼することで、私と同じようにノーが言えない人だと判明したのです。その友人にはその後、依頼しないようにしました。

このように無茶な依頼をすることで、断られることに対しての免疫が作られていくのです。次第に、集客活動中、無視されても、断られても気にならなくなります。そうなると、躊躇することなく集客活動をしていけるというわけです。

POINT 3

スキルアップばかりを考えている

ピアサポートという考え方

「カウンセリングスキルさえあればなんとかなる」

このように考えている人は本当に多いです。でも、スキルだけでは開業後、事業はなかなか軌道に乗りません。

もちろん、スキルが必要ないとは言っていません。むしろ、スキルは絶対に欠かせないものです。

ただ、開業カウンセラーは、カウンセリングスキルと同じレベルで集客についても真剣に考える必要があるのです。**開業カウンセラーは、集客以外にも、集めた見込み客をカウンセリングの予約に導いたり、リピート率を向上させたり、稼いだお金をしっかり守ったり、次のステージへ行くための投資をしたりと、やることはいろいろあります。**カウンセリングスキル以外にも、考えることはたくさんあるのです。

また、「カウンセリングスキルに自信が持てないから、今クライアントが目の前に来ても困る」と言う人もいます。十分に勉強してきた人がこのようなことを言うのです。実際、その人のスキルを喜んでくれる人が必ず世の中にいるにもかかわらず……。

ところで、「ピアサポート」という言葉をご存じですか。

ピアサポートとは、同じ症状で悩んでいた、あるいは現在も悩んでいるけれど、どん底のときと比べたらずいぶん良くなってきた人が、同じような立場の人達の話を聞くサポートです。

ピアサポートを利用するクライアントは、天才的なカウンセラーや有名カウンセラーにカウンセリングをしてもらいたいとは思いません。

自分と同じような立場にいる人に相談するほうが気分的に楽だといいます。相談することに対して抵抗感が少ないので、クライアントはポジティブな行動に踏み出せます。

たとえば、あなたが今以上にカウンセリングルームの業績を上げたいと思い、経営コンサルタントを雇ったとします。

果たしてあなたは、日本一有名なコンサルタントに教えてもらいたいと本気で思うでしょうか。コンサルティング料金はこの際排除して考えてみてください。

おそらく、恐れ多いということで依頼しようという気持ちにはならないと思います。

「あまりにもレベルがかけ離れすぎて、ついていけないのではないか」と躊躇するでしょう。

むしろ、**自分よりも一歩先にいる人に教わるほうが、今のあなたにすぐに役立つ情報が得られます**。また、気兼ねなく質問もできると思います。

つまり、**自分よりも一歩や二歩先にいる、今のあなたのカウンセリングスキルを求めているクライアントが必ずいるということ**です。

カウンセリングスキル以外に大切なこと

「あの先生みたいにしっかりとしたスキルが身についてから始めたい」

尊敬する先生のスキルを見て、自分もそのレベルになってから始めようという人です。

心意気はすばらしいと思いますが、考えてもみてください。その先生も最初から今のレベルだったわけではありません。

悔しい思いをしたことも、失敗したことも多々あったと思います。駆け出しのころはどうだったのか、その先生に直接尋ねてみてください。きっと、恥ずかしい思いや挫折した経験をお持ちだと思います。

私はカウンセラーとして開業する以前、いろいろな人達のもとにカウンセリングを受けにいきました。その中に、カウンセリングスキルがとてもすばらしい先生がいました。そして同時に、その先生になぜか違和感も抱いたのです。

カウンセリングの最中、私はその違和感が何なのかわかりませんでした。

帰宅後、カウンセリングが始まる前から終わるまでを思い出しながら、どの部分に違和感を抱いたのか探ってみました。

プロの視点から見たら、相当カウンセリングスキルがある人だと判断できます。しかし、素人視点、悩んでいるクライアントの視点からだと、純粋にカウンセリングスキルが高いかどうかは判断しにくいのです。

クライアントを出迎えるときの挨拶やカウンセリングが始まる前の雑談も、総合評価に含まれます。

カウンセリングスキルが高いその先生は、出迎えるときに私の足元をちらっと見て、私を部屋に通しました。私は緊張感もあったため、そのときはほんの少しの違和感でしたが、人によっては「自分は歓迎されていない。私みたいなものが来てもよかったのだろうか」と気にする人もいるかと思います。

部屋に入ると、雑談は一切なく、イスに座るや否やすぐにカウンセリングが始まりました。

カウンセリング自体は、質問も上手でよどみなく進み、私もスッキリした気持ちになりました。

終了時刻が迫ると、「時間が来たので本日のカウンセリングは終了です」と慌ただしくカウンセリングルームを追い出されました。

さて、**違和感の正体**です。

まず、「こんにちは」といった挨拶がなかったことです。また、カウンセラーが一切名前を名乗りませんでした。結局、最後までその先生の名前はわからずじまいで、クライアントとしては距離を感じました。

挨拶は、カウンセラーだからというわけではなく、社会人としての基本です。

初めて出会った人には、挨拶しないといけません。

また、**挨拶のあとに名前も名乗りましょう**。

私がクライアントを出迎えるときは、「○○さんですね。カウンセラーの矢場田です」と、必ず相手の名前を言ってから、次に自分の名前も名乗ります。

名前を呼び合うことで、お互いに自然と親近感が生まれます。

その先生のカウンセリングを受けに行って、カウンセリング前後に一切雑談がなかったことにも、違和感を感じました。突然カウンセリングが始まって、突然終わるといった具合で、何か息苦しい感じがしたからです。

雑談といっても大袈裟に捉える必要はありません。ほんの少しだけでもいいので、クライアントの心をほっとさせたり、緊張を和らげたりできれば目的は達成です。

「外は暑かったですか?」
「今日は寒かったでしょう」
「雨が降っていて大変だったでしょう」

などと、天気や気温の話題は、誰にとっても答えやすいものです。

「今日はお車で来られたのですか? それとも電車ですか?」
「迷わずに来られましたか?」

という交通手段や道に迷ったかどうかを話題にするのもいいでしょう。

このくらいの会話でも、クライアントの緊張感はずいぶんほぐれます。

また、早口なクライアントの場合、雑談時にカウンセラーもクライアントのペースに合わせておきます。それから、少しずつペースを下げてクライアントを落ち着かせるといいでしょう。

カウンセラーのちょっとした気遣いや雑談は、クライアントの気持ちを和ませ、穏やかな気持ちでカウンセリングを行える状態を作ります。

カウンセリングスキルも大切ですが、それ以外の要素も含めて、**トータルでクライアントは、あなたのカウンセリングルームを評価しています。**

カウンセリングシートを活用する

カウンセリングは、カウンセラーによってやり方は異なると思いますが、私のところでは初回のカウンセリングの前にカウンセリングシートを記入してもらっています。

年齢、職業、家族構成、カウンセリングを受けた経験の有無、精神科、心療内科の通院履歴、アダルトチルドレンや共依存のチェックをしてもらいます。

初回のカウンセリングでは、このカウンセリングシートを参考にしながらカウンセリングを進めていきます。

カウンセリングシートがあると、毎回クライアントの情報が入ってきます。

その中でも重要なのは、**クライアントがカウンセリングに対してどれくらいの知識や経験があるのか、**ということです。

「自己啓発本や心理系の本は読まれますか?」

こういった質問を私はよく聞きます。

それとともに、自分なりに問題や悩みに対して、どのような取り組みをしたか、ということも聞いていきます。

質問の答えから、クライアントの知識や経験がわかります。また、カウンセリングに対して悪い印象を持っている場合も把握できます。

クライアントの答えを踏まえた上で、カウンセリングのトーク内容をクライアントによって変えていきます。

たとえば、カウンセリングが全くの初めてで、どんなことをするのかわからない人がいるとします。悩みをなんとかしたい気持ちもあるけれど、カウンセリンググルームでどういうふうにしていたらいいか戸惑っている場合です。

　高校で数カ月のスクールカウンセリングを受けた子が私のもとへ来たとき、こう言っていました。

「意見を言ったら怒られるかもしれないし、笑われるかもしれないので、どうでもいい話ばかりしていました」

「アドバイスされたことに反論していいのかわからずに、ただうなずくだけでした」

　カウンセリングがどういうものかわからないので、どんなことを話したらいいのか、どういう対応をしたらいいのか、彼は戸惑っていたのです。

　このような場合、次のように、**クライアントへ最初にカウンセリング自体の上手な受け方のコツを伝えてあげる必要があります。**

「カウンセラーといっても、人の心を読むことはできませんので、今の気持ちやこうしてほしいという要望は、些細なことでもどんどん声に出してくださいね」

「何を言ったとしても私が怒ったり、突き放したりすることはありません。だから遠慮なく思ったことを言ってくださいね」

「カウンセリングには守秘義務がありますので、カウンセリングルームで話されたことは、外部に漏れることがありません。だから、何でもおっしゃってください。もちろん、私が質問したことに対して言いたくないことがあれば、それは言わなくても構いません」

　このように、どういうスタンスでカウンセリングを受けたらいいかを伝えると、クライアントは安心して質問や意見を徐々に言えるようになってきます。

　もちろん、カウンセリングを通して、相談の内容に取り組んでいくことはとても大切です。

同時に、カウンセリングというサービスをクライアントに体験してもらうために、カウンセリング自体の上手な受け方を教えていくことも大切なのです。

他のカウンセリングルームが不満だった場合

私は、クライアントに記入してもらったカウンセリングシートに、「カウンセリングを受けた経験がある」という項目にチェックが入っていれば、そのことを聞いてみます。「何回くらい通ったのか？」「そこでどういうことをしたのか？」など、そのときの感想やカウンセラーの印象も聞いてみましょう。

直近に他のカウンセリングを受けている場合、そこで何らかの不満を抱えた可能性が高いです。まずは、そのときの不満をクライアントに聞いてみます。

「カウンセラーばかり話して、私の方はあまり話せなかった」

「話を聞くだけで、具体的なアドバイスがなく、その後どうしたらいいかわからなかった」

「時計ばかり見て、嫌な気分になった」

「本音が出せなかった」

「カウンセリング直後はスッキリしたけど、何日かして余計に落ち込んだので、効果がないと思った」

これらの不満は、実際、私のもとへ来たクライアントが口にした言葉です。

この言葉から、クライアントが実は何を望んでいるかがわかります。

望みがわかると、適切な会話へとつなげることができます。その結果、クライアントはカウンセラーに対して、信頼感を抱きやすくなるのです。

カウンセリングの初期において、カウンセラーはクライアントと信頼関係を築くことが最も重要です。同時に、カウンセリングが本格的に始まる前の段階から、信頼関係作りはすでに始まっているという認識が大切です。

ここで気をつけることがあります。クライアントは他のカウンセラーの愚痴や不満を言ってくることがありますが、**あなたはそのカウンセラーのことを悪く言わないことです**。

クライアントに同調して悪口を言うことで、２つの弊害が生まれます。

1つ目は、クライアントが人の悪い部分しか見えなくなってしまうこと。

2つ目は、自分自身のカウンセリングがやりにくくなってしまうこと。

１つ目から説明します。

クライアントの悪口に同調することで、一見信頼関係を築けるようにも思えます。しかし、他のカウンセラーを悪者にすることで、クライアントの物事の捉え方に悪影響を及ぼす可能性があります。クライアントが一部分の悪いところを見つけただけで、全部が悪いという判断をするようになりかねません。

したがってこの場合は、クライアントに同調するのではなく、伝え返すことにとどめておくことが賢明です。

私はこういったときに、クライアントの気持ちをしっかりと受け止めたあと、「良かった点はありましたか？」とポジティブな面も引き出していきます。

そうすることで、いい面、悪い面といった両面をバランスよく見られるようにクライアントを導いていけるのです。

２つ目は、「なぜ、悪口に同調すると、カウンセリングがやりにくくなるのか」です。

それは、自分自身にいずれ返ってくるからです。

たとえば、「時計ばかり見て、嫌な気分になった」というクライアントに同意していると、あなたが時計を見るときに意識してしまい、ぎこちなくなってしまいます。

あるいは、「カウンセラーばかり話していて、私の方はあまり話せなかった」というクライアントに同調していると、カウンセリングの流れで自分の話や他の人の事例を紹介するときに、ためらってしまう可能性がありま す。

他にも「カウンセリング直後はスッキリしたけど、何日かして余計に落ち込んだ」というクライアントに同調すると、同様のことが起きた場合、一気に信頼を失うことになりかねません。

このように**安易にクライアントの言葉に同意して他のカウンセラーの悪口を言ってしまうと、カウンセリングがやりにくくなるばかりか、自分自身の信頼を失うことにもつながる**のです。

悪口ではなくフォローする

クライアントから愚痴や不満を聞いたときは、しっかりと聞いた上で、さりげなく他のカウンセラーをフォローしてあげるといいでしょう。

たとえば、「カウンセラーが時計ばかりを見る」というケースであれば、「たしかに時計など気にせずに集中して話を聞いてほしいですよね」と受け止めた上で、「ひょっとしたら次のご相談者が早めに来てしまって、○○さんと鉢合わせすることがあってはいけないと時間が気になったのかもしれませんね。気分を害してしまったときは、カウンセラーに伝えたほうがいいと思いますよ」と伝えます。

そして、「私のカウンセリングでも同じようなことがあるかもしれませんが、そういうときは遠慮なく指摘してもらえたら私としてもうれしいのですが、いかがでしょうか？」と、クライアントに伝えます。

「カウンセラーばかりが話す」というケースでは、「ご相談の流れの中でカウンセリングにおいて重要だと判断したときは、私自身の話や他の人の事例をお伝えすることがあるかもしれませんが、それはよろしいでしょうか？」とこのように伝えます。また、「そのことで、もし不快に感じたり、気になることがあったりしたらおっしゃってください。率直に伝えていただくことでカウンセリングがより順調に進んでいきますのでご協力いただけますでしょうか？」ともクライアントへ伝えます。

このように伝えることで、どういうスタンスでカウンセリングにのぞめばいいのか、クライアントにとってもわかりやすくなるのです。

マッサージの好転反応と同じ

特に「カウンセリング直後はスッキリしたけど、何日かして余計に落ち込んだ」というケースに関しては、直接、自分自身のカウンセリングに影響してくるので注意が必要です。

あなたがどんなにクライアントの心を癒せたとして

も、いい方向に導いていたとしても、右肩上がりに良くなっていく人はほとんどいないからです。

カウンセリングをしていると、マッサージの好転反応のようなことが起こることがあります。たとえば、極限まで体の疲労が溜まっている人がマッサージを受けたとします。施術中は気持ちがよかったとしても、帰宅後に体を重く感じたり、眠気が襲ったりと好転反応が出ます。そうなると、マッサージしたことで余計に疲れが出てしまったという悪い印象をお客様は抱くようになります。

これは、溜まっていた老廃物がマッサージによって血液中に乗り、体全体に回ることで一時的に疲労が増したように感じるからです。

たいてい、2、3日したら、老廃物が処理されて、逆に体が軽くなっていきます。

結果的には、マッサージ前よりも楽になっているのですが、基本的に人は良くなったときよりも悪くなったときの印象が強く残ります。

「マッサージに行ったら、余計にしんどくなった」という部分だけが心に残ります。

それを防ぐために、事前にきちんとした説明をしておくことがとても大切なのです。

「体を揉みほぐすと、溜まっていた老廃物が血液やリンパの流れに乗って、全身を巡るので、一時的にしんどく感じることが起こるかもしれません。でもご安心くださいね。やがて、老廃物は尿として体外に排出されて、体がスッキリしてきますよ」

このような説明があると、もし体が辛くなっても、マッサージに嫌な印象を持つことはなくなります。むしろ、説明された通りになったとマッサージ師は信頼してもらえるのです。

私は実際に、クライアントへマッサージの好転反応を例に出して説明をすることがあります。

なぜなら、**カウンセリングもマッサージ同様に、人によっては好転反応が出る**からです。

初回、カウンセリングの際は、クライアントに次のように説明をしておくといいでしょう。

「祭りの翌日って、前日の高揚した気持ちが一転して、孤独感を感じたり、落ち込んだりしませんか？　あれは、心が興奮しっぱなしだと体が持たないので、自動的にトーンダウンするようになっているのです。上がったら下がるということが起こります。これと同じようにカウンセリング中にスッキリしたり、やる気が出たりしてもそのあとに気持ちが下がってくることもあります」

このように、私はクライアントに事前に説明します。他にも3日坊主や筋肉痛、ダイエットのリバウンドを例にとって説明することもあります。

クライアントに事前に説明しておかないと、カウンセリング後に余計に落ち込んだという事態が起こったとき、リピートにつながりません。クライアントは、変わるための第一歩を踏み出したのに、心の仕組みを知らなかったために、もとに戻ってしまいます。カウンセラーにとっても、クライアントにとっても損失です。

したがって、クライアントへ

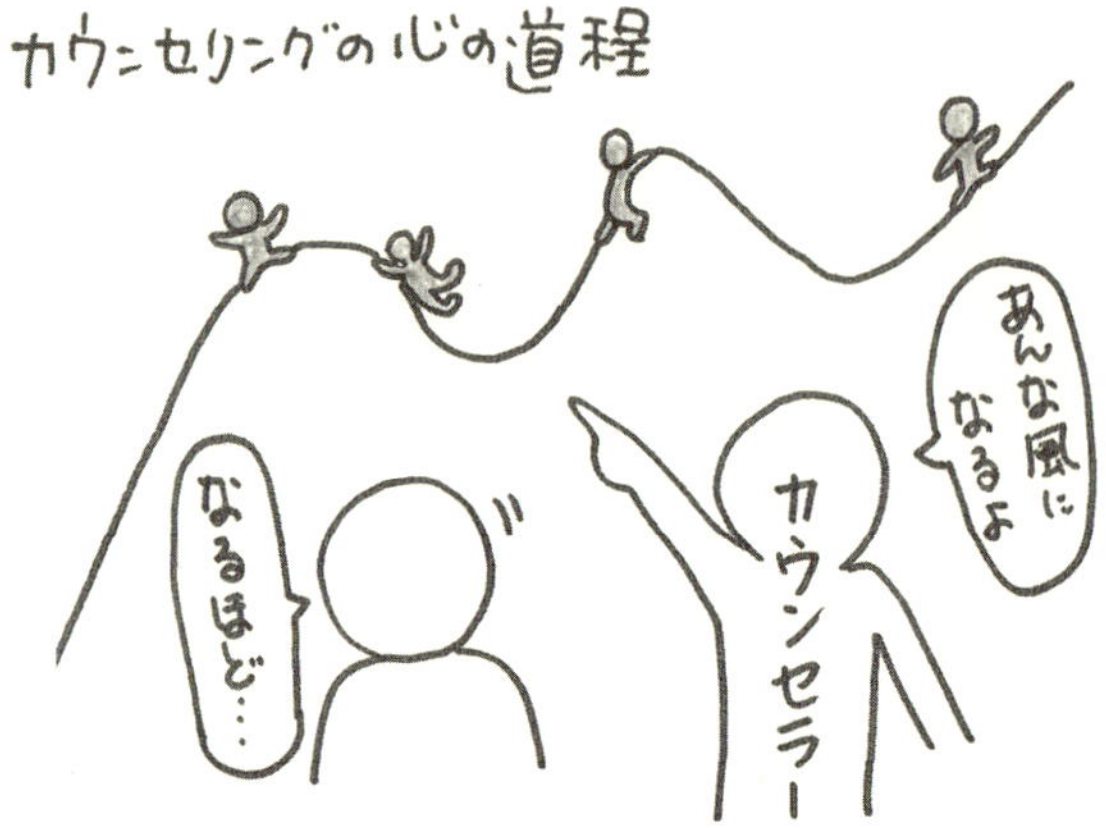

事前に説明しておくことが重要なのです。

カウンセリング後の会話が信頼感を生み出す

カウンセリングが無事に終わったとします。「今日のカウンセリングは以上になります。ではお帰りください」と言って、慌ただしくクライアントを帰らせるとどうなるでしょう。

相談の場というある意味特殊な世界が終わり、いきなり日常生活という現実に戻されるギャップで、クライアントは戸惑ってしまうかもしれません。人によっては「私は丁重に扱われていない」という印象を抱く可能性もあります。

私自身が以前カウンセリングを受けたときに、カウンセラーから慌ただしく帰された感覚を思い出します。そのとき、私は次回の予約を取りたかったのですが、カウンセラーがチラチラと時計を見て忙しそうだったので、言い出せなかったのです。

カウンセリング後の会話がなければ、クライアントはいろいろな疑問や不安を抱えたままになります。

「疑問があるんだけど、質問してもいいのだろうか?」

「次はいつ来たらいいのかな？」
「次、私は来てもいいのだろうか？」
「何回くらい来ないといけないのか？」
「果たして自分の悩みは解決していくのだろうか？」
このままだと、クライアントは次の行動へ移れません。

「リピートするクライアントが少ないんです」というカウンセラーの相談に乗ると、カウンセリング後の会話をおろそかにしている人が結構います。

先ほど例に出した高校生のように、クライアントは不安を抱えていても、カウンセリングの場で言い出せないことが実際は多いのです。よって、現時点での「見立て」をクライアントに伝えておくことが大切です。

「本日のカウンセリングを終えて、今どのような気持ちになっていますか？」
「本日のカウンセリングはいかがでしたか？」
「カウンセリングを初めて受けられて、どのような印象を抱きましたか？」

このような質問をすることで、クライアントは思っていることを言葉に出しやすくなります。クライアントが答えてくれたら、カウンセラーもそれに対して、伝えることができます。

「回復にどれくらいの期間がかかるのか、何回くらいかかるのか、どういうことをやっていくのか」という今後の展望についてもクライアントへしっかりと説明できます。ただし、その際、個人差はかなりあるということを伝えておくことは大事です。

クライアントによっては、カウンセラーの手には負えないと判断した場合、今後のカウンセリングを断ったり、病院を勧めたりすることも必要です。

多くのクライアントが、今後どういうことをやっていくのかを知りたいけど聞けずにいるという現実を認識しましょう。

ただし、あなたが用いる療法名を伝えただけでは、クライアントには理解できません。専門用語を好んで使う人を見かけますが、クライアントには伝わらず、逆に不安にさせる可能性があります。

もし、療法名を使うのであれば、おおよそこのようなことをするということを、中学生にもわかる言葉で説明しましょう。

丁寧に方向を伝えることで、クライアントはぼんやりとでも、カウンセリングで進んでいる方向が見えると、安心感を覚えます。そして、安心感を与えてくれたカウンセラーを信頼するようになります。

特に初見のクライアントにとっては、カウンセリングの前はかなり緊張しているものです。

カウンセリング後は、当初の緊張は和らぎリラックスしている状態ですから、カウンセラーに対して最も心を開いています。

したがって、**カウンセリングが終わって帰られるまでのこの時間は、クライアントとの密な会話が取れる貴重な時間**だと思ってください。

カウンセリング前後の、カウンセラーとクライアントの会話を見て、1つひとつの会話でクライアントが感じる違和感は些細なものかもしれません。とはいえ、カウンセリング全体に及ぼす印象は大きいです。

現に、カウンセリングスキル以外をおろそかにしているカウンセラーも多いようですが、**開業カウンセラーは、「スキル以外」も同様に重要だということ**を、くどいと思われるくらいお伝えします。

なぜなら、**「クライアントはカウンセラーを総合評価で決める」**からです。

ましてや、カウンセリングに来られる方は、通常の状態よりも神経が過敏になっていることを想定しておかなければいけません。

実際私のクライアントは、カウンセリングルームで流しているCDの音楽が止まった数秒後、「音が聞こえなくなった。早くかけてもらえませんか」と指摘してきました。

ですから、カウンセリングスキル以外の部分にも気を配っていきましょう。逆に言うと、**カウンセリング以外にも気を配れるようになってきたら、それだけでも他のカウンセラーとの差別化をはかれる**ということです。

カウンセリングが終わってからの何気ない会話で、クライアントの思わぬ本音が飛び出すこともあります。緊張するタイプのクライアントであれば、カウンセリング中は当たり障りない会話だけで終わってしまうこともあるからです。

特に他人に良く思われたいという気持ちが強いクライアントは、取り繕って話をすることがありますので、本音が出にくいです。それが雑談中だと、油断してポロっと本音が飛び出すことがあるのです。

カウンセラーは、決してクライアントのその言葉を見逃さないでください。その場で会話を広げていってもいいですし、時間がなければ次回にその話題を話してもいいでしょう。

カウンセリング中に
メモを取るかどうか？

新人カウンセラーから、カウンセリング中にメモを取ったほうがいいか迷っている、という相談を受けたことがあります。

たしかに、メモを取りながらのカウンセリングだと、クライアントの話を聞く態勢がおろそかになる可能性があります。クライアントからも「自分の話に集中してくれていない」と捉えられかねません。

私の場合、**クライアントの話を聞いているとき、重要なキーワードはメモに残しておきます**。また、メモする際、クライアントの表情、動きを見逃さないようには気をつけています。

というのは、以前、私が受けたカウンセラーで、カウンセリング中、全くメモを取らない人がいたからです。もちろん、メモを取ることに意識を取られて、話が深まらないのは論外ですが、そのカウンセラーは、何度通っても、毎回同じことを聞き、話がなかなか前に進まずにもどかしい思いをしたからです。

私はそのとき、カウンセラーに対して、「メモくらい取ったらいいのに」とずっと心の中で思っていました。

ですから、個人的には、全くメモを取らないカウンセラーを見ると、大丈夫なんだろうか、と心配になります。

メモを取るかどうかは、人にもよると思いますが、記憶力に自信がある人はカウンセリング中、メモを一切取らず、終わってからまとめてメモを取るようにするのでもいいでしょう。

私はクライアントが帰ったあと、**カウンセリングで語られた内容を忘れないうちに、すべて書き出します。その際、何気ない雑談も記します**。それを別の用紙にまとめ直して、次回以降のカウンセリングに役立てています。

前回の雑談で出た話題を、さりげなくカウンセリング前の雑談で話すと、クライアントはうれしそうにその続きを話してくれて、同時に緊張もほぐれます。

メモを取る取らないには正解はありませんが、クライアントに嫌な思いをさせない、カウンセリングに悪影響を及ぼすようなやり方はしない、といった工夫が必要だということです。

POINT 4

紹介だけでは限界がある

紹介してくれる人は決まっている

カウンセリングを以前受けていたクライアントが、新規クライアントを紹介してくれるのは、とてもうれしいことです。なぜなら、カウンセリングを受けていたクライアントとの関係がうまくいっていた、という証拠だからです。また紹介は新規クライアントを獲得するのに、費用がかかりません。

インターネットの広告やチラシは宣伝コストがかかります。インターネットの広告を使っていなくても、ドメインやレンタルサーバー代、通信費というコストは毎月かかっているのです。

それに比べて、紹介や口コミは、コストがかからない理想的な集客方法だといえます。

とはいえ、「私には知り合いが多いから、紹介だけで、他の集客活動はしない」というのは、ちょっと極端な考え方です。たしかに紹介や口コミは理想の集客の形です。しかし、駆け出しの開業カウンセラーが、紹介や口コミだけに頼ると、あっという間に新規クライアントは集まらなくなります。

それは、保険会社の営業職についた新人がやりがちなことに似ています。たとえば、最初の1年目は身内や親戚を頼って保険の契約を取ってきます。しかし、1年目以降、紹介が飽和状態に達すると、まるで契約が取れなくなってしまうのです。

必ず**紹介だけでは限界がきます**。他の集客方法も視野に入れて考えておくことが、ゆとりある経営につながるのです。

一方、紹介だけに頼るのはよくありませんが、**紹介を最大限に活かすことはしましょう**。

紹介してくれる人は、たいがい決まっています。100人お客様がいれば、100人が1人ずつ紹介してくれるわけではなく、100人中、2、3人のお客様が複数の新規クライアントを紹介してくれるのです。1回紹介してくれたお客様は2回や3回、あるいはそれ以上の人を繰り返し紹介してくれます。

1回でも紹介してくれた人には、あなたの名刺やチラシを何枚か渡しておきましょう。

口頭だけであなたのお店を紹介された方は、次の行動に移ってくれない可能性もあります。名刺やチラシといった目に見えるツールを知人に渡してもらうことで、ホームページをじっくり見てくれる確率が高まります。そうすると紹介で来られる方が増えるというわけです。

また、紹介してくれる人は開業カウンセラーにとって、とてもありがたい存在ですので、必ずお礼をしておきましょう。お礼といってもカウンセリングの割引や、何かプレゼントをする必要はありません。

電話やメール、ハガキなどで感謝の気持ちを伝えればいいのです。

紹介してくれる人は、基本的に親切な方が多いです。そういう人達に割引をしても、大して喜んでもらえません。むしろ、賄賂をもらってお客さんを引き渡すようなイメージがするので、気が引けて紹介してくれなくなる可能性もあります。

「紹介していただいてうれしい」という気持ちを率直に伝えることが最も効果的です。

また、お礼を伝えるためには、紹介者を知っておく必要があるので、紹介でいらっしゃった新規クライアントには、「どなた様からのご紹介ですか？」と伺っておくことも忘れないでください。

さらに、このように質問しておきましょう。

「どこでカウンセリングのことを紹介されましたか？」

「○○さん（紹介者）は、どんなふうに私のことを言っていましたか？」

紹介者の答えがたとえば、次のようだったとします。

「ファミレスでママ友数人と雑談中にカウンセリングの話題が出ました」

「旦那への不満や怒りを解消してくれる人がいるよ」

そこで、紹介者から伺った言葉を使って、他に紹介してくれそうな方にはこのように伝えましょう。

「『旦那への不満や怒りを解消してくれるカウンセラーがいるよ』と、たとえばファミレスでママ友と雑談中に紹介してもらえたら、うれしいです」

このように言うと、紹介してくれそうな方は紹介している場面を具体的に想像しやすくなります。想像できると、似たようなシチュエーションを経験したときに、よいタイミングで紹介してくれます。

紹介してもらうときの注意点

紹介者は、あなたのカウンセリングで劇的に効果が上がったクライアントが多いです。そのこと自体は非常にうれしい話ですが、**知人に紹介する際、紹介者の思いが問題になることもあります。**

紹介者は悩みを持つ知人に対して、とても熱く語る傾向があります。この思いに触発されて、カウンセリングを受けに来た知人は、あなたのカウンセリングに過剰な期待を抱いてしまう可能性があります。

そこで、初回のカウンセリングでは、紹介されたクライアントに冷静になっていただく必要があります。

「カウンセリングを受けて、いろいろと取り組んでいくことで、結果的に魔法のように効果があったという人もいます。ただ、効果には個人差がかなりあります」

「効果が出るのが早いからいい、遅いからダメだ、ということではありません」

このようなことを伝えて、ある程度カウンセリングへの期待値を平常値にもっていく必要があります。

また、たいてい紹介者は短期間で大きな変化が表れています。カウンセリングを受け始めた知人にあまり変化が見られないことで、「こうしたらいいよ」「こんなときはこうするって教わったよ」と、いろいろとその知人にアドバイスしてしまうのです。

そうすると、知人の方は「自分は（紹介者の）○○さんに比べてダメなんだ」と必要以上に自分を責めてしまい、落ち込んでしまうことになります。

したがって、紹介者の方にも「さりげなく紹介してもらえたら助かります」と伝えておくといいでしょう。

POINT 5

顧客視点が足りない

顧客視点が足りないホームページ

「ホームページを作って集客活動を頑張っているけど、思ったようにアクセス数が増えない」

「ホームページの訪問者はいるけど、予約につながらない」

こういう悩みを抱えている人のホームページを見ると、次のような理由からだとわかります。

・文章がわかりにくい
・見込み客にとって難解な用語が書いてある
・見込み客が求めている情報がない
・客観性がなくカウンセラー目線で作ってある
・書いてある文章に共感できない
・カウンセラーの情熱が感じられない
・カウンセラーの写真が良くない
・カウンセリングルームのルールを明文化していない

つまり、**予約につながらないホームページは、とにかくわかりにくい**のです。心理業界の専門用語が、これでもかと並んでいるホームページもしばしばあります。

もちろん、カウンセラーにとっては馴染みのある言葉かもしれません。しかし、**カウンセリングを受けるクライアントは、圧倒的に専門用語を知らない方のほうが多い**のです。悩みを抱えながら日々の忙しさに追われて、心も体も疲れた人が、専門用語だらけのホームページを閲覧していると思ってください。難しい用語は見るだけでも疲れます。意味を読み取るのに頭を使うからです。

あなただって同じはずです。疲れているときに、細かい文字で紙面いっぱいにビッシリと書かれている生命保険の約款を見ても頭に入ってこないはずでしょう。

したがって、**ホームページの内容は、中学生が見てもわかる表現にしていくことが大切**です。簡単でわかりやすい言葉を使い、遠回しな言い方は避けて、率直に伝えるようにしましょう。

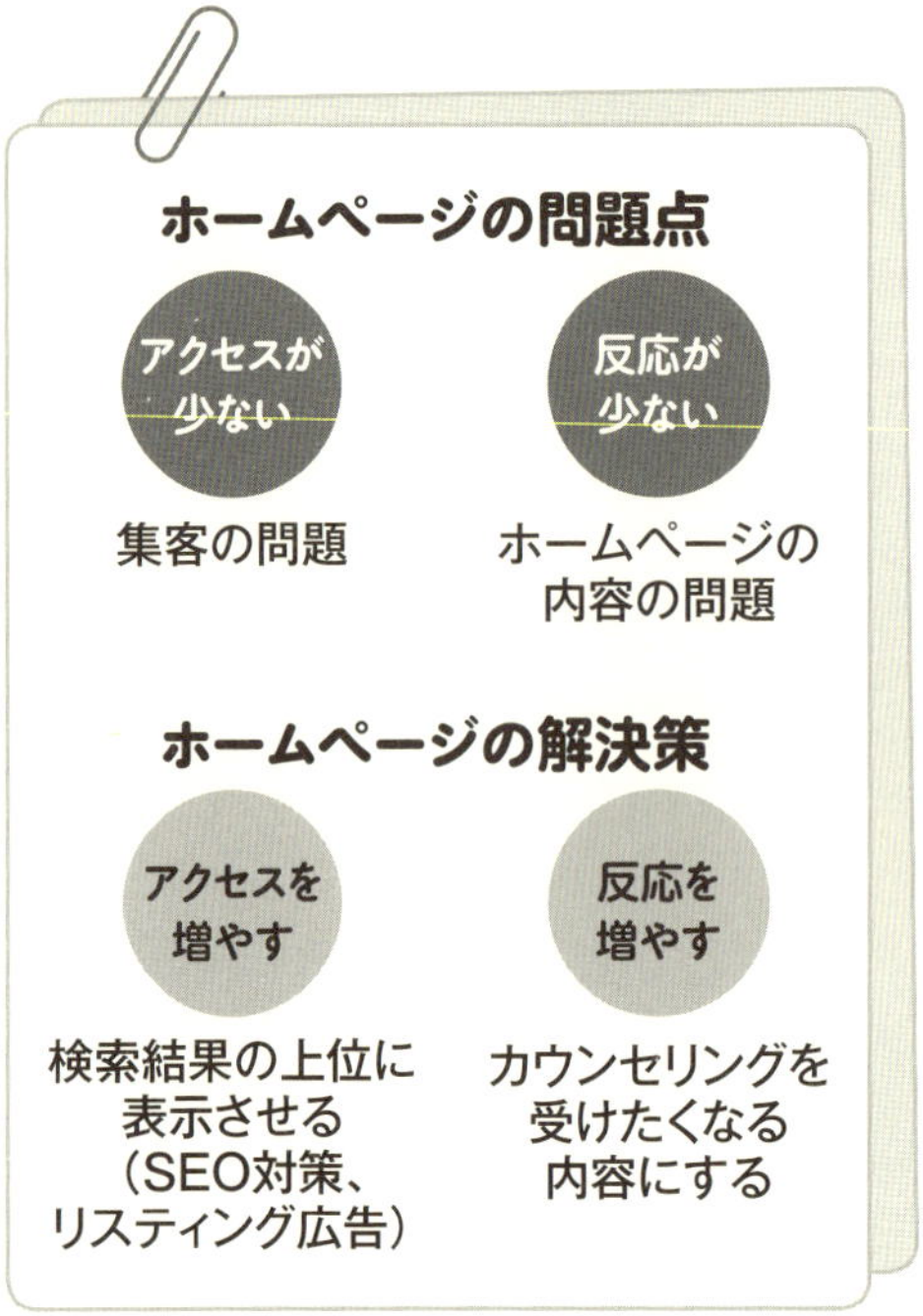
ホームページの問題点
アクセスが少ない
集客の問題
反応が少ない
ホームページの内容の問題
ホームページの解決策
アクセスを増やす
検索結果の上位に表示させる（SEO対策、リスティング広告）
反応を増やす
カウンセリングを受けたくなる内容にする

悩みの渦中にある見込み客の心は、絡み合った糸のように複雑にもつれて、ほどけない状態に陥っています。不安や焦りから視野は狭くなり、どの方向に進むのが適切なのかもわからない状態です。

よってホームページの中で見込み客へ向けて、「あなたは今こういう状態です。ですので、こういう方向性に進むといいですよ」とわかりやすく教えてあげましょう。

すると、見込み客はあなたを信用してみようという気持ちが芽生え、もつれた糸のほどき方を、是非あなたから教わりたいと思うようになるのです。

見込み客が「私のためのホームページだ」と思ってくれたら、あなたが作った他のページも見てくれます。

「ホームページの内容がすごくわかりやすくて、ものすごく伝わってくるものがありました！」と、初めて来たクライアントに言ってもらえるホームページ作りを目指しましょう。

見込み客の心は揺れ動いている

見込み客は、必死で改善するための手がかりを探しています。自分の悩みを解決してくれそうな人や情報を必死で探しているのです。

「信頼に値する適切な情報をください」

「私の背中をそっと押してください」

これらの言葉は、見込み客の心の叫びだと思ってください。

見込み客は、やっと探し当てたあなたのホームページを見ながら、自分にピッタリ合うか、適切な情報が得られるかを確認しているのです。

そして、良さそうだと判断したら、見込み客は次に価格を見て迷いが生じます。

「価格に見合った効果が得られるのだろうか？」

「本当に解決できるのだろうか？」

再び、見込み客は、自分が納得できる情報をホームページの中から探します。納得できる情報が見つかれば、再びカウンセリングを受けてみようと決意します。

このように見込み客の心は、カウンセリングを受けるまでいったりきたり揺れ動きながら進んでいくのです。

たとえば、新しいパソコンを買おうと家電量販店に行ったとき、あなたは見込み客と同じような心境になっています。

店頭であなたは、「パソコンに関してそれほど詳しくないけど、安すぎて使い物にならないものは嫌だ。でも、高額すぎて使いこなせないのももったいない。どれを選べばいいのだろう」と、あれこれ考えています。そんなときに販売員が近づいて来て、専門的な言葉を連発されたら、どう思うでしょうか。

きっと、あなたはうんざりすると思います。

あなたが知りたい情報は、自分にとって使いやすいパソコンです。だのに、店員が専門的なことばかり話していたら、あなたは早くあっちへ行ってくれと、店員から逃げ出したくなるでしょう。

また、店員があなたの質問に全く答えられず、投げやりな態度の場合も、安心して、そのお店でパソコンを選ぶことはできません。

一方、店員があなたの要望をじっくり聞いてくれて、あなたが知りたい情報を丁寧に教えてくれたらどうでしょう。用途や予算、あなたのライフスタイルも聞いた上で、「今のあなたに最適なパソコンはこれです。なぜなら○○だからです」と店員が自信を持って納得できる理由を伝えてくれたら、あなたはきっと「このパソコンこそ自分が求めていたものだ」と思うようになるはずです。

ただし、ほしい気持ちが高まったとしても、人は商品が高額であればあるほど、「本当に買っていいのだろうか」という気持ちが涌き出て、心は揺れ動きます。

このように迷いが生じている状態のときには、最後の一押しがとても有効になるのです。

「いずれ必要となるのでしたら、今というタイミングが大切ですよ」

「カード払いでも現金でもどちらでも大丈夫ですがいかがいたしましょう」

「在庫があと2台となっています。これを逃すとお取り寄せするのに日数がかかってしまいます」

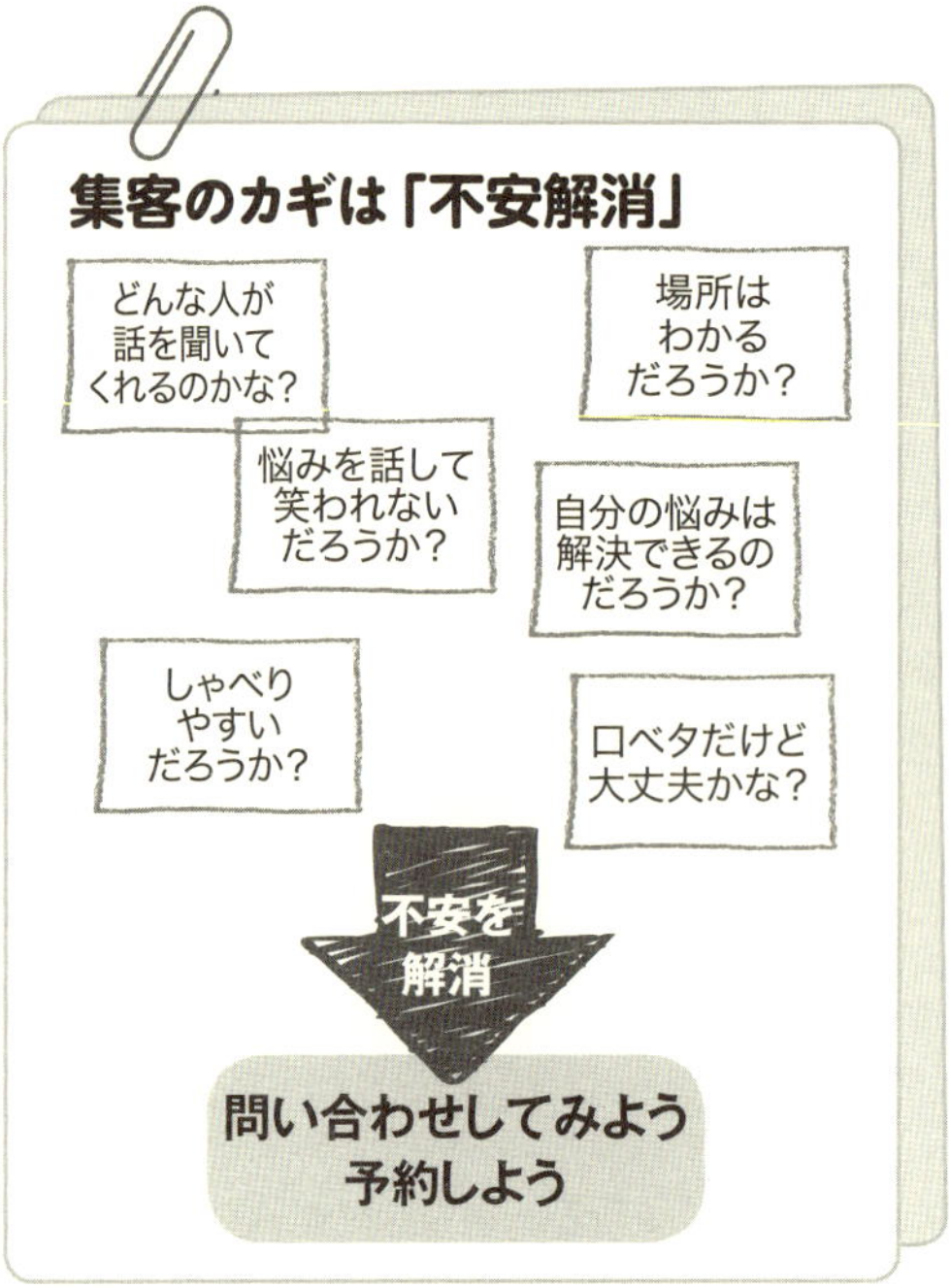
集客のカギは「不安解消」
どんな人が話を聞いてくれるのかな？
場所はわかるだろうか？
悩みを話して笑われないだろうか？
自分の悩みは解決できるのだろうか？
しゃべりやすいだろうか？
口ベタだけど大丈夫かな？
不安を解消
問い合わせしてみよう
予約しよう

このように、背中をそっと押してもらうことで、決心がつき、先に進めるようになることもあります。

商品を買うと心に決めたら、店員はあなたの中で心強い同志へと変貌します。

家電量販店の店員を例に挙げて説明しましたが、実はあなたのホームページを訪れる見込み客も、家電量販店で悩んでいるあなたと同じということです。

ホームページに見込み客の求めている情報がわかりやすく書かれていると、それを読んだ見込み客は自分のためのカウンセリングだと認識していきます。

ちなみに、ホームページの内容は、客観的な視点で冷静に情報を伝えている部分と、自信がみなぎって熱いあなたの気持ちを伝えている部分とが、バランスよく入っているといいでしょう。

不安は消えるから
大丈夫だよ！

このようなホームページを閲覧した見込み客は、心を動かされ、カウンセリングを受けたい気持ちが高まります。

それゆえに、カウンセリングを受けることへの不安が次のように、脳裏へよぎるのです。

「価格に見合った効果が得られるのだろうか？」
「本当に解決できるのだろうか？」
「どんな人がカウンセリングをしてくれるのだろうか？」

「もっと他に優れたカウンセラーがいるのではないだろうか？」

「カウンセリングを受けることで、今の自分がなくなってしまわないか？」

「カウンセリング以外に料金がかかるのではないか？」

「私のような小さな悩みはカウンセリングを受けるに値するだろうか？」


このように、様々な不安を見込み客は感じます。

だからこそ、あなたのホームページで見込み客の不安を解消してあげることが、カウンセリングを受けてみたいと思っている見込み客の背中をそっと押してあげることにつながるのです。

しっかりと、この不安を解消して予約につなげていきましょう。

カウンセラーの写真

「なぜ、ホームページにその写真を使ったの？」と言いたくなるような、仏頂面の写真を使っている人を見かけます。

ホームページに掲載するあなたの写真は非常に大切です。

見込み客は、ホームページ上で「どんな人が相談に乗ってくれるだろう」と想像しています。よって、ホームページにあなたの写真を載せれば、見込み客はあなたの顔が見えたことで、不安は解消されます。

そこで、ホームページに写真を使用する際、カウンセリング中やセミナー中など、臨場感が伝わる写真を使うと、見込み客へいい印象を持ってもらいやすくなります。また、あなたの笑顔の写真でもいいでしょう。

集客につながるかどうかは、見込み客がその写真から受けた印象が大きな要素になるので、写真選びは慎重に行います。

あらためて、ホームページで使用しているあなたの写真を、見込み客目線でチェックしてみましょう。また、知人や家族に見てもらって率直な意見をもらうことも大切です。

見たことも聞いたこともないサービス

開業カウンセラーとして成功するためには、他の人がまだやっていないユニークな発想や画期的なサービスが必要だと考える人もいます。

たしかに、まだ誰もやっていない斬新で新しいサービスがうまくいけば大きな先行者利益を獲得できます。

とはいえ、まだ誰も成功していないサービスはうまくいかないリスクも高いのです。

以前、「まだ誰も知らない画期的なサービスである」とアピールしたカウンセリングのホームページを見つけたことがあります。「日本初登場の○○ヒーリング」「今までにない画期的な○○カウンセリング」など、カタカナの療法名が掲げられていました。

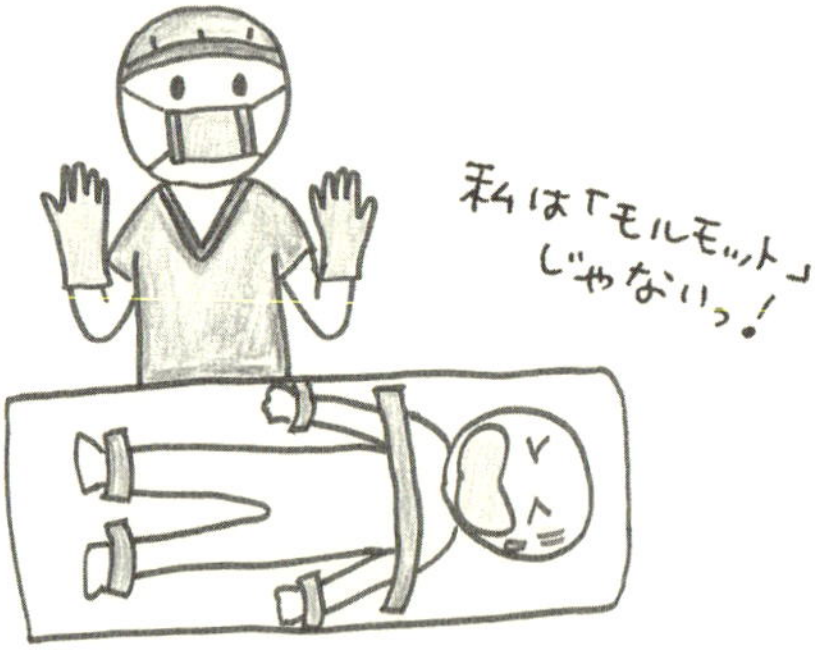

私はそのホームページを見ながら、**「人は知らないものに対してお金を支払いたくない」**と集客の観点から考えました。**見込み客はモルモットになりたくない**のです。

画期的なサービスが、広く世間に浸透するまでは、時間もコストもかかります。

時間にゆとりがあり、資金が潤沢である人ならば、チャレンジしてみてもいいでしょう。

しかし、それ以外の人は失敗する可能性が高いことを知っておかなくてはいけません。特に開業当初はリスクは避けたほうが、事業の軌道は乗りやすいです。

リスクをかけずにうまくいく方法はいろいろとあるというのに、わざわざリスクを取る必要はありません。

あなたの事業が軌道に乗ったあと、じっくりと腰を据えてから画期的なサービスにチャレンジしても遅すぎることはないはずです。

見たことも聞いたこともないサービスは検索対策としてもマイナス

見たことも聞いたこともない「○○カウンセリング」という療法名で、見込み客を集めようとした場合、「○○カウンセリング」と検索すると、他にライバルはいないので自分のホームページが一番上に表示されます。

一見、ライバルがいないので良さそうに見えますが、見込み客は「○○カウンセリング」という言葉を、そもそも知りません。したがって、見込み客が自ら検索をかけて、その名前を調べることはありえません。実際、検索しているのは日本中で自分だけという悲しい結果が待っています。

ですから、**誰も知らない、誰も必要としていない名称のカウンセリングよりも、ニーズの多い名称のカウンセリングにしておくほうが、より多くの人に検索されます。**

多くの悩んでいる人が必要としているサービスに特化していくほうが、経営は安定するのです。

見込み客のニーズを調べる方法

では、どのようにして見込み客のニーズを調べたらいいのでしょうか。

開業している方は、今までに来られたクライアント層を調べます。

「実際に来られたクライアントはどのような悩みを抱えていたのか？」「年齢層や性別はどうか？」などを調べると、あなたが他のカウンセラーとは違う特性をすでに持っていることに気づきます。

なぜなら、その特性に惹かれたクライアントがあなたのもとへ集まっているからです。

あなたの**クライアントをしっかりと調べ直すことで、ニーズの多いキーワードを見つけ出す**ことができます。

一方、これから開業される方や開業されて間もない方は、どうすればいいのでしょうか。

今はとても便利なツールがあります。

「Google AdWords キーワードプランナー」（https://adwords.google.co.jp/keywordplanner）というツールです。検索すれば、すぐに見つかると思います。

キーワードプランナーを使えば、1カ月にどれくらいの人がキーワード検索を行ったかが、瞬時にわかります。

したがって、見込み客にとって、ニーズが高いキーワードがわかるということです。

また、キーワードプランナーを使うためには、あらかじめ「Google AdWords」（https://www.google.co.jp/adwords/）のアカウントを作成しておきます。

その後キーワードプランナーの「新しいキーワードと広告グループの

Google AdWords キーワードプランナー画面
（https://adwords.google.co.jp/keywordplanner）

候補を検索」をクリックします。

そして、あなたが調べたいキーワードを入力して「候補を取得」をクリックします。

「キーワード候補」をクリックすると、1カ月の検索数が表示されます。その際、いろいろなキーワードを入力して、検索される数を見比べてみましょう。

検索数が多いキーワードは、書きとどめておきましょう。その中からあなたが活用できそうなものをカウンセリングルームのコンセプトにしていきます。

他方、あまりにも検索数が少ないキーワードは、需要がないものと判断できます。

「検索数が多いキーワードであれば何でもいいのか」というわけではありません。

たとえば、「カウンセリング」は検索数が多いキーワードですが、カウンセリングを受けたい人だけが検索するとは限りません。

「カウンセリング」というキーワードは、カウンセラーも、これからカウンセラーになりたい人も検索します。「カウンセリング」というものが何をするのかをただ単に知りたくて検索する人もいるでしょう。

カウンセリングを受けたい人以外も、検索しているということを知っておいてください。

ちなみに、「カウンセリング」というキーワードは、競合相手が大勢いるので、ホームページを開設した当初は上位に表示されにくいです。

今から開業する人は、「○○＋カウンセリング」でキーワードプランナーを使い、検索してみるといいでしょう。たとえば、「恋愛　カウンセリング」をキーワードプランナーで検索すると、2014年の月間平均検索ボリュームは880件あります。

このようにある程度のニーズを確保しながら、あなたのホームページが、検索で上位に表示されそうなキーワードを選んでいくのです。

他のカウンセラーとの差別化をはかり、的を絞ることで、自分独自の売りを見つけることができれば、見込み客にとって、とても魅力的なカウンセリングルームとなります。

ホームページを作る上で、キーワードプランナーを活用して、どのようなカウンセリングテーマであなたの強みを作っていくか考えてみてください。

また、「Yahoo! 知恵袋」(http://chiebukuro.yahoo.co.jp/) も、見込み客のニーズを調べるのに活用できます。知恵袋のカテゴリー一覧を見ると、メンタルヘルスの項目があるはずです。その項目をクリックすると、悩みを抱えた人達が、様々な相談を持ちかけているのがわかります。

　そこで知り得た悩みを1つずつ先ほどの「キーワードプランナー」で検索してみると、見込み客のニーズが探れます。

「ニーズがあるけど、ライバルは少ない」というキーワードを見つけることができれば、宝の山を当てたようなものです。

　良さそうなキーワードが見つかったら、今度は実際にライバルがどれくらいの数いるのかを、検索エンジンで調べてみましょう。

　ライバルが多いと競争が激しいので、あなたのホームページは検索結果の上位に表示されにくくなります。ライバルが少ないと、当然あなたのホームページが目立つので、見込み客から選ばれやすくなるのです。

　たとえば「カウンセリング　大阪」をGoogleで検索してみます。

　すると、大量のホームページが検索されます。見込み客にたくさんあるホームページの中から、あなたのホームページを見つけてもらうのは極めて難しいです。**あなたのホームページが、検索結果の1ページ目に表示されなければ、クリックされない**ものだと思ってください。

　そこで、ライバルが多いときは、「恋愛　カウンセリング　大阪」といったように、地域名も加えて調べてみます。

あなた独自の強みが見つかれば、見込み客はあなたの

ことを発見しやすくなるので、あなたのホームページに人は集まって来るようになります。

自分が扱えるテーマを洗い出す

見込み客にとって魅力的なカウンセリングのテーマが見つかったとしても、そもそも、そのテーマを自分が扱えるのかどうか、あるいは扱いたい気持ちがあるかどうか、その辺りも考慮してください。

儲かりそうという理由だけで、カウンセリングのテーマを選んでしまうと、やりがいを感じられません。

まだテーマが定着していない時期であれば、路線変更は可能です。

ただし、見込み客がたくさん集まっている状態で、自分がやりたいことではないと気づいた場合、いきなり路線変更をすると信用問題にかかわります。

今までカウンセリングを受けてくれていた人は、裏切られた気分になるかもしれません。また、これからあなたのカウンセリングを受けようと検討している人にとっても、残念な気持ちを与えてしまいます。

本当にやりたいことなのか、方向性は間違っていないのか、将来性があるのか、しっかり考えるようにしてください。

衝撃的なお客様の声は諸刃の剣

「カウンセリングを受けて人生が劇的に変わった」

「今まで悩んでいた日々が嘘みたいに、人生がバラ色になった」

このように劇的な変化があったというお客様の声がホームページに掲載されていることがあります。

ただし、**劇的なお客様の声は、一転、諸刃の剣になる可能性があるので細心の注意が必要**です。

冷静で慎重な見込み客は疑わしいと感じ、逆に盲目的に劇的な改善を信じた見込み客はどんどん集まって来るかもしれません。

一見、見込み客が数多く集まるのは良さそうですが、依存者が集まる可能性は高くなります。

依存してくるクライアントが増えれば、売り上げは上がるかもしれません。とはいえ、依存してくる人の期待は、通常の人よりも大きいのです。過剰な期待にあなたが一生懸命に応えることで、さらに依存傾向が強まります。クライアントの期待が大きくなりすぎると、あなたは一転して苦しい思いが膨らむことになります。

カウンセリングをしていると、1回のセッションで劇的に変化する人が必ず出てきます。そういう人ほど熱くて濃い内容の感想を書いてくれます。

私も一時期、そういう濃い内容の感想ばかりを集めて、ホームページに掲載していたことがありました。

すると、劇的な効果を過剰に期待する人が、数多く集まったのです。

もちろん、同じような効果があったと喜ばれるクライアントもいましたが、劇的な効果が出ないクライアントも当然いました。

その際、劇的な効果が出ないクライアントからの不満が急増したのです。

特に痛手だったのは、じっくりと取り組もうという人が減ってしまったことです。

ホームページに濃いお客様の声を前面に打ち出したときは、一時的には売り上げが上がりました。しかし、私自身は、不満に対処することに消耗し、過剰な期待に応え続けることにも心が悲鳴を上げていました。

このような状況になってから、私は「じっくりと自分自身と向き合っていこうとする人達をサポートしたいのだ」と気づきました。

また、このまま続けていてもいずれ限界が来ることは予想できたので、私は思い切って方針を変更したのです。

それからは、劇的な変化を求める人からの問い合わせがかなり減りました。

たとえ問い合わせがあったとしても、私は「何もしなくて劇的に変わることはありません。じっくりとご自身と向き合う気持ちがおありなら、私はあなたの100％味方として話をお聞きし、いい方向に進めるようにサポートしていきます」とお伝えしています。

それを聞いた上で、実際にカウンセリングに来られる人もいますし、やっぱり止めておこうと判断する人もいます。

私にできること、できないことを明確にしてからは、見込み客自身がカウンセリングを受けるかどうかを決断するようになりました。見込み客が自分で決断するので、その後いらしたクライアントとは、カウンセリングがスムーズに進みます。

私にとっても、付き合いたいクライアントが集まるようになり、見込み客からしても自分が求めているカウンセラーが見つかるので、双方にとっていい関係を築けるようになりました。

POINT 6

集客に必要な数字を押さえていない

広告費用に見合った広告を出しているか

「広告を出したが効果がない」
「広告費用をかけるのを止めた」

このように言われる方がいます。

そこで、私が「どれくらい広告費用をかけて、その結果何人来られたのですか?」と尋ねると、「わからない」と答えます。

実際、広告費用や反応数がわからないと、広告がうまくいったのか、それともダメだったのか、全く判断がつきません。判断できないと、次に出す広告を工夫することもできません。

したがって、必ず大まかな数字は押さえるようにしてください。

数字を把握していれば、いろいろと試行錯誤していくうちに、うまくいく方法が見つかってきます。

それでは、広告について説明しましょう。

まず、「リスティング広告」について見ていきます。

リスティング広告とは、Yahoo!やGoogleなど、検索エンジンの検索結果に連動して表示されるインターネット広告のことをいいます。また、閲覧者が広告をクリックした回数分に対して費用が発

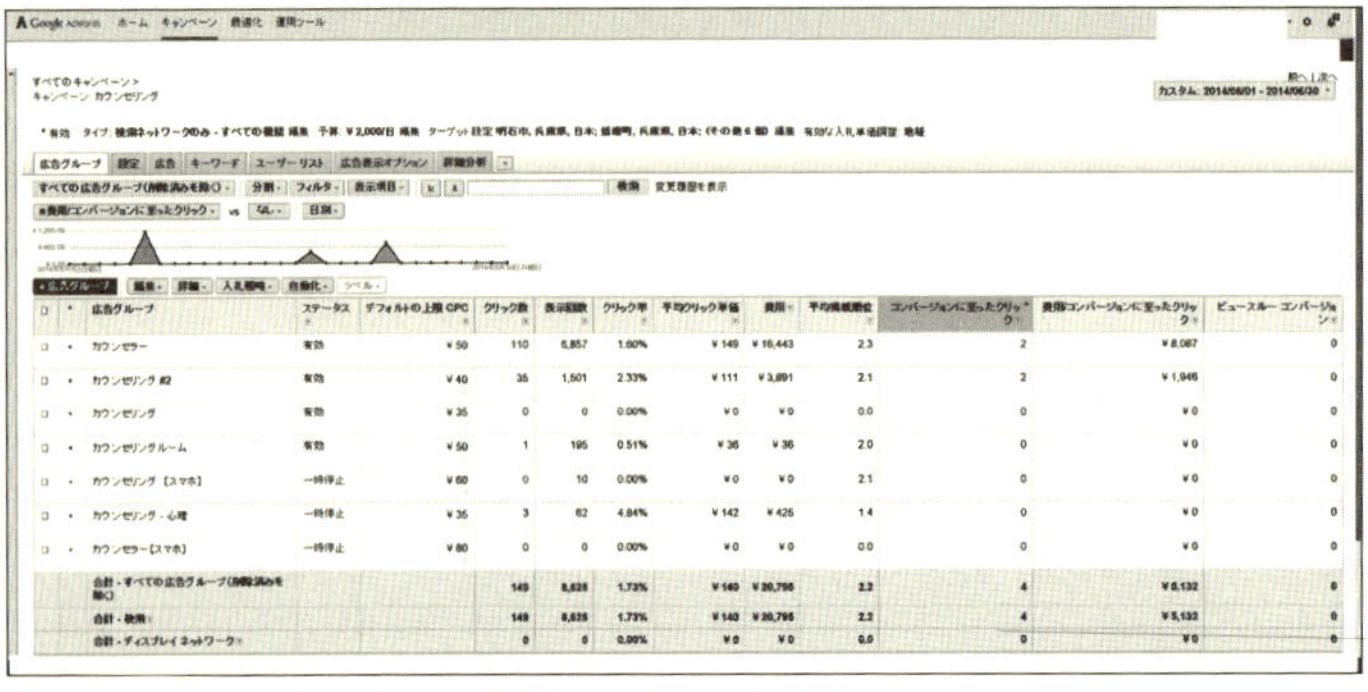

広告グループ	ステータス	デフォルトの上限 CPC	クリック数	表示回数	クリック率	平均クリック単価	費用	平均掲載順位	コンバージョンに至ったクリック	費用/コンバージョンに至ったクリック	ビュースルー コンバージョン
カウンセラー	有効	¥50	110	6,857	1.60%	¥149	¥16,443	2.3	2	¥8,067	0
カウンセリング #2	有効	¥40	35	1,501	2.33%	¥111	¥3,891	2.1	2	¥1,946	0
カウンセリング	有効	¥35	0	0	0.00%	¥0	¥0	0.0	0	¥0	0
カウンセリングルーム	有効	¥50	1	195	0.51%	¥36	¥36	2.0	0	¥0	0
カウンセリング【スマホ】	一時停止	¥60	0	10	0.00%	¥0	¥0	2.1	0	¥0	0
カウンセリング・心理	一時停止	¥35	3	62	4.84%	¥142	¥425	1.4	0	¥0	0
カウンセラー【スマホ】	一時停止	¥80	0	0	0.00%	¥0	¥0	0.0	0	¥0	0
合計 - すべての広告グループ(削除済みを除く)			149	8,625	1.73%	¥140	¥20,795	2.2	4	¥6,132	0
合計 - 検索			149	8,625	1.73%	¥140	¥20,795	2.2	4	¥5,132	0
合計 - ディスプレイ ネットワーク			0	0	0.00%	¥0	¥0	0.0	0	¥0	0

Google AdWordsのリスティング広告画面

生する、「クリック課金型」が多いです。つまり、クリックされなければ、広告費はかかりません。

１４６頁下段はGoogle Adwordsのリスティング広告画面です。

Googleの検索結果画面の他、Yahoo!で検索しても、検索したキーワードに連動する広告が表示されます。また、GoogleモバイルやYahoo!モバイルにもモバイル専用のリスティング広告があります。

たとえば、「カウンセリング」というキャンペーンで、１カ月の広告費が２万７９５円かかったとします（１４６頁下段の画面）。

それに対して予約数（コンバージョン数）は、４件です。コンバージョン費用は５１３２円になっています。これは、１人成約するのにかかった広告費用です。

これを、**ＣＰＯ（コスト・パー・オーダー）**といいます。ＣＰＯの計算方法は、**「商品を販売するために必要なコスト÷注文数」**です。また、この**計算から算出された数値は、１人当たりにかかったコスト**を示します。

この１人当たりにかかったコストで、広告の効果が判断できます。

コンバージョン費用を自動的に出すには設定が必要です。もし設定していなくても、２万７９５円を４件で割ることで、同じような数字になります。

チラシのＣＰＯの出し方も同じです。

たとえば、１万枚チラシを配布して、印刷費と新聞折り込み費を合わせて６万円かかったとします。そこで10人が予約したら、ＣＰＯは６０００円ということです。

広告を出稿した効果は、ＣＰＯをどのように受け取るかで、その後の事業展開も大きく変わってきます。

「１人獲得するのに６０００円も広告費がかかっているの！」と驚いて広告費を削るか、「６０００円で１人獲得できた。続けて広告を出そう」とするか。

同じ数字でも、人によって、全く真逆の受け取り方をするかもしれません。

広告費が妥当なのかを判断するために、もう１つ押さえておきたい数字が、**ＬＴＶ（ライフタイム・バリュー）です。ＬＴＶとは、顧客から生涯得られる利益を数値化したものです**。

たとえば、カウンセリング料金が、１回１万円だと仮定します。10人のクライアントのリピートは平均６回です。ＬＴＶは、１人当たり６万円ということになります。

つまり、１人獲得するのにかかる広告費（ＣＰＯ）が

6000円で、1人当たり支払ってくれる料金（LTV）が6万円です。

この数字から、1人当たり5万4000円の利益が出るということがわかります（通信費、光熱費、家賃などの経費は除く）。

また、クライアントは10人いるので、総額54万円の利益が出ます。この数字から、広告は大成功だということがわかります。

数字をしっかりと把握しておけば、たとえCPOが1万円に上がっても、動じることなく広告が出せます。

一方、LTVはリピートしてくれない状態であれば、下がるので対策が必要です。

どちらにしても、広告の内容を変えてCPOを下げる努力と、リピート率を高めてLTVを上げる努力は常に行いましょう。

小さく試して大きく育てる

広告費をかけるといっても、手応えをつかむまでは、小規模の予算で試してください。

たとえば10万枚といった部数のチラシを突然撒くのではなく、3000枚や5000枚といった部数で見込み客の反応を見ます。ここでも、CPOの結果を検証して、うまくいかなかった場合は、見出しを変えて再びテストします。それでも、うまくいかないのであれば、写真を変えたりして、うまくいくまで何度でもテストしてください。

そして、**CPOの結果が満足できるレベルになったら、そのときに広告費を拡大する**のです。

広告費が小さくても大きくても、反応率自体はさほど変わりません。小さな予算でうまくいった広告は、大きな予算を使ってもうまくいきます。

また、リスティング広告も同じです。最初のうちは小さな予算でテストを繰り返します。

たとえば予算を1日500円に設定すると、それ以上は広告が出ないように制限されます。1日の閲覧者のクリック数が少ない場合、広告文は変えてクリック数を上げるようにしましょう。

閲覧者のクリック数が上がってきたのに、成約が全くない場合は、ホームページの内容自体がよくない可能性を疑います。

見込み客がホームページを閲覧しに来ても、そこから先の問い合わせや予約に進まなければ、ホームページの内容を再検討する必要があります。

ホームページの見出しや写真を変え、申し込みのページをわかりやすくして、見込み客の反応の変化を見ましょう。

そして、クリック数と成約数が満足できるようになった時点で1日の広告予算を拡大します。

その際、必ず設定してほしいのが、コンバージョンの測定です。どのキーワードで予約が入ったのか、問い合わせがあったのかを測定することができます。

設定の仕方は、Google（http://www.google.co.jp/intl/ja/analytics/features/conversion-suite.html）、yahoo!（https://help.marketing.yahoo.co.jp/ja/?p=1355）の各ページに説明してあるので参照してください。

ただ単に**広告を出すのではなく、必ず測定できるようにしておくことが大切**です。そして、数字をもとに検討すると、広告のどの部分を改善したらいいかがわかってきます。

第5章

クライアントがどんどん集まるホームページの作り方

POINT 1

見込み客に興味を抱かせるホームページの作り方

集客数よりも、成約率を重視する

第5章では、さらに詳しくホームページについて説明していきます。

見込み客があなたのホームページを閲覧するまでが集客です。見込み客があなたのホームページにたどりつかなければ何も始まりません。**あなたのホームページをたくさんの見込み客に閲覧してもらうこと、つまり集客数を増やしていくことが大切**です。

とはいえ、ただホームページを開いてもらうだけではダメです。そこから**興味を持って文章を読んでもらい、予約してもらえるかどうかが、さらに大切な要素**となります。

ホームページで集客数を増やすこと、そして予約数を増やすこと、この両方を増やしていくことを考えていきましょう。

ホームページのトップページは、花屋さんや雑貨屋さんといった実際の店舗の店構えと同じです。通りすがりの人が、「この店、とても気になる」「店内に入って商品を見たい」という気持ちにさせられるかが分かれ道です。

つまり、ホームページを閲覧しに来た見込み客が、トップページを一目見て、「このホームページ、とても気になる」「もっと他のページも知りたい」と思ってもらえる作りにすることが重要です。

たとえば、1日のアクセス数が100人のホームページと、200人のホームページがあるとします。普通に考えれば、1日200人を集めているホームページのほうが、反応数（問い合わせや予約）は高いはずです。

しかし、実際は100人のホームページのほうが、反応数が上回っていることもあるのです。

1日のアクセスが200人だとしても、1週間に1人しか予約がなければ、反応数はとても低いということになります。

逆に、1日のアクセスが100人であっても、1日、1人が予約すると反応数は高くなります。

ある程度の集客数（アクセス数）は、もちろん必要です。しかし、成約数をいかに高くするかが、最も大切になるのです。

極端な話、アクセス数は広告費をかければ、たくさんの閲覧者を集められます。しかし、成約率は、お金で買うことはできません。**成約率を高めるために大切なことは、ホームページの充実度**なのです。

成約率が高いホームページ

成約率が高いホームページには、共通することがあります。第2章のおさらいになりますが、トップページに次のような項目があります。

「業務内容が一目でわかる説明」
「カウンセラーの写真」
「連絡先」

まず業務内容ですが、誰のためのサービスなのか、どんなことを提供してくれるのかが一目でわかるようにします。わかりにくければ、見込み客は自分が見るべき内容ではないと判断して、これ以上読み進めてはくれません。

次に、カウンセラーの写真は、カウンセリング中やセミナー中の写真が見込み客に信頼感を与えます。また、あなたの笑顔の写真でもいいでしょう。

できることなら写真館でプロに撮影してもらうことをお勧めします。あなたの魅力を最大限に引き出してくれるでしょう。

ただし、実物とかけ離れている写真を使用するのはやめましょう。対面したときに、クライアントをがっかりさせることになります。

一度、クライアントに違和感が生まれると、ホームページに書いてある内容まで疑われます。信用が一気に崩れる危険性がありますので、背伸びしすぎるのはよくありません。そして、連絡先はホームページ上で一番わかりやすいところに記載しましょう。見込み客が思い立ったときにすぐに連絡ができるように、電話番号やメールアドレスを、トップページの目立つところに配置します。見込み客が「連絡してみたい」と思った瞬間を逃さないようにしましょう。

見出しで、見込み客のニーズに応える

検索エンジンのキーワード検索やリスティング広告で、見込み客はあなたのホームページにたどり着きました。**見込み客は、入力したキーワードとあなたのホームページの内容が一致しているかを、瞬時に判断します。どこで判断するかというと、「見出し」**です。

入力したキーワードと見出しが一致していなければ、見込み客は自分が求めているホームページではないと判断して、他の人のホームページへと移ってしまいます。

キーワードと見出しが一致していると、見込み客は自分のためのホームページだと思い、ホームページに書かれた内容を読んでくれます。

たとえば、夫婦関係を修復したいと考えている人が、「夫婦関係修復　カウンセリング」というキーワードで検索してあなたのホームページにたどり着いたとします。

そのとき、ホームページの見出しが「夫婦関係を修復したい方のためのカウンセリング」となっていれば、見込み客は自分が探している条件と一致しているので、じっくり読んでくれるようになります。

しかし、「離婚を考えている方に」といった見出しであれば、見込み客は自分が求めている内容ではないと判断して、あなたのホームページから去ってしまいます。

F字目線

ホームページを見るときの、閲覧者の視線は、たいていF字に沿って動きます。

F字のラインに、見出し、カウンセラーの写真、トップページ以外の紹介があるといいでしょう。

F字のラインに重要なメッセージを入れると、見込み客の反応数が高まる

それでは、F字ラインに入る要素を次に説明します。

◎見出し（キャッチコピー）

見込み客の興味を引くには、見出しの文章を考えて書く必要があります。できれば、数字を入れるなどして、具体的な内容を書くといいでしょう。

たとえば、「当カウンセリングルームに来られた方の93％以上が満足とお答えいただいております」といったように、具体的な数字が入ると、見込み客は見出しに引きつけられるのです。

また、**見出しを少し変えるだけでも、問い合わせや予約といった反応数も変わってきます**。定期的に見出しを変更して、反応数を計測してみてください。そして、複数の見出しを試した中で、最も反応が良かったものを使っていくようにしましょう。

◎カウンセラーの写真

写真やイラストはアイキャッチと呼ばれ、人の目線を引く手段として用いられます。たとえば、マンゴーを通信販売しているホームページなら、おいしそうなマンゴーを目立つところに配置します。見込み客は「おいしそう！」「食べたい」と、そのページを見た瞬間に反応します。

それと同じであなたの写真を見た見込み客が「やさしそう」「信頼できそう」「前向きな気持ちになれそう」「この人にサポートしてもらいたい」とポジティブな反応が得られるような写真を使いましょう。

カウンセラーの写真を載せることは、見込み客に安心感を与えます。クライアントの心に触れるカウンセラーは、会う前からクライアントへ安心感を与えることが大切です。経歴やメッセージ、モットーを写真とともに載せるとさらに信頼が高まります。

最近では、動画も手軽にホームページに載せることができます。声でメッセージを伝えることで、よりクライアントにあなたの気持ちが届きやすいでしょう。

◎トップページ以外の紹介

サイドの縦ラインにその他のページを紹介します。そこに見込み客が知りたい項目を配置します。

見込み客は、予約するまでにいろいろなことを考えます。カウンセリングを受けてみたい気持ちと、本当にここで大丈夫なのかという不安な気持ちが、同時に心の中に生まれるからです。不安感を減らすためには、見込み客が納得出来るだけの十分な情報が必要です。

カウンセラーのプロフィールやアクセス、予約方法、当店ならではの特徴、お客様の声は必ず掲載するようにしましょう。

◎行動を誘導する

ホームページの目的は、見込み客に何らかの行動を取ってもらうことです。たとえば、お店に問い合わせやカウンセリングの予約、メールマガジンの登録などです。

見込み客の中には、じっくりホームページを読むことなく、すぐに問い合わせたい人もいます。そのような見込み客のために、電話番号や問い合わせフォームへのリンクは、目立つところに配置しておくことが大切です。

問い合わせ先が見つけづらい場合、見込み客は別のホームページへと移行してしまう可能性があります。

POINT 2

プロフィールは丁寧に作り込む

説得力のあるプロフィールを作る

カウンセラーのプロフィールは、見込み客に特に読まれます。見込み客にとって、どんな人からカウンセリングを受けられるのかは、最も気になることです。

そして、簡単に他店のカウンセラーと比較ができるところでもあります。というのも、プロフィールは、**その人の生き様**がそのまま表れます。

人それぞれ人生の歩みは全く違います。じっくりと振り返ってみて、丁寧に作り込みましょう。

私は開業当初、初めてカウンセリングの予約が入ったとき「いったいどんなクライアントがやって来るのかな」と不安にかられたことがありました。

とはいえ、実際は、カウンセラー側の不安とは比べられないほど、見込み客は「どんな人が話を聞いてくれるんだろう」と不安感を覚えています。

また、それ以外にも「自分の話をわかってくれるだろうか」「自分の悩みは小さすぎて笑われないだろうか」「自分の悩みは解決できないのではないだろうか」と次々に不安や疑問が見込み客の脳裏によぎっています。

そういった**不安や悩みに共感し、疑問を払拭して、解決へ導けるだけの説得力がプロフィールには求められている**と思ってください。

カウンセラーから自己開示しよう

見込み客の共感を得るには、あなた自身の挫折や失敗経験をそのときの辛かった気持ちとともに伝えます。

カウンセリングに来るクライアントの中には、「他人に悩みを打ち明けても、どうせわかってくれない」と半ばあきらめている人もいます。

クライアントの不信感や警戒心を解いていくためには、あなたの幼少期、学生時代、社会人になってからの出来事や、問題を克服した経験を自己開示していきます。

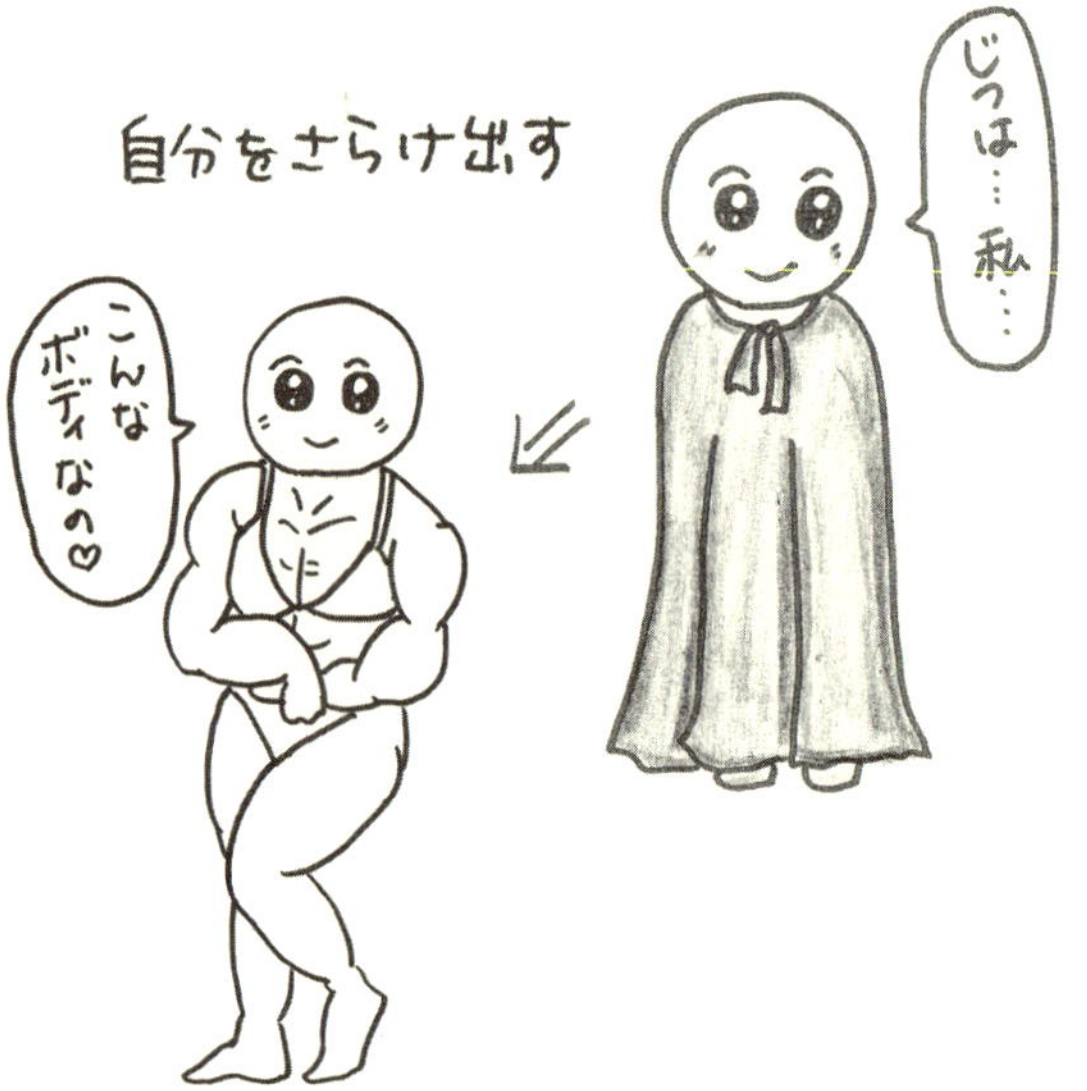

あなたの経験を見込み客は自分自身に投影することで、「この人だったら、自分の悩みをわかってくれそうだ」と期待します。

感情と理性に訴えかける

カウンセラーは、見込み客に親近感をもってもらうことも必要です。**家族や友人、趣味などのパーソナルな情報を伝えることで、見込み客から親しみをもってもらえます。**親しみが湧くと、自然とこの人に会ってみたいという気持ちが芽生えてきます。

パーソナルな情報を伝える際、過去のあなたとともに現在のあなたについても話しましょう。悩んでいた過去といきいき過ごしている現在のあなたとの対比で、見込み客は自分もこうなりたいという期待、憧れ、応援したいという気持ちが芽生えます。

また、**信頼感を得るためには、なぜあなたが見込み客の悩みを解決できるのかも伝えなければなりません。**

あなたが、どういったことを学んだのか、なぜそれを学んだのか、そこで何を得たのかなど、すでに開業している人は、見込み客へ実績を踏まえて伝えていきましょう。

たとえば、カウンセリング歴やカウンセリングを行った人数、お客様の声、セミナー実績、書籍、マスコミ掲載歴などです。

数字で表せる実績は、見込み客の理性に訴えかけます。

一方、パーソナルな話題や過去のエピソードは感情に訴えかけます。
理性と感情の両方に働きかけることで、見込み客は反応しやすくなるのです。

検索エンジンに上位表示されるページ作り

多くの見込み客にあなたのホームページを閲覧してもらうためには、検索で上位に表示されることが重要です。

上位表示されるためには、Yahoo!やGoogleなどの検索エンジンに、あなたのホームページが評価される必要があります。

検索エンジンに上位表示されるためのいくつかのルールが存在します。ただし、ルールは定期的に変わります。ルールが変わると、今まで上位に表示されていたホームページがいきなりランク外に落ちてしまうことも起こり得ます。ランク外に落ちるということは、今まで安定して来ていた見込み客が、全く来なくなることを意味します。

現に、私のお店にはSEO対策の業者が「私達に任せてくれたら上位表示させることができますよ」と営業の電話をよくかけてきます。

それだけ検索エンジン対策は、多くの人が頭を悩ます問題なのです。

検索結果に上位表示されるためには、2つの変わらないルールと、不定期に変わっていくルールがあります。

検索エンジンの目的は、検索する人が適切な情報に、出来るだけ早くたどり着けるようにすることです。

閲覧者を素早く到達させるためには、ホームページの内容自体が優れていることが重要です。内容が優れているというのは、見込み客にとってわかりやすいホームページであることと同時に情報量が豊富で充実しているということです。

ホームページの内容がわかりやすくまとめられていても、あまりにもページ数が少ないと内容が充実していないという印象になり、検索エンジンからは評価されない傾向にあります。

ですので、少しずつページを増やしていって、見込み客が知りたい情報を充実させていきましょう。見る人にとってわかりやすくて、内容も充実しているというのが、検索で上位表示されるための変わらないルールなのです。

ソースコードを修正する

見込み客から好感を持ってもらえるホームページを作るには、わかりやすくて魅力のある内容にしていく必要があります。

それと同時に、検索エンジンから見て、ＨＴＭＬソースコードがわかりやすいかどうかも重要になります。ＨＴＭＬとは、ホームページを作るときに使うプログラミング言語です。

上位表示されるためには、ＨＴＭＬのソースコードを適切に修正することをお勧めします。

検索エンジンのロボットは、あなたのホームページの情報をチェックして順位を決めていきます。このときソースコードに不備があると、最後までチェックしてくれません。

チェックされなければ、いつまでたってもあなたのホームページが検索エンジンに表示されないということになります。

そこで、評価が高いソースコードを書くことで、検索結果に上位表示させましょう。

それでは、ホームページを構成する書式タグについて次に説明します。

◎titleタグ

titleタグは、ページの内容をひと言、あるいはふた言で表すもので、検索エンジンが評価する重要なものになります。

キーワードをあれもこれもと欲張って入れすぎる人もいますが、評価されない傾向にあります。

<title>　タイトル　</title>

◎meta descriptionタグ

meta descriptionタグとは、検索結果ページ内のサイトタイトルの下に説明文として表示されます。これを見て見込み客は、自分に関係のあるホームページかを判断します。

<meta name="Description" content="説明文または要約文">

titleタグとガラッと内容を変えないでください。title

タグの内容をより詳しく説明するようにしましょう。

見込み客は、この文章を見て、クリックするかどうかを決めるので、目を引くキーワードや数字を使うことで魅力のある文章にしていきましょう。

全角で110文字を超えると全文が検索結果に表示されなくなります。ですので、それを超えないように文章をまとめておくことが大切です。

◎meta keywordsタグ

meta keywordsタグは、キーワードを入力することでページの内容を検索エンジンに伝えられます。

<meta name="Keywords" content="○○○,×××">

meta keywordsに入力するキーワードは、タイトルとページの本文中に含まれていることが望ましいです。
キーワードが本文中にない場合、Googleからキーワードと内容が一致していないということでペナルティを受けることがあります。ここは、気をつけたい点です。

◎h1タグ

h1タグは、大見出しを意味します。検索エンジンの上位を狙うためには、titleの次に重要です。

titleタグにも入力した、上位表示させたいキーワードは必ずいれましょう。

<h1>　大見出し　</h1>

ペナルティに気をつける

Googleなどの検索エンジンからペナルティを受けると、そのホームページは検索結果に表示されなくなってしまいます。

とはいえ、ペナルティを受ける人は、検索順位を上げるために、過剰な対策を行ったことが原因の場合も多いようです。上位表示という結果にこだわるあまり、ルールを無視すると、結局は悪い結果を招くことになりますので注意してください。

Googleからペナルティを受ける行為は次の場合です。

◎大量に同じキーワードを入力する

上位表示されるために、同じキーワードを大量に入れると、スパム（ペナルティ）行為と判断されることがあります。同じキーワードばかりだと、読み手に不自然な感じを与えます。つまり「適切な情報ではない」とGoogleに判断されるということです。

◎meta keywordsに大量のキーワードを入力する

様々なキーワードを詰め込んで、検索エンジンに表示させたくなるものですが、欲張るとペナルティを受ける可能性が高まります。多くても5個くらいにしておきましょう。

◎meta要素に本文で使用していないキーワードを入力する

titleやmeta description、meta keywordsといったmeta要素に入力したキーワードが本文中に登場してこないと、過度のSEO対策を施したと判断される可能性があります。

ホームページを分割する

ホームページの雰囲気やキーワード、カウンセラーのプロフィールによって、引き寄せるクライアントの悩みは違ってきます。

たとえば、不登校の子やその親からの相談が多いと気づいたら、まずは今お持ちのホームページに、新たに、不登校について詳しい情報ページを作りましょう。

その後、不登校専門カウンセリングについての新しいホームページを作ります。

新しいホームページのトップページでは、「不登校カ

ウンセリング＋地域」で検索エンジンの上位表示を狙うと、集客アップにつながります。

検索エンジンだけにこだわらない

検索エンジンに評価されて上位に表示されることは非常に重要です。とはいえ、検索エンジンだけにこだわらないようにしましょう。

先ほどもお伝えしましたが、検索エンジンの評価システムのルールは不定期に変更されるからです。前触れなく一方的に変更されるので、1位表示されていたホームページが、突然100位以下に落ちるということが起こります。

よって、検索エンジンの集客だけに頼っていると、突然、集客がゼロになってしまうこともあります。

自分ではコントロールできないことなので、リスクを分散するためにも、集客手段は複数持っておくことが大切です。

POINT 3

リスティング広告を使いこなす

リスティング広告のメリット、デメリット

リスティング広告のメリットは、即効性があることです。

検索結果で上位表示されるためには、検索エンジンのロボットがあなた以外のホームページも順番に調査しているので時間がかかります。

しかし、リスティング広告であれば、広告を出したその日から表示されるので、すぐに見込み客に見てもらうことが可能です。

リスティング広告とチラシを比較すると、リアルタイムで広告内容を変更できる点は、リスティング広告のほうが優れています。チラシは変更したい箇所があったとしても、結果が出るのに何週間もかかります。一方、**リスティング広告は、瞬時に変更できるので、テストマーケティングに適しています。**

広告には、「ＰＵＳＨ型広告」と「ＰＵＬＬ型広告」があります。

ＰＵＳＨ型広告とは、テレビＣＭやチラシを使って、不特定多数の人に広く告知する広告のことです。それによって、商品の認知が高まり、ホームページへの誘導にも役立ちます。

片や、ＰＵＬＬ型広告とは、興味や関心のある見込み客に向けてのみ広告します。

リスティング広告は、ＰＵＬＬ型広告に当たり、興味関心のある人へ向けてピンポイントに広告ができるので、無駄がありません。

したがって、今すぐ行動を起こしたいお客様を集めるのに、リスティング広告は最適です。

しかも、リスティング広告は、低予算で始められて、予算管理も簡単に行えます。たとえば、広告予算を「１日上限１０００円まで、５０００円まで」といったように自由に設定できます。広告費は設定以上にはかからないので、身の丈に合った運用が可能なのです。

また、広告を出す地域も限定できます。カウンセリングの場合、遠方からクライアントがいらっしゃることもありますが、やはり近隣地域からの来店が多いはずです。あなたの地域外の人達には広告が表示されないように設定すれば、無駄な広告費はかかりません。

逆に、リスティング広告のデメリットは、運用コストがかかることです。上限の予算を設定せずに広告を出すと、あとでびっくりするほどの請求が来るので慌てることになります。

私も経験しましたが、1日の予算を設定せずに放っておいたら1カ月後、30万円以上の請求が来て、驚いたことがあります。

ですので、1日の上限広告予算は必ず設定しておいてください。

また、リスティング広告はインターネットを利用していない人達には、当然、届きません。ホームページを一切閲覧しない人のために、チラシ、新聞広告、看板といった、リスティング広告以外の広告と組み合わせて、集客は取り組みましょう。

リスティング広告の設定をする際、見慣れない言葉の意味を理解するまで多少手こずるかもしれません。

そのようなときは、ヘルプを参照すると、詳しく設定の手順が説明されているので、広告を運用しながら、徐々に使い方に慣れていきましょう。

コンバージョンを設定する

リスティング広告は、出来るだけ無駄な広告費を使わず、効率よく広告を出すことが大切です。そのためには、コンバージョンを設定するようにしましょう。

「Google Analytics」でコンバージョンを設定すると、予約フォームからの申し込みなど、問い合わせがあった時点でカウントされます。

「コンバージョン設定」で検索すると、やり方が詳しく記載してありますので、設定してみてください。

コンバージョンを設定すると、どのキーワードで問い合わせや予約が入ったかが判明します。そのキーワードがわかれば、キーワードの広告費を上げて、1位表示を狙っていきます。

こうすることで、見込み客へ最も目立つアピールができるわけです。また、クリック数が増えると、見込み客からのコンタクトも増えていきます。

逆に、クリックはされるけど半年以上全く成約がないキーワードがわかれば、そのキーワードは一時停止しましょう。無駄な広告費は使わないようにしてください。

このように、定期的に各キーワードの広告費を上げたり、下げたり、一時停止したりして、コンバージョン設定も見直していきます。

対象外キーワードを除外する

リスティング広告では、「対象外キーワード」を除外する設定もしておきましょう。対象外キーワードとは、あなたが望んでいないキーワードで広告に出て、それを見た人がクリックすることです。

たとえば、「カウンセリング　東京」でリスティング広告を出しているとします。しかし、実際の広告では、「カウンセラー　東京　求人」と表示されることがあります。このリスティング広告をクリックする人は、カウンセラーの求人を探している人です。

あなたの意図とは関係なく、成約につながらないキーワードで広告が掲載されているのです。

無駄な広告費用を防ぐためにも、週に1回、あるいは月に1回はチェックして、対象外キーワードを除外しておきましょう。

対象外キーワードを設定すると、今後そのキーワードでは広告が出ません。

「Yahoo!プロモーション広告」(http://promotionalads.yahoo.co.jp/) を使用する場合は、「対象外キーワード設定」で検索してください。また、「Google AdWords」(https://www.google.co.jp/adwords/) を使用する場合は、「除外キーワード設定」で検索してください。

POINT 4

スマートフォンサイトを作る

見込み客の主流は、スマートフォン検索

これからの時代、スマートフォンサイトを持つことは必須になるでしょう。なぜなら、見込み客はパソコンよりスマートフォンで検索する人が多くなってきているからです。

Google AdWordsの「設定→デバイス」をクリックすると、「フルインターネットブラウザ搭載の携帯端末」という項目があります。これがスマートフォンサイトです。

たとえば見込み客の家に、家族共有のパソコンが一台あったとします。このような場合、共有パソコンで検索せずに、個人のスマートフォンで検索する人のほうが多いです。

スマートフォンは個人専用のものなので、気兼ねすることなく調べ物ができます。

特に、心の悩みについて検索している場合、個人的な

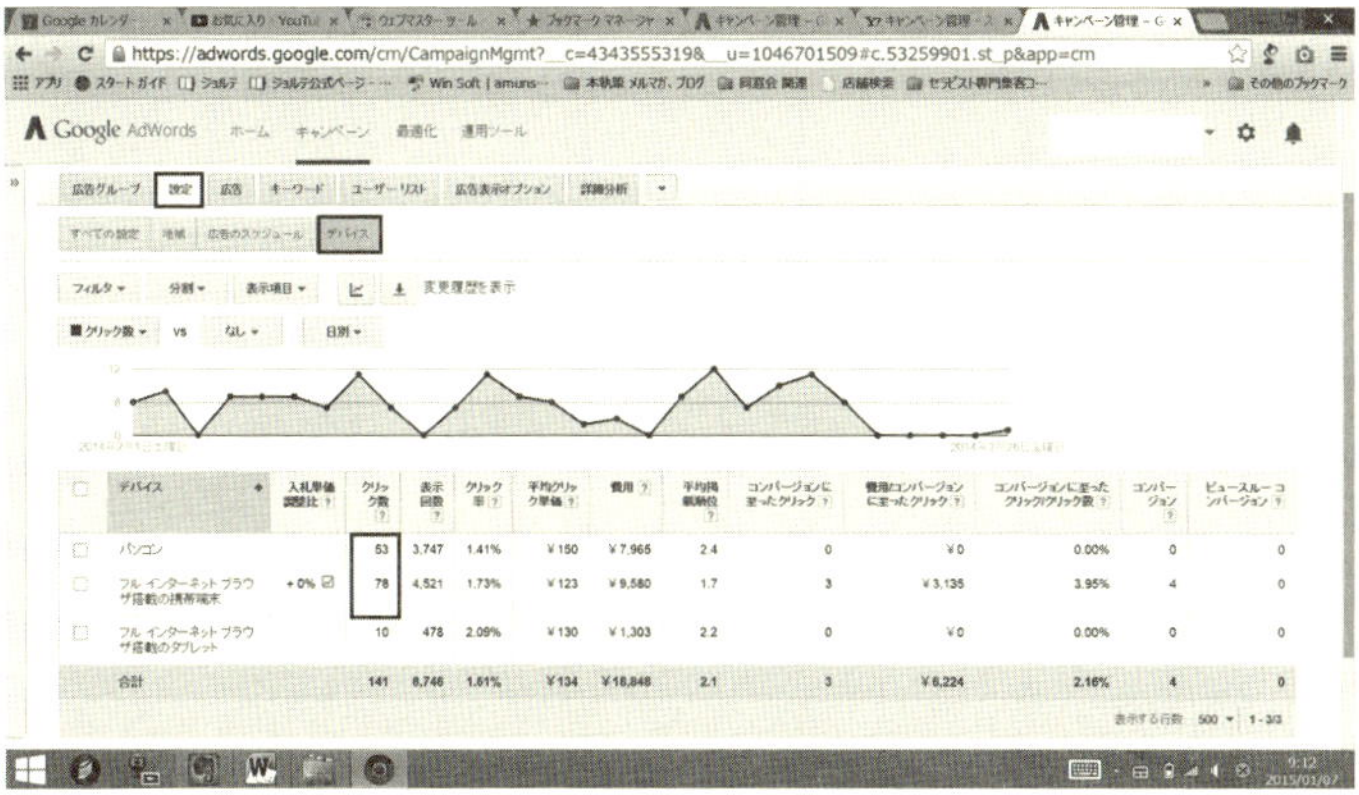

Google AdWordsでスマートフォンのクリック数がわかる

ことを家族には知られたくないものです。

したがって、**パソコン用とスマートフォン用のホームページを両方持つことが望ましい**のです。

パソコンで見るときは、パソコン用のホームページが表示され、片やスマートフォンで見るときは、スマートフォン用のホームページが表示されるように設定します。

もちろん、パソコン用のホームページだけを持っていたとしても、スマートフォンで見ることは可能です。スマートフォン用のホームページがない場合は、スマートフォンにパソコン用のホームページが表示されます。しかし、パソコンの画面に比べてスマートフォンの画面はかなり小さいです。そうすると、写真も小さく表示されるので見えにくく、操作ボタンも小さいので押し間違えが起こり、操作がしづらいです。

スマートフォン用のホームページは、スマートフォンの画面に合わせているので、写真も見やすく、操作ボタンも操作がしやすいです。操作のハードルが下がれば、見込み客は様々なページを見てくれるので、当然成約率も高くなります。

スマートフォンサイトの作り方

スマートフォンサイトの作り方は、次のようにいくつかあります。それでは、各方法について紹介しましょう。

◎ホームページ作成ソフトで作成する

ホームページ作成ソフトは、自由にレイアウトできるので、成約率の高いスマートフォンサイトが作れます。

ホームページ作成ソフトを日頃から使用している人には、この方法が最適でしょう。

その際、スマートフォンで閲覧したときに、パソコンからスマートフォンサイトへ切り替えるように設定をしておきます。

検索エンジンで「パソコン　スマートフォン　自動振り分け」と検索すれば、設定の仕方はわかります。

ただし、ホームページを修正する際に、パソコン用とスマートフォン用、それぞれに修正を行う必要があるので少し手間がかかります。

◎スマートフォンサイトの作成サービスを利用する

検索エンジンで「スマートフォンサイト無料作成」と検索すれば、無料サービスが表示されます。このサービスを利用すると、スマートフォンサイトが簡単に作れます。

ただし、レイアウトが決まっているので、複雑な表現はできません。

しかし、早くスマートフォンサイトを立ち上げたい人にお勧めです。

◎「WordPress」で作成する

「WordPress」(https://ja.wordpress.org/) は、パソコン、スマートフォンはもちろん、iPadといったタブレットにも対応してくれます。

ただし、自分で作成するにはかなりの知識が必要になります。業者に作成してもらうことになると、それだけコストがかかります。

◎「SIRIUS」でホームページを作成する

「SIRIUS」(http://sirius-html.com/) というソフトは、ホームページ作成方法がわかりやすいです。パソコン用ホームページも、スマートフォンサイトへ簡単に変換できるので、初心者にお勧めです。

以上、スマートフォンサイトの作り方は、それぞれ一長一短ありますが、実際にいろいろと使ってみて、あなたに合ったものを見つけましょう。

第6章

収益が安定する人気カウンセラーになろう

POINT 1

集客から確実に利益につながる仕組み作り

そこで、あなたの経験からうまくいった方法を、集客、成約、リピートが自動的に進んでいくように仕組化していくのです。

次の1から4で、仕組み化の流れを説明しましょう。

1. 新規クライアントを増やす

「新規クライアントを増やす」は、第3章から第5章でもお伝えしました。集客を自動化するためには、必ず数値化しておきましょう。たとえば、ある広告を打てば、コストがいくらかかり、新規クライアントが何人来てCPOがいくら、ということがわかっていれば大丈夫です。

2. 予約したくなるように見込み客を育てる

あなたのホームページに興味を持ってくれた見込み客がすぐに予約を取ってくれることもありますが、しばらく様子を見ることもあります。

そこで、すぐに予約しない見込み客に対しては、カウ

売り上げが安定する仕組み

日々の仕事に、じっくり取り組みたいと願うカウンセラーは少なくないと思います。

現実は、新規クライアントがたくさん来ているときは日々のカウンセリングに追われ、一転、新規クライアントが来なくて暇なときは先行きに不安を感じ、その不安を払拭しようとして、集客活動を頑張ると、再び新規クライアントがたくさん来て毎日が忙しくなる……。

このように、**ある程度集客がうまくいき始めると、忙しさと不安のジレンマに陥りやすい**です。

そこで、第6章では、ゆとりを持ちつつ、日々のカウンセリングに集中しながらも、収益が安定する方法を紹介していきます。

収益を安定させるためには、集客から成約、リピートまでを仕組化することが大切です。

ンセリングを受けたくなるメールマガジンやブログを配信して予約に誘導していきます。

3．既存客のリピートを促す

「既存客のリピートを促す」は一度来たクライアントに対して、次の予約へとスムーズにつなげるための段階です。

1回きりのクライアントが何人いるか、1回きりのクライアントが全体の何％を占めているのかをきちんと把握しておきましょう。

たとえば、表1のように、「リピート率0％」「リピート率40％」「リピート率80％」とリピート率を比べてみます。

表1では、毎月新規10人を獲得して、客単価は2万円、月1回来店して、リピート回数を5回で計算しています。

6カ月目は、1カ月目に獲得したお客様が終了するので、それ以降の人数の増減はありません。

厳密に言えば、3回のリピートの人がいれば、6回リピートになる場合もありますが、全体の平均値だと思ってください。ここでは、正確さよりも、大まかなリピート率によって売り上げがどれだけ違ってくるかを感覚と

表1 リピート率の違いによる売り上げの差

	リピート率 0%		リピート率 40%		リピート率 80%	
1カ月目	10人	200,000円	10人	200,000円	10人	200,000円
2カ月目	10人	200,000円	14人	280,000円	18人	360,000円
3カ月目	10人	200,000円	18人	360,000円	26人	520,000円
4カ月目	10人	200,000円	22人	440,000円	34人	680,000円
5カ月目	10人	200,000円	26人	520,000円	42人	840,000円
6カ月目	10人	200,000円	30人	600,000円	50人	1,000,000円
7カ月目	10人	200,000円	30人	600,000円	50人	1,000,000円
8カ月目	10人	200,000円	30人	600,000円	50人	1,000,000円
9カ月目	10人	200,000円	30人	600,000円	50人	1,000,000円
10カ月目	10人	200,000円	30人	600,000円	50人	1,000,000円
11カ月目	10人	200,000円	30人	600,000円	50人	1,000,000円
12カ月目	10人	200,000円	30人	600,000円	50人	1,000,000円
6カ月目以降からの一年間の売り上げ		2,400,000円		7,200,000円		12,000,000円

＊1回20,000円とします
＊新規客を毎月10人獲得、それぞれが月1回カウンセリングを受けて、5回リピートしたとします

してつかむことが大切です。

表1の6カ月目以降からの1年間の売り上げを比べてみましょう。

リピート率が0％の場合、1年間の売り上げ240万円

リピート率が40％の場合、1年間の売り上げ720万円

リピート率が80％の場合、1年間の売り上げ1200万円

集客がうまくいってもリピートにつながらなければ、最大1年間で960万円の売り上げの差が生まれます。

仮に新規クライアントを獲得するために毎月10万円の広告費を使っているとしたら、年間で120万円のコストがかかります。

赤字にはなりませんが、リピート率が低いと利益率も低くなります。

ですので、収益を安定させるためには、いかにリピート率を高めていくかを考えていく必要があります。

4. 休眠客を呼び戻す

「休眠客を呼び戻す」とは、1回きり、あるいは途中で終わってしまったクライアントに対して、もう一度来てもらえるように働きかけることです。

休眠客はこちらから呼びかけをしない限り、再び予約してくることはありません。

ところが、こちらからメールで連絡をすると、声をかけたうちの何割かは、再びカウンセリングを受けてくれるようになります。

とはいえ、「いきなりこちらから連絡したら、相手に迷惑なのではないか？」と思われる方もいるでしょう。

たしかに、休眠客の中にはメールが送られて来ることに迷惑を感じる人もいるかもしれません。しかし、メールは気に入らなければ削除するだけです。開封するかしないかは、休眠客次第なのです。

カウンセリングのことをすっかり忘れていた人に対して、もう一度カウンセリングを思い出してもらうために、メールで休眠客を呼び戻すことはとても大切なのです。

これら4つのステップを使って、仕組みを作りましょう。

休眠客に送るメールのポイント

さて、「休眠客を呼び戻す」際、メールの内容は大切なポイントです。

たとえば、もう一度来てもらいたいばかりに、売り込みの内容が書かれたメールを送れば、休眠客はうんざりして、最後までメールを読んでくれないでしょう。

そこで、次のことをメールの内容に取り入れると、休眠客は反応しやすくなります。

- **気にかけていることを伝える**
- **前回までの取り組みのおさらい**
- **日常生活で気をつけるポイントのアドバイス**
- **今後カウンセリングを受けてもらうことのメリット**
- **「いつでもお待ちしています」と歓迎の意志を伝える**

このような内容を盛り込んでいくと、休眠客は再びカウンセリングを受けたいと思い、戻って来る可能性が高いです。

また、クライアントの中には、「私はカウンセラーに歓迎されていないのではないか」「自分はカウンセラーに嫌われているに違いない」と思い込んでしまう人もいます。そういう思いが強くなると、とても次のカウンセリングの予約はできません。

だからこそ、**メールの最後には必ず「いつでもお待ちしています」と伝える**ことを忘れないようにしましょう。

一方、メールを送るタイミングも忘れてはいけません。

私は、クライアントが初回のカウンセリングにいらしてから、1カ月後をめどにメールを送ります。

というのも私の場合、カウンセリングに来る間隔を「1週間から1カ月を目安にしてください」と伝えているからです。ですので、メールを送るのに1カ月間は待つわけです。

1週間ごとに来てもらうようにクライアントに説明している場合は、初回来店後から1週間たったころにメールを送るといいでしょう。

「次回はいつ来られてもいいですよ」とクライアントに伝えている場合は、1カ月、2カ月、3カ月と送るタイミングをずらしてメールを送ってみるのもいいでしょう。

休眠客にメールを送る場合も、私の経験では、休眠客の10人中1人か2人はすぐに反応してくれることが多いです。近況報告や、すぐに予約してくれるクライアントもいます。また、すぐに返信がなくても、しばらくしてから予約してくるクライアントもいます。

いずれにしても、**販促費用は一切かかりません。メールを送るという労力だけで、休眠客が再び来てくれる可能性がグンと高まる**のですから、メールを送らない手はありません。

たとえば、再びカウンセリングに来てくれた3人が各人4回リピートしてくれたとします。

その場合の売り上げは、カウンセリング料金2万円×4回×3人＝24万円です。

もし、メールをしなければ、これだけの売り上げを失います。これは、非常にもったいないことです。

休眠客にメールを送ることで、カウンセラー側は、見込んでいた売り上げを得ることができ、休眠客側も悩み改善につながるので、双方にとってメリットがあります。

売り上げを2倍にするには、2倍の努力が必要？

売り上げは、3つの数字の掛け算で決まります。

クライアント数×売り上げ単価×リピート数
＝
売り上げ

掛け算なので、どれか1つの要素がゼロだと、売り上げもゼロになります。

クライアントが1人もいないと、当然、売り上げもありません。売り上げ単価がゼロだと、どんなにクライアントがリピートしてくれていても、ボランティアでカウンセリングをしていることになります。

リピート数がゼロということは、目の前にクライアント候補がいても、まだ一度も有料のカウンセリングは受けてくれていないということです。

したがって、**3つの要素の数字をそれぞれ増やしていくことを考えましょう。**

それでは、今の売り上げを2倍にするにはどうしたらいいのでしょうか。

仮に、1年間で100人のクライアントがカウンセリングを受けたとします。単価は1万円で平均リピート数が3回だったとします。

100人(クライアント数)×1万円(単価)×3回(リピート数)

=

300万円(1年間)

この売り上げ300万円を、2倍の600万円にする場合、クライアント数を2倍の200人にすると、2倍の売り上げになります。

200人×1万円×3回=600万円

しかし、新規クライアントをいきなり2倍に増やすのは非常に大変です。

そこで、単価を2倍の2万円にします。

100人×2万円×3回=600万円

これで、売り上げは2倍です。

しかし、いきなり2倍に値上げすることは、勇気がいることです。値上げすることで、クライアントが減る可能性もあります。

それでは、リピート数を3回から6回にして、2倍の売り上げにしましょう。

100人×1万円×6回=600万円

しかし、リピート数を突然2倍に増やすことは難しいです。

このように、1つの要素を2倍にすることは容易ではありません。

そこで、3つの要素について、それぞれが1・3倍の努力をしたとします。

130人×1万3000円×3・9回(平均)

=

659万1000円

これで2倍以上の売り上げが達成できます。これなら、先ほどの1つの要素を2倍にするやり方よりは、できそうな気がしませんか。

売り上げは掛け算ですので、それぞれの要素を少しずつ努力すると、2倍の売り上げに底上げできるのです。

有料メールマガジンのスタンドを使う

メールマガジンを配信するには、無料と有料のメールマガジン配信スタンドがあります。

無料メールマガジン配信スタンドは、「まぐまぐ」が有名です。無料のメールマガジンは、気軽に誰でも始められるというメリットがあります。

しかし、登録してくれた読者の名前とメールアドレスがわからないというデメリットもあります。

一方、有料のメールマガジン配信スタンドは、料金がかかりますが、それ以上にメリットはいろいろとあります。

まず、読者の名前とメールアドレスがわかることです。顧客リストがあれば、個別にメールを配信できます。ピンポイントで顧客にフォローメールを送ったり、セミナーの告知をしたりと売り上げを上げたいときに活用できるのです。

次に、有料のスタンドを使用するメリットの1つとして、ステップメールを配信することができます。これは、あらかじめ設定している複数のメールに配信するシステムです。

たとえば、ホームページを訪れた見込み客が、ステップメールに登録してくれたとします。

すると、見込み客へ毎日決まった時間にメールが届けられます。

毎日少しずつ接触することで、見込み客はあなたに対して親しみをもってくれるようになります。

これを、**「ザイオンス効果」**といいます。

ザイオンス効果とは、同じ人に繰り返し接触することで、印象や好感度が高まるというものです。

たとえば、全く見知らぬ人に声をかけるのは抵抗があります。しかし、1回でも接触があれば、声をかける抵抗は少なくなります。

あなたがメールで毎日少しずつ見込み客に接触することで、見込み客はより抵抗感が減り、あなたに好感を持つようになるのです。

是非、ステップメールを活用してみてください。

また、ステップメールの内容は定期的に変えて、見込み客の反応が高まるようにしていきましょう。

読まれるメールマガジンのポイント

メールマガジンは、ただ単に配信すればいいわけではありません。読者にとって有益な内容にするのはもちろんですが、それ以上に読みやすい工夫が必要になります。これは通常のメールマガジンでも、ステップメールでも同じことがいえます。

それでは、読まれるメールマガジンのポイントを次に説明します。

◎1つの文章が短いこと

長い文章は読まれません。1行20～30文字くらいまでにすると、ストレスなく読めます。スマートフォンの場合は、画面がパソコンよりも小さいので、1行20文字前後くらいのほうがいいでしょう。それ以上の文字数になりそうなときは、区切りのいいところで改行しましょう。

◎頻繁に改行すること

1行20～30文字くらいにしていても、10行くらいにわたって文章が続くと、読もうとする気持ちがなくなります。3行に1回は改行して、文章同士の間を空けましょう。

◎一文一意であること

「Aだと思っていたら、Bのような気もしてきたが、でもよく考えたらCだった」

このように1文に2つ以上の意味があると、読者は混乱します。少し考えないと理解できないような文章は避けたほうがいいです。

「Aだと思っていました。でもBのような気がしてきました。でも、よく考えたらCでした」

このように読点「、」は、句点「。」に変えて、短い文章に分けましょう。

◎難しい専門用語は使わず、簡単な言葉を使う

専門用語を多用する人がいます。プロ向けのメールではないので、専門用語は出来るだけ避けて、中学生にもわかるような言葉を使うことが大切です。

もし、文章の流れで専門用語を使わざるを得ない場合は、語句の解説を入れることを忘れないようにしましょう。

また、メールマガジンの内容が浮かばないときは、次の1から4の流れで、キーワードを決めて内容を書いていきましょう。

1. 新聞やテレビを見ていて、気になる言葉を1つピックアップ
2. 気になる言葉を用紙の真ん中に書き、その周りにその言葉から連想できる言葉を3個以上書き出す
3. 書き出した言葉から、さらに3個以上連想して書き出す
4. 書き出した言葉の関連性を見つけて、それらをつなぎ、伝える内容を考える

片や、次のように、伝えたい人を決めてから内容を決める方法もあります。

1. 誰に対して伝えたいのか、特定の1人をピックアップ。過去の自分に対して伝えたいことがあれば、それも可
2. 特定の人に何を伝えたいのか決める。考え方、ノウハウを伝えることで、読み手にどのような気持ちを抱いてもらいたいかを決める

伝える内容が決まったら、今度は伝える順番を整理していきましょう。

語る内容も大切ですが、語る順番はもっと大切です。

それでは、読者に行動を起こしてもらうときの順番を、次の1から4で説明します。

1. 問題点を明確化して共感を得る

「こういう困ったことって日常でありますよね」

2. 解決策を提示する

「こういった悩みは、○○すれば改善できます」

3. 解決後のメリット

「こういう場面になっても、こういった行動が取れるようになります」

4. 読者に取ってほしい行動を示す

「メールで相談したい方は、まずはこちらまでご連絡ください」

「1」で読者に共感をもってもらうと、それ以降の文章を最後まで読んでもらいやすくなります。また、「1」は最も文章量が多いので、丁寧に作りましょう。

そして、「4」でしっかりと、読者に取ってほしい行動を書くことも忘れないでください。

また、読者に行動を誘導せず、有益な情報だけを与える場合は、「1」「2」「3」でいいでしょう。

POINT 2

あなたにしかない強みを見つける

クライアントに自分の強みを聞く

自分自身の強みがわからず、なかなか定まらない人もいるでしょう。意外と、自分の長所や特徴はわからないものです。

そのようなとき、すでに開業しているカウンセラーであれば、クライアントに直接聞くといいと思います。

その際、別のところでカウンセリングを受けたことがあるクライアントであれば、他のカウンセラーに比べて何が良かったのかを聞いてみましょう。

クライアントがあなたのことを気に入ってくれていたら、「私の悩みを否定せずすべて受け入れてくれたので心底癒された」「心の仕組みをものすごくわかりやすく教えてくれる」「話を聞くだけでなく、どんどん成長させてくれる」など、いろいろと教えてくれるはずです。

クライアントから聞いた評価は、そのままあなたのカウンセリングの強みになります。

一方、他のカウンセラーの良くなかった出来事を教えてくれるクライアントもいます。

「本音を出せなかった」

「話しを聞くだけで、何度も同じ話ばかりして進展がなかった」

「カウンセラーの自慢が多かった」

クライアントの不満は、願望の裏返しです。その不満を解消してあげられるようになれば、それがそのままあなたの強みになり得るのです。

「本音を引き出すのがうまい」「わかりやすく説明する能力がある」など、こういったことも他者との差別化になります。

開業前の強みの見つけ方

強みを際立たせることは大切だと知っていても、これから開業する人にとって、強みはなかなか定まらないものです。

「何が私の強みなんだろう？」

「自分の強みがわからないから、なかなか開業に踏み切れない」

「強みが見つからないから、ブログやメールマガジンのテーマが定まらず、始められない」

このように、お悩みの方も多いようです。

実際、「これが一生ものの揺るぎない自分の強みだ」というものは、なかなか見つかりません。

時代は常に変化するものなので、むしろ、**打ち出した強みは、時がたつにつれて変化していくほうが自然**なのです。

それでは、「強み」の見つけ方を紹介しましょう。

まず、自分が好きなことや得意なことを書き出してみます。次に、多くの人が悩んでいることを書き出します。両方書き出したら、好きなことと悩んでいることが一致するものを探っていきます。それがあなたの強みになります。

強みが見つかったら、それを前面に打ち出しながら実際のカウンセリング経験を積んでいきます。カウンセリングによってクライアントの成果が上がってきたら、そこで自分自身の強みを調整していくのです。

カウンセリング経験とともに、あなたの強みが際立ったものに育っていくのです。

ですので、自分の強みが完全にわからなくても、ある程度のめどが立てば、ブログをやり始め、ホームページを立ち上げ、クライアントを獲得し始めたほうがいいということです。そして、徐々に際立った強みに仕上げていけばいいのです。

客層が変わってきた

「近頃、やたら難しい症例が増えてきた」

カウンセリング業を続けていると、こういったことがあなたのお店にも起こるかもしれません。

これは何を意味するのでしょうか？

難しい症例を抱えたクライアントが続くときは、「このカウンセラーはいいよ」と評判になっている可能性があります。

病院からの紹介が増えてきたときも、あなたが評価されている証拠になります。

私自身も「病院から紹介された」というクライアントが初めていらしたとき、とても驚きました。あとで知ったのですが、以前いらしていたクライアントが病院に行った際、医師に私のことを伝えていたようです。

また、私のもとへカウンセリングにいらしていた精神科病院の看護師の紹介で、その病院の患者もいらっしゃるようになりました。

したがって、紹介されてきたクライアントには、必ず次のように質問しましょう。

「その先生（医師）は、私のことを何て言っていましたか？」

「その人は、どのようにこのカウンセリングを勧めてきたのですか？」

私は必ず、紹介されてきたクライアントにこのように伺います。すると、クライアントは「紹介者から対人関係の悩みなら、このカウンセラーに相談してみたらどうか、と言われました」と答えてくれました。

このように、他者の評価からも、あなたの強みはより増していきます。

しっかりした強みが見つかると、自然と他者と差別化されます。そして、カウンセリング事例も積まれます。

たとえ同業者が同じ地域で開業していても、しっかりと自分のポジションを確立させておくと、動じることはありません。

逆にカウンセリングの軸ができていないと、同業者が増えるたびに先行きが不安になって動揺してしまいます。

そんなことにならないように、今のうちからあなた自身の強みを見つけるようにしておきましょう。

マスコミに出る

「テレビ出演」

「新聞や雑誌にたびたび取り上げられる」

「新聞や雑誌に寄稿する」

これも、他店との大きな差別化になります。

何より、**マスコミは無料であなたのお店の宣伝をしてくれる**のです。活用しない手はありません。

マスコミに取り上げられるためには、社会性とニュース性が必要です。

日本初や地域初など、あなたのお店に独自性があれば、マスコミに取り上げられる可能性も出てきます。または、多くの人が関心のあるネタや旬のネタでもいいでしょう。

そして、ネタを持っているのであれば、プレスリリースにチャレンジしてみましょう。**プレスリリースとは、報道機関に向けた、情報提供のこと**をいいます。

「面識のない人に対して、いきなり連絡を取ることは、相手に対して迷惑なのでは……」と心配されるかもしれませんが、マスコミは話題性があるネタをいつでも探しています。よって、ネタを提供してもらうことを望んでいるため、嫌がられることはありません。積極的に、マスコミに知らせてあげましょう。

しかし、自分にとっては興味のあるネタでも、記者やその記事の読者にとっては興味のないネタだと、採用されません。

いかに記者が求めるネタを提供できるかがカギになります。言い換えれば、**「ニュース価値のある情報を作り出せるか」ということ**です。

ニュース価値がある情報を探すためには、上段の「ニュース価値のある情報リスト」で、自分が持っているネタと合わせて検討してみましょう。

常に、このリストを考えながら新聞や雑誌を読みましょう。

「こういうテーマなら、記者が興味を示してくれるのではないか」

「この雑誌の読者なら、こういう切り口だと喜びそうだ」

このように、新聞などを見られるようになると「なぜ、このネタが新聞や雑誌に掲載されているのか」が納得できるようになります。

さて、プレスリリースには、書式があります。よって、その書式に従えば誰にでも書けます。

基本的なプレスリリースの書き方を186頁の上段に示しておきますので、是非チャレンジしてください。

ニュース価値のある情報リスト

- □ 業界で初めてのネタ
- □ 社会背景を絡めたネタ
- □ 地域で初めての要素
- □ 自分だけの唯一の○○ネタがある
- □ 画期的なネタ
- □ ユニークな試み
- □ ドラマ性がある話題
- □ 多くの人に役立つ情報
- □ 未来に希望が持てるようなネタ
- □ 今流行の○○とミックスするネタ
- □ 季節、イベントと絡めたネタ

また、プレスリリースのメリットは次の点です。

・お金がかからない
・無料で宣伝してもらえる
・FAXで送れる
・記事に掲載された場合、広告とは信頼性が違う

プレスリリースを活用して、あなたの集客に役立てましょう。

プレスリリースの書き方

お店のミッションを作る

「○○だから、カウンセラーをやっています」

「○○を実現するためにカウンセリングをしています」

ただ単に、「カウンセラーをやっています」と言うよりも、「○○だからカウンセラーをやっています」と言うと、人は心を動かされます。

「カウンセラーをやっています」と言うと、人は「へぇ～っ」と思うだけで、特に心には響きません。それは、「自分の生活のために仕事としてやっている」という感じがするからです。

ところが「○○のためにカウンセラーをやっています」と伝えると、途端に「世の中に貢献するために活動している」という印象を人に与えるのです。

このように人は大義名分に弱いという性質があります。

「○○」のところに入る言葉がミッションです。

ミッションがあると、軸がブレなくなります。それにクライアントからは「頑張ってくださいね！」と応援されるようになります。

ミッションは、あなたが目指す究極のゴールです。そ

して、カウンセリングルームが存在する理由でもあります。

ミッションを作るメリットは次の点です。

・クライアントから応援されるようになる
・軸がブレなくなる

お店のミッションを決めよう

①一言で言いきれるミッションを作る

私（当店）はカウンセリングを通じて、
＿＿＿＿＿＿＿＿＿＿＿＿＿＿をしていきます。

**②ホームページや印刷物に使う
長めのミッションを作る**

(現状)多くの方が
＿＿＿＿＿＿＿＿＿＿＿＿という問題を抱えています。

(解決策)カウンセリングを通じて、
＿＿＿＿＿＿＿＿＿＿＿＿＿＿をしていきます。

(理想の未来)そして、
＿＿＿＿＿＿＿＿＿＿＿＿＿＿
になっていくことが私の願いです。

・軸があるのでスパッと決断できるようになる
・人に認められるようになる
・余計なことに悩まないので、ゆとりが生まれる
・決断力とゆとりがある人は信頼される

たとえば、ミッションがないカウンセリングルームとミッションがあるカウンセリングルームでは、クライアントはどちらを選ぶでしょうか？

カウンセリングを通して、どのように社会に貢献することができるかを上段の図から考えてみてください。

ミッションの作り方は、次の「1」から「3」の流れです。

1．多くの人が悩んでいること、社会全体が抱えている問題を見つける
2．悩み、問題の解決方法
3．理想の社会を想像する

こういう流れで考えるといいでしょう。

ミッションが明確になると、「この世の中をどのよう

にしていきたいか」という理想が見えてきます。

近江商人の「売り手よし、買い手よし、世間よし」という「三方よし」の教えにつながるのです。これは継続的に事業を成功させるための原理原則です。

カウンセラーは、カウンセリング料金から利益を得ます。そして、クライアントはカウンセリングに満足したら、リピートしてくれます。さらに、カウンセリングを通じて、社会に貢献することで、応援してくれる人が増え、長く事業を継続させられるのです。

まさに、「win - win - win」という「三方よし」の関係になります。

ミッションを作る手順

〔現状〕
多くの人が悩んでいること、
家庭の問題、業界の問題

未来に希望が持てない、子供への虐待、
いじめ、対人恐怖、うつ、不安神経症

↓

〔解決策〕
カウンセリングを通じて、
どのように解決していくか

カウンセリングを通じて、自分を大切に他人も大切にできるようにサポートしていく。
自分はこれでいいんだという自信と安心感を持てるように手助けしていく。
いかなる悩みや問題からも乗り越えられる自信を得られるように導いていく。

↓

〔理想の未来〕
あなたが目指す理想の世の中

1人ひとりが自分や他人を尊重できるようになることで、家族、会社、社会全体を健やかにすることが私の願いです。

他者にされたら、最も嫌なことは何？

他店のカウンセラーに先を越されたら、「自分がやろうと考えていたことなのに」「うわ〜、先にやられた〜」と、ショックで頭を抱えてしまいます。

そこで、**他店のカウンセラーに先を越されたら絶対に嫌だというものを、あなたが真っ先に行えばいいのです**。それはあなたの強みになります。

私の場合は、2013年に『こころの悪循環を断ち切る方法』（セルバ出版）という本を出版させていただきました。この本の内容と同じものを誰かに出されたら、ものすごく落ち込んでいたはずです。似たようなことを考えている人はすでにたくさんいます。でも、先に発表してしまえば、その強みは今後の自分の仕事に活かせるのです。

カウンセリング業界の常識を疑う

カウンセリング業界の常識を疑ってかかることも大切です。

これまでのカウンセリング業界の常識を破ると、その分批判も大きくなります。

一方、「自分は常識を打ち破る勇気がなかったけど、この人は打ち破った」と、このように評価してくれる人もいます。

もちろん、「嫌な奴だ」と批判する人もいます。

また、「カウンセラーとは、こうあるべき」という枠にはまっている人にとっては、型破りなカウンセラーに対して怒りを感じるでしょう。

カウンセリング業界の常識を破っても、ただ単に奇をてらったものだったとしたら、批判を浴びるだけで終わってしまいます。

ですので、**常識を打ち破るには、相当の熱意と信念を持つ覚悟が必要です。覚悟をもって取り組んでいくことで、最強の強みが出来上がっていく**のです。

治療院や整体といったマッサージ業界では、これまでの常識が覆されることが今から10数年前に起こりました。

それは、価格破壊です。「クイックマッサージ10分1000円」というサービスが登場したのです。

当時、業界は、猛反対、怒り、憤慨で大揺れしていました。「こんなの流行るわけがない」という業界の人の声も多数聞きました。

結果どうなったか？

ご存知のように、今やクイックマッサージは、完全に定着しています。一方、以前の常識で続けた治療院や整体は何も手を打たなかったため、お店は廃業に追い込まれました。

このように、業界の常識が破られるということは、今後カウンセリング業界でも起こり得ます。

心の時代と言われる昨今、カウンセリングは注目されています。

たとえば、大手企業が参入してきて、駅の近くの立地で、気軽に受けられるクイックカウンセリングが行われることも十分に考えられるのです。

いくら業界の常識にすがっても、時代の流れとともに、常識は変わることを認識しましょう。

一方、常識が破られても全く動じずに大繁盛している治療院も多数あります。

駅前という好立地で手軽に受けられるクイックマッサージに行きたいと言う人がいる反面、多少立地が不便でも腕がある治療院に行きたいと言う人がいるからです。

つまり、しっかりと、強みを打ち出して、顧客を獲得しているお店は、新しい波が来ても動じることなく存在し続けられるということです。

したがって、カウンセリング業界でマッサージ業界と同じようなことが起きたとしても、「カウンセリングがより世間に知れわたってよかった」と喜ぶくらいの感性と柔軟性を持ちましょう。

しっかりと強みを打ち出して、健全な経営をしている限り、あなたのお店はむしろ輝きを増します。

ですから、今できることはしっかり取り組み、自分だけの強みを押さえておきましょう。

POINT 3

回数券には細心の注意が必要

回数券のメリットとデメリット

カウンセリングの経験を積んでいくと、クライアントの悩みの程度で、カウンセリング回数が感覚的にわかってきます。

そこで、**3回、5回、10回といったコース制の回数券を販売する**ことも考えられます。

回数券という言葉が出ると、とたんに「カウンセリングの継続や中止はクライアントの自由でなければならない」と反応する人がいます。

つまり、回数券を販売することは、クライアントの自由をなくすことだというのです。

ある意味、もっともらしい意見です。

実際、「回数を縛られるのは嫌だ」というクライアントもいます。そういう人はそもそも回数券を購入しません。もちろん、回数券を強引に売りつけることは絶対にしてはいけないことです。

しかし、クライアントにとって、自由をなくすことばかりなのでしょうか。

じっくりカウンセリングを受けたいと望むクライアントは、「自分の人生をここから変えていくぞ」という覚悟でカウンセリングを受けます。このようなクライアントにとって、回数券は喜ばれるものです。

とはいえ、途中でクライアントの気が変わったときのために、いつでも自由に解約できて、クライアントにとって損のないように配慮することは必要です。

コース制や回数券を導入するクライアント側のメリットもしっかり考えてみることが、新たな取り組みへとつながります。

一方、回数券には、クライアントとカウンセラー双方に、次のようなメリットとデメリットがあります。

◎クライアント側のメリットとデメリット

メリット

・毎回カウンセリング料金を支払う必要がない

・一回当りの金額が安くなる
・定期的にじっくり受けられるので問題が改善しやすい

デメリット

・一度に大きな額の支払いが必要
・期限など制限があるとプレッシャーがかかる
・解約の手続きが面倒

◎カウンセラー側のメリットとデメリット

メリット

・お金が先に入るので、今後の事業計画が立てやすい
・リピートが保証されるので計画的にカウンセリングができる

デメリット

・2回目以降は現金が入らないためモチベーションを保ちにくい

このように、双方のメリット、デメリットを理解した上で、導入するかどうかを決めるようにしたほうがいいでしょう。

また、回数券を販売する方法が強引だとクライアントは「無理やり売りつけられた」「だまされたのではないか」という不快な気持ちを抱きます。

回数券販売時には、カウンセリングの見通しや規定回数を通う必要性をしっかりと説明することが大切です。

ただ、「1回分お得になりますよ」と金銭面でのお得感を説明しても、必要性がなければ、納得してもらえません。

したがって、回数券を販売する際は、クライアント側のデメリットもしっかりと説明して、あとあとクライアントとトラブルが起きないように、細心の注意が必要です。

クライアントから「回数券がほしいです」と言ってもらえるように、カウンセラーは回数券の販売についても考えていくことが大切です。

カウンセラー側の落とし穴

回数券が売れると、それだけ早めに売り上げが確保できます。リピートが確約されたのと同じことなので、経営は安定します。そこで、先の計画も立てやすくなり、いいことばかりだと思いがちです。

しかし、このような会計上のメリットばかりに目を奪われると、足元をすくわれることになりかねません。

回数券は、会計上、経営上のメリットは大きいのですが、カウンセラー側の心理的な部分でのデメリットを見逃してはいけません。

なぜなら、当日に現金払いのクライアントの場合、感謝の気持ちから頭を下げます。しかし、支払いがすでに終わっているクライアントの場合は、先払いによって緊張感が薄れていると、モチベーションが保てなくなり、感謝の気持ちも薄れることがあります。

クライアントは、会計上の数字ではなく、1人の人間なのです。

数字ばかりを見ていると、クライアントという人間が見えなくなってきます。

1人の尊敬すべき人間を相手にカウンセリングをしていることを忘れてはいけません。

毎回「クライアントの貴重なお金をいただいているんだ」ということをしっかり意識するようにしましょう。

POINT 4

顧客データの活かし方

顧客リストは命の次に大切

江戸時代の顧客リストは「大福帳」と呼ばれ、商人は火事になったら真っ先に大福帳を持ち出したといわれています。商人にとって、大福帳は命の次に大切なものでした。大福帳さえあれば、いつでも商売をやり直せるからです。

これは現代でも、全く同じです。顧客リストは、ただ抱えているだけでは、意味がありません。

顧客数を増やして、それを十分に活かすことが肝心です。

リストの活用次第で、事業の継続・発展に大きな影響を及ぼします。

顧客リストの管理方法

顧客リストは、マイクロソフトの「エクセル」や「アクセス」などのソフトで管理することができます。

資金に余裕がある方は、専用の顧客管理ソフトを購入してもいいでしょう。

クライアントの顧客情報は、初回来られたときにカウンセリングシートに記入してもらうことで得られます。

したがって、カウンセリングシートには、あなたが知りたい情報をしっかりと記入してもらうようにしましょう。そして、**必ずその日のうちに顧客管理ソフトなどに顧客情報は入力**しておくようにしてください。

顧客情報は、名前と住所、メールアドレスは必ず取得しましょう。また、電話番号、携帯電話の番号、携帯電話のメールアドレス、家族構成、年齢、誕生日、結婚記念日も書いてもらいます。付き添いで一緒に来られた方との関係など、入手できる情報は初回に書いてもらうといいでしょう。加えて、「他店で、いつ、いくらのカウンセリングを受けた」という顧客情報も書いてもらいます。

毎回のカウンセリングの内容は、その日のカウンセリングとともに、直接関係なさそうな雑談も記録しておくことが大切です。

次回、クライアントがいらした際、最初に前回の雑談の続きをすると、「細かいところまで気にかけてくれていたのか」と喜ばれます。

このように、顧客リストに情報を加えていくことで、クライアントとの距離を縮めながら、信頼関係を築くことができます。

逆に、カウンセリング記録は残しておかないと、クライアントに何度も同じ質問をしてしまい、うんざりさせます。私がクライアントから伺った話では、他店のカウンセリングを受けていたとき、「カウンセラーに何度も同じ質問をされて、同じ話を繰り返しすることにうんざりした」と不満を漏らしていました。

同じ内容の話を繰り返すことで、クライアントの気づきを促すことはできるかもしれません。

しかし、同じ内容を聞くにしても、別の角度からアプローチしていく工夫は必要です。

さて、「顧客リスト」といっても、その中身はいろいろです。

たとえば、現時点で見込み客の段階なのか、1回カウンセリングを受けたクライアントなのか、5回カウンセリングを受けたクライアントなのか、何度もセミナーや教材を購入している方なのか……。

現時点の段階で、どのようなクライアントなのかを、区別できるようにしておくことが大切です。

また、顧客リストを見てクライアントに案内メールを出す際、最後にいつ来たのか、何回来られたのか、どれくらいの金額を使ってくれたのか、すぐにわかるようにしておくと便利です。

カウンセリングを1回受けて、その後全然リピートがないクライアントと、カウンセリングを5回受けて、その後連絡がないクライアントでは、メールを送る内容が全く違うからです。

たとえば、カウンセリングを5回受けたクライアントには、自宅で復習できるような教材をメールで案内するということを決めておいてもいいでしょう。

メールですぐに案内のお知らせが送れるように、初級者、中級者、上級者と教材の内容を顧客リストごとに選別しておきましょう。

ちなみに、顧客リストは、第9章で紹介する「物販」にも欠かせないものです。これがないと物販で収益を上げることは困難になります。顧客リストは様々なことに活用できるので、必ず蓄積していきましょう。

POINT 5

地道に個別カウンセリング？ それともセミナー講師？

カウンセリングスタイルはいろいろとある

カウンセラーとして開業するといっても、いろいろな形があります。

まず、1対1でじっくりとカウンセリングをしていく形があります。

また、グループカウンセリングという形もあります。グループカウンセリングとは、複数の人に見守られながら、カウンセリングを行う形式です。受けている人だけでなく、周りの人達も自分自身に置き換えて他人のカウンセリングを見守ります。クライアントの体験が投影されるので、見守っている人達も癒しや学びがあります。

他方、「カウンセリングのすばらしさをより多くの人に知ってもらいたい」とセミナーや講座を開くという形もあります。

個別のカウンセリングを受けてもらうという目的を持って、セミナーや講座を開催する人もいます。

逆に、カウンセリングはあまり行わずに、セミナーや講座を中心に経営している人もいます。

実際、これらの形を組み合わせて、お店を運営している人が多いと思います。ただし、どこに比重を置いているかは人それぞれです。

自分自身の特性に合った形を見つけて、事業に取り組みましょう。

セミナーの集客

1対1のカウンセリングの集客については、これまでもお伝えしているので、第6章ではセミナーの集客や運営の仕方を紹介します。

セミナーの集客は、ブログやメールマガジンで紹介するのが一般的です。Facebookにはイベント作成の機能があるので、それを使うと簡単にセミナーの宣伝ができます。

セミナーを行っている人は、これらを活用していきましょう。

また、知人にセミナー開催をお知らせして、知人のメールマガジンやブログで告知してもらえるように依頼するのも大切です。

加えて、リスティング広告も合わせて行います。セミナーの告知専用のページを作っておいて、広告からそのページに誘導するようにしましょう。もちろん、ブログ、メールマガジン、Facebookからも専用ページに誘導していきます。

◎セミナーまでに準備する物

・レジュメ
・参加者名簿
・個別カウンセリングにつなげるチラシ（サービス紹介）

◎セミナーに必要な物

・ノートパソコン
・プロジェクター
・スクリーン（会場にあることが多いので要確認）
・指示棒、レーザーポインタ
・延長コード
・領収書
・金庫or袋（小銭を用意）
・時計、タイマー

そして、レジュメは自分用と参加者用と別々に作成します。

私の場合、自分用のレジュメには、A4用紙1枚に3×5㎝ほどの付箋を複数貼って使うことが多いです。

そして、**付箋には要点だけを記入**しておきます。付箋1枚で、5分から20分は話せる内容になっています。

2時間のセミナーだと、たとえば付箋1枚が10分だと

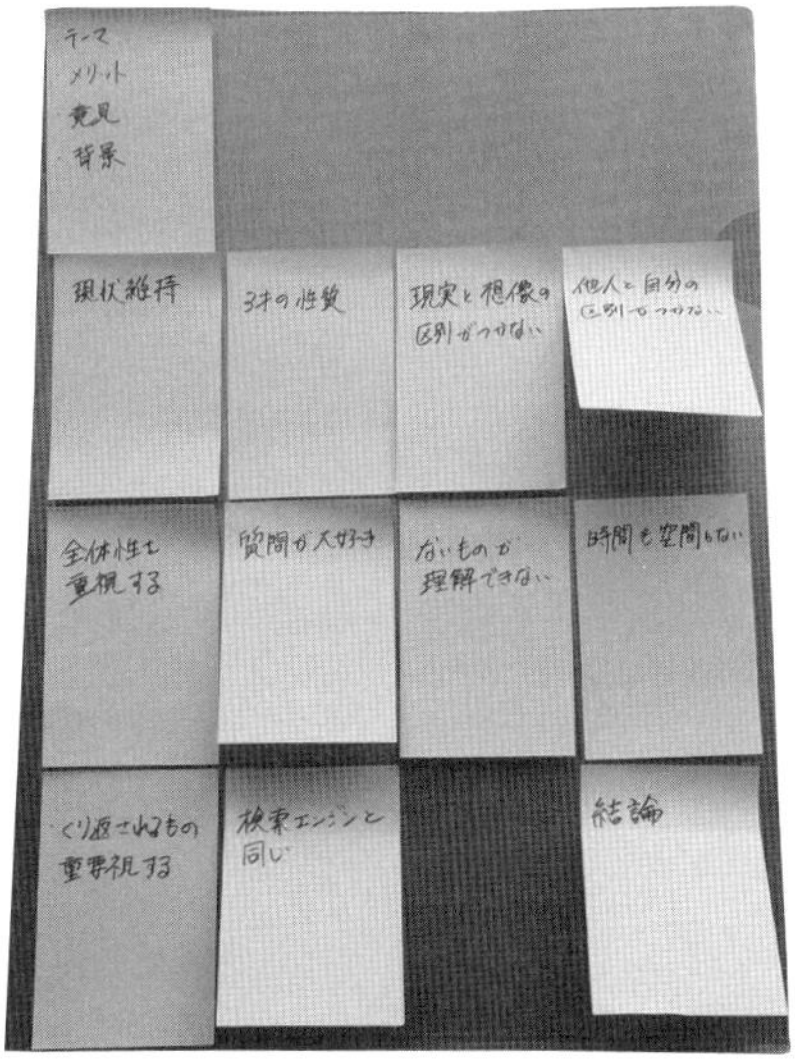

付箋には要点だけを記入

すると、12個の付箋を話の順番にA４用紙に貼っておきます。

また、予備の用紙にも付箋を複数枚貼っておきます。これは、当日集まった人達の客層を見て、瞬時に話を入れ替えられるようにするためです。

付箋に要点を書いて貼っておくと、たとえ話す構成が変わったとしても、その部分だけ貼りかえれば済むので、とても便利です。

躊躇していても、とにかく勉強会は開く

セミナーや勉強会を開催したい気持ちがあるのに、なかなか行動しない人がいます。

「こんな自分が開催してもいいのだろうか」という自信のなさから躊躇する人や、「告知しても来なかったらどうしよう」という不安からためらう人もいると思います。

前者の場合、**セミナーを1つやることで、取り組むべき課題が見つかり、それに対処することで実力がついていきます**。ですので、まずは始めることが大切です。

後者の場合、**実際、セミナーに参加者が1人も来ない可能性はあります**。現実にそうなった場合をとことん考えてみることです。中途半端に考えると、不安を感じるだけで終わってしまいます。

また、1人も参加者がいなかったら、どんな実質的な被害があるかも想像しましょう。

「レジュメを作る労力が無駄になった」
「会場代が無駄になった」
「宣伝費が無駄になった」

このように、いくつか思い浮かびます。ただ、費用や労力について、あとあと後悔する人の話を私は聞いたことがありません。

むしろ、躊躇する主な理由としては、「集まらなかったら恥ずかしい」という精神面のほうが大きいように感じます。

精神面に関してならば、カウンセラーであるあなたの得意分野です。恥ずかしいという気持ちを受け止めてから、自分自身の心のブレーキを外しましょう。そのときの経験は、カウンセリングの事例として話すこともできます。実際に自分が経験したことは臨場感たっぷりに語れるので、説得力が増します。

それでは、もし、実際に1人も集まらなかったとしたら、どうなるでしょうか。

1人も来なければ、誰にも気づかれません。1人静か

に恥ずかしい思いを胸にしまい込んで、次回につなげる工夫をしていきましょう。

また、もし、1人でも来てくれたら、その1人の参加者に対して全力でセミナーを行いましょう。

セミナーは、少しずつでも流れを作っていくことで、やがては大きな流れに変わっていくものです。

現に、今は有名な講師の人達も初めはたった1人しか参加者がいなかったということは、よく聞く話です。

いつの日か、あなたのセミナーで「たった1人だけの伝説のセミナーだった」と語れるように心に刻んで次に進めばいいだけです。

逆に初めてのセミナーで、予想していた以上に大勢の参加者が来たらどうでしょうか。プレッシャーがかかりすぎて、大失敗してしまい、自分にとっての嫌な記憶として刻まれます。

まずは少人数のセミナーで場数を踏んで、小さな失敗をたくさん経験してから、実力をつけていったほうがいいと思います。

小さな一歩を踏み出すことで、すべては始まるのです。

セミナー内容は使い分ける

セミナーを行う人は、カウンセリングを受けてもらうためにセミナーを行う人と、セミナーだけで生活している人の、2タイプに分かれます。

まず1つ目のタイプは、セミナーからカウンセリングへと導くための**「営業型のセミナー」**です。

もう1つのタイプは、参加者に満足してもらえる情報を詰め込んだ**「情報型のセミナー」**です。

ここで注意が必要になります。

どのタイプを選ぶかによって、セミナーの内容は使い分けることが肝心です。

気をつける点として、情報型のセミナーは、セミナー自体にすべての情報が詰まっているので、個別カウンセリングにはつながりません。参加者は情報を知って満足するだけです。

「セミナーには多くの方が参加しているけど、個別のカウンセリングには結びつかない」と個別カウンセリングを受けてもらいたいのに、情報型のセミナーを行っている人は、あらためて自分のセミナーを見直す必要があります。

参加者はセミナーだけで満足しているので、満足しきった人は次の行動には移らないのです。

次に、情報型のセミナーを行っている人と営業型のセミナーを行っている人は、見た目でも見分けがつきます。

営業型のセミナーをしている人は、見た目が結構地味なことが多いです。タレント性はあまり感じられないのですが、カウンセリングの実力がある人が結構多いのです。

一方、情報型のセミナーで生計を立てている人の場合は、タレント性があります。たとえば、派手な服装やメガネ、高級な腕時計などを身につけ、非常に目立ちます。

また、他の講師との競争も激しい中で、セミナーに多くの人を集めなければなりません。ですから、人よりも目立たなければならないのです。とはいえ、売れっ子になれば、破格の収入が得られます。

どちらのタイプが、いいとか悪いとかではありません。カウンセラーである、あなたのタイプに合わせたことをしていれば、問題はありません。

とはいえ、カウンセリングを地道にコツコツやっていきたいのに、派手な格好をして情報型のセミナーを行っていては、ちぐはぐなことをしています。

そうなっていないか、自分を見つめ直しましょう。

営業型のセミナー内容

営業型のセミナーは、情報型のセミナーとは内容が全く違います。

営業型のセミナーの場合、目的のゴールは個別カウンセリングに申し込んでもらうことです。そのゴールから逆算して考えていきましょう。

そこで、参加者の悩みがどのように解決に向かうのかを説明するセミナーにします。その際、どういった相談機関に行くと解決できるのかもお伝えします。また、それぞれの相談機関のメリット、デメリットも伝えましょう。

営業型のセミナーは、集客の1つの手段です。セミナーを通して、これらの説明をすることで、ライバルを無力化していくことになります。

それでは、営業型のセミナーの内容の決め方を少し説明します。

次の「1」から「5」は内容を決める手順です。

1. 見込み客の問題点を明確にしていきます。
2. カウンセリングが断られる理由を洗い出します。また、参加者が、カウンセリングをどんな理由で受けないかという理由を書き出しましょう。
3. それを乗り越える理由も書き出します。なぜカウンセリングを受けたほうがいいのか、参加者に伝わる内容を書きましょう。
4. セミナーテーマを決めます。「不登校」「対人関係」「夫婦関係」「やる気が出ない」など、いろいろとあります。
5. 予約につながるレジュメを作成します。

このような手順で、具体的な解決方法までは、営業型のセミナーでは提供しないというのがポイントです。あれこれ情報を詰め込みすぎると、それだけで参加者は満足してしまいます。よって、「続きを知りたい」と強く思ってもらうようなセミナーの構成にしましょう。

こういうふうに営業型のセミナーに作り込んでいくと、参加者の中からカウンセリングを受けたいという人は出てきます。

第7章

開業カウンセラーに必要な経営者感覚を身につける

POINT 1

開業するということは経営者になること

経営者がやるべき仕事

カウンセラーに限らず、**開業するということは経営者になること**を意味します。

経営とは顧客との関係作りをしていくことです。カウンセリング中はもちろんですが、カウンセリング以外でもクライアントとの信頼関係を深めて、満足していただけるようにしていきます。

ただ単に**カウンセリングを日々行っていけばいいという考えでは、経営者とはいえません。**

カウンセリングだけに集中したいので、それ以外のことはやりたくないというのであれば、どこかに就職するべきです。勤め人であれば、ここからここまでが自分の担当というのが決まっています。

開業すると、カウンセリング以外の業務や細かい雑用まで、すべて経営者が1人で行わなければなりません。

経営者がやるべき仕事は次のことです。

・経営方針を立てる
・年間の計画を立てる
・業務の測定

開業すると、このように、年間の経営計画、資金繰り、日々の売り上げや経費の記帳、年に1回の決算、次年度以降の経営計画など、やることが沢山あります。

つまり、**経営者には、目先の仕事から数年先の事業計画までを視野に入れて考えること**が必要だということです。

また、経営者は**顧客を選ぶこと**も重要な役割です。

「来るものは一切拒まない」

「お金を払ってくれたら誰でもいい」

このような考えで経営を続けていると、いずれクライアントから見向きもされなくなります。また、自分にとって嫌な顧客しか集まらなくなる可能性もあります。それでは、自分自身のモチベーションが低下します。

必ず、「このようなお客様に来てほしい」と明確にしておきましょう。

従業員の役を演じると見えてくるものがある

カウンセラーとして独立する場合、1人で開業する人が多いと思います。

つまり、組織のトップである経営者は、あなた自身です。そして、日々の業務をこなしていく従業員もあなた自身ということになります。

そこで、自分自身を経営者と従業員という2人に分けて考えてみると、客観的に今の状況が判断できるようになります。

状況に応じて、ときには従業員を抱えている経営者の自分を演じ、またあるときには、経営者に雇われている従業員の自分を演じてみましょう。

たとえば、あなたが「誰でもいいからカウンセリングを受けてほしいな」と思っていたとします。

その際、経営者と従業員を設定して、あなたは従業員の立場を演じます。

経営者が従業員のあなたに命令しました。

「誰でもいいからクライアントを連れて来い！」

あなたは、非常に困惑するはずです。どんな人でもいいと言われても、「どうやって顧客を見つければいいのか」「予算はどれくらい使っていいのか」など、具体性がないので動きようがありません。

もし、従業員が他にもたくさんいたら、あなたはその人達と社長の愚痴を言い合うことでしょう。

具体性がないと、従業員は身動きが取れなくなるのです。やらなければいけないことは山ほどあるけれど、命令が漠然としすぎていて、何から行動すればいいのか、従業員は全く見当もつかない状況に陥ります。

ですから、「今はこの部分だけをやってください」と制限したほうが従業員は動きやすくなります。また、制

ダメ社長と
やる気の出ない従業員
やればできる！
社長
？？？
何を？
社員

限したほうが日々の進捗状況は明確になるので、従業員も充実感を感じやすくモチベーションも上がります。

逆に、あなたが従業員を雇っていると仮定して、その従業員が気持ち良く業務をこなしているかどうかを考えるのです。

「社長の指示はいつも具体的でわかりやすい」

「何のためにこの業務をやるのかが明確なので、やりがいを持てる」

「社長のためだったら、多少無理してでも頑張りますよ」

「お客様が喜んでくれる姿はもちろん、社長にも喜んでもらいたいです」

こういうふうに従業員へ思われるような指示を出すのがベストです。

尊敬される社長は、「誰でもいいからカウンセリングを受けてくれる人を集めてほしい」と漠然とした指示を従業員にはしません。

そう考えれば、もっと具体的な指示を従業員に出すようになるはずです。

「不登校の問題を抱えている子のお母さんに反応される広告を打とう」

「予算は1カ月で5万円まで、リスティング広告を使っていこう」

「目標は5人の新規クライアントを獲得すること」

このように具体的な指示を出せば、従業員は動きやすくなります。従業員が動きやすいということは、結局は自分自身が行動しやすくなるということです。

従業員と経営者を交互に演じてみることで、計画を実行するときに具体的にやるべきことが決まります。この方法は、顧客を選ぶときにも使えますし、その他の業務全般に対しても活用できます。

広い視野であらゆる業務に目を光らせている経営者の視点と、実務を行う従業員の視点、この２つの視点が開業者には必要です。

数字に強くなる

「数字を見なくていいようにカウンセラーになった」

このような人もカウンセラーの中には、いるかもしれません。

しかし、開業すれば必ず数字を見る機会はあります。ただ、数字といっても数学のレベルまでは必要ありません。必要なのは足し算、引き算、かけ算、割り算程度なので、算数のレベルです。必要以上に身構えないようにしましょう。

数字は決して嘘をつきません。ごまかしもききません。ありのままの現実をあなたに見せてくれます。現実を見ることはたしかに怖いです。

しかし、長期的に見れば、現実を無視し続けていることのほうが、相当怖いということに気づくはずです。

現実から目を背けずに直視することで、初めて適切な対策を取ることができるのです。

「忙しいから、おそらく儲かっているだろう」

「暇になったから、もうちょっと集客に力を入れよう」

このように、感覚がアバウトすぎると、何か対策を打とうと思っても、何をしていいのか迷ってしまうことになります。

そこで、**適切な対策を取るために、日々の売り上げを計上した「売上日報」を作りましょう**。日付と曜日、売り上げ、客数、メニュー、単価、性別、氏名、年齢、職業、新規なのかリピートなのかを記入します。悩みの種類も記入します。備考欄には気づいたことをメモしておきましょう。

下の表は、日報の見本なので、参考にしてくだ

売上日報（例）

日付	曜日	総売上	来店人数	客単価	新規	性別	氏名	年齢	職業	悩み	備考欄
1	月										
2	火										
3	水										
4	木										
5	金										

さい。

また、日報のデータを集計して月報も作りましょう。

月報は、1カ月を1日から10日、11日から20日、21日から月末といったように、3つの期間に分けて集計します。こうすることで、毎月の目標売り上げに対して、現在の売り上げ状態が把握でき、売り上げ目標との差もはっきりとわかります。

これで、目標を達成するためのモチベーションも保てます。

一方、売り上げデータは、数字を把握することはもちろんですが、どのようなお客様がいらしたのかを知るのにも非常に大切です。

性別、年齢、職業といった数字以外の属性データも集めて、1年間の顧客情報を分析します。すると、その中から自分の強みを発見することができ、今後の経営方針を決める際にも役立ちます。

経営者の仕事は決断すること

1年間の顧客データをチェックしていくと、あなたのカウンセリングの強みがわかってきます。

経営者はデータをもとに「何に特化するかを決めて、それと同時にやらないことを決める」といったことも重要な仕事の1つです。

たとえば、1年間のデータからパニック障害に悩んでいる人の相談を受けていることが多いとわかりました。

その場合、パニック障害専用のホームページを作り、パニック障害に特化した広告を打ち、パニック障害の教材を作るようにします。

時間もコストも1つのことに集中させることで、あなたの強みを際立たせるのです。

何もかもやろうとすれば、結局、何もかも中途半端に終わってしまいます。

また、経営者になると、毎日のカウンセリングとやらなければいけない雑用に追われて、将来のための重要な仕事には手が回らないという悩みを抱えます。雇われている身であれば、日々の業務に集中しているだけでもいいのですが、あなたは経営者です。経営者としての仕事を忘れてはいけません。

そこで、**経営者は常に業務の優先順位をつけて、それをいつも意識しておくことが大切**です。

優先順位のつけ方としては、すべての業務を「重要なこと」「重要ではないこと」に分けます。

さらに「重要なこと」の中を、「すぐにやらなくてはいけないもの」と「すぐにやらなくてもいいもの」に分けます。

加えて、「重要ではないこと」の中も、「すぐにやらなくてはいけないもの」と「すぐにやらなくてもいいもの」に分けます。

「重要ではない」が「すぐにやらなくてはいけないもの」は、比較的取り掛かりやすいという特徴があります。ですので、「今日はやる気が起こらない」というときには、「重要ではない」が「すぐにやらなくてはならないもの」、たとえばリビングの掃除などをしましょう。体を動かしているうちに、次の重要な行動にもつながりやすくなります。

経営者は、自分の仕事だけに意識を向けてはいられません。すべての業務を1人で見なければならないからです。よって、少しでも時間の無駄は省く努力をしましょう。

たとえば、クライアントからの入金確認のために毎日銀行へ行っていては、時間の無駄です。

そこで、インターネット銀行を活用しましょう。お店や家にいても、瞬時にパソコンで入金確認ができます。

また、毎回、何か問題が起こるたびに、業務を中断していては時間のロスです。**頻繁に起きる問題は、対応をまとめてマニュアル化しておく**ようにしましょう。たとえば、期日までに振り込みがないクライアントがいた場合、催促メールの文章を毎回考えていたのでは、時間がかかって仕方ありません。

そこで、問題が起きたときに作った文章を定型文として、保存しておくのです。同じ問題が発生した際、定型文を利用すれば、大幅に時間は短縮できます。

このようにして、あなたが積み重ねたノウハウをマニュアル化することで、余計な時間を使わずに済みます。

他方、優先順位をつけた中で、あなた以外でもできる業務をピックアップし、外部にお願いしましょう。

たとえば、新たなホームページを作るときや定期的なホームページデザイン変更などは、自分で作るよりも外注したほうが早いです。

帳簿や確定申告も、税理士などの専門家に依頼したほうが業務に集中できます。

外注すると、当然料金はかかりますが、その分あなたが使える時間は増えます。経営者の視点からお金を取るか時間を取るか、しっかりと考えましょう。

お店のライフサイクル

人生のライフサイクルと同じように、カウンセリングルームにもライフサイクルがあります。

お店を開業して、成長させ、やがて成熟期を経て、そして衰退期を迎えます。

ライフサイクルの波

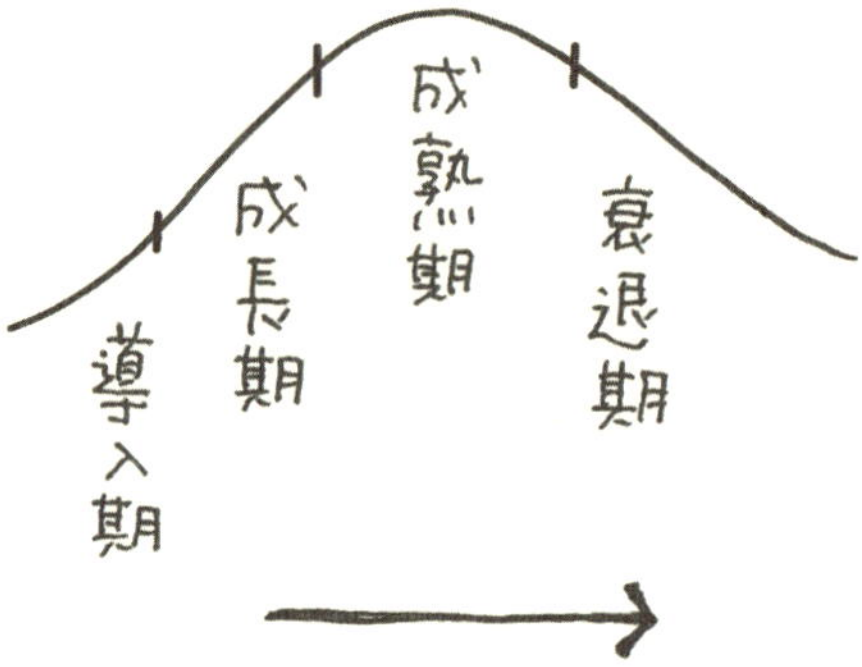

それでは、それぞれのライフサイクルの時期に適した考え方と取り組みを説明していきます。

まずはお店をオープンさせた「**導入期**」です。

経営者が新規クライアント獲得のために心血を注ぐ時期です。ブログやメールマガジンを頻繁に更新し、そこで知り合った人達と交流をもっていきます。また、インターネット広告やチラシを使って、お客様を集めていきます。

その際、予期せぬ出来事がたくさん起こりますので、そのたびに対応方法を作り、マニュアル化しておくとあとあと利用できます。

次に、どんどん新規クライアントがやって来る時期が「**成長期**」です。

日々のカウンセリングに追われ、忙しくなってきます。加えて、症例もたくさん溜まるので、自信が深まります。お店も人気が出て、忙しく充実した毎日を過ごします。

やがて「**成熟期**」を迎えると、今までのような勢いがなくなります。新規クライアント獲得のコストがかかる一方、今までと同じことをしていても新規クライアントがそれほど集まらなくなります。とはいえ、安定した売り上げはあるので、出来るだけ成熟期は長くしたいものです。

この成熟期に何もしないでいると、「**衰退期**」に入り、売り上げが尻すぼまりになっていきます。

　ですので、**成長期から成熟期に入るころに、あなたの強みをさらに打ち出したサービスを導入することが必要**になります。また、既存のホームページとは別に専門性を強調したホームページを作ってもいいでしょう。

　こうすることで、新たにライフサイクルを作り出すことができるのです。

　新たな強みを持ったライフサイクルが2つ、3つと増えてくると、収入源も複数になります。

新たなライフサイクルを作り出す!

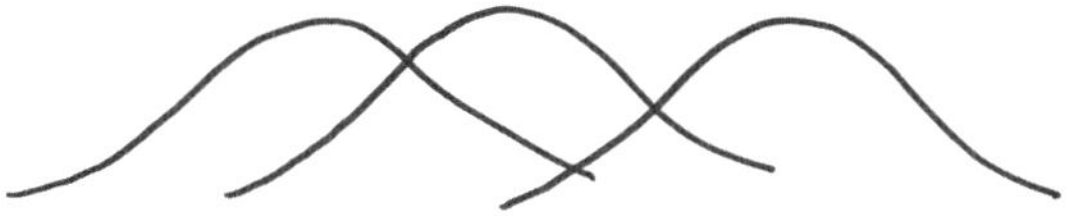

　たとえ、1つ目のライフサイクルが衰退期を迎えても、他のライフサイクルが成長期や成熟期に入っていることで、経営は安定してくるのです。

　逆に成熟期に入っているのに、次の手を打たない場合、どんどん売り上げが落ちていくことになります。

　ですので、顧客数、単価、リピート数は毎月しっかりとチェックしておきましょう。こういった数字は、過去3年分のデータを見比べやすいように、折れ線グラフにしましょう。すると、今あなたのお店がどのサイクルにあるのかがわかります。

　過去のデータを見ながら、どういった客層が多いのか、どういった悩みが多いのかを調べて、見込み客にとって魅力ある新サービスを作り出していく必要があります。

　一方、売り上げが落ちてきた原因として、競合店が出てきたことも考えられます。競合店のホームページから、ホームページの魅力、価格、サービスをチェックして、今後のあなたのお店の方向性を決めていきましょう。

POINT 2

儲けることに躊躇しない

メンタルブロックの外し方

お金に対する価値観は人それぞれです。ただ、日本人の多くは、お金の話を人前でするのを苦手とします。それは、「お金」＝「悪」だという漠然とした日本的な価値観が、自身の中に根付いているからかもしれません。

しかしながら、経営を行う経営者であれば、お金について、しっかりとした認識を持たなければなりません。なぜなら、**経営者がお金にネガティブな価値観を持っていると、売り上げを上げることに躊躇する**からです。ですから、経営者はお金に対するネガティブな価値観をポジティブな価値観に変えていく必要があります。つまり、経営者はお金に対するポジティブな価値観を増やすということです。

それでは、次の図の例のようにお金に対するポジティブな言葉を紙に思いつく限り書き出しましょう。

お金に対するポジティブイメージとネガティブイメージ例

お金、お金持ちのイメージ

ネガティブ

- □ お金持ちは卑しい
- □ 犯罪の臭いがする
- □ だまして儲けている
- □ お金に縛られて不自由
- □ 大金を持つとろくなことがない
- □ 人から妬まれる
- □ 嫌な人種が寄って来る
- □ ……
- □
- □

ポジティブ

- □ 便利なツール
- □ より多くの人にサービスを提供できる
- □ 心のゆとり
- □ 自由
- □ クライアントに還元できる
- □ 病気の家族を助けられる
- □ 豊かさを感じられる
- □ やろうと思ったことがすぐできる
- □ ……
- □

お金に関してのポジティブなイメージを言葉にしたり、ポジティブなことをしている自分をイメージしましょう。

◎お金に対するポジティブな言葉の例

・いざというときに人を助けることができる
・お金があると安心
・いつでも好きなところに旅行へ行ける
・お客様によりいいサービスを提供できる
・自分を癒せる

お金を持っていれば、個人的な目標を叶えることができます。また、お金を持っていれば、家族や友人関係も豊かにすることができます。

さらに、お金を持っていれば、社会に大きな貢献ができ、次世代に自分の思いを伝えられます。

したがって、あなたの中にお金に対するポジティブな価値観が自然と湧いてくるまで、しっかりとポジティブな言葉を自分自身になじませる練習をしていきましょう。

とはいえ、**あなたがお金に対してポジティブな価値観に変わったとしても、あなたの周りにはネガティブな価値観の人がいるのも現実**です。

たとえば、あなたのお店が儲かっているとします。そのとき、ネガティブな価値観を持った人は、あなたのことを不快に思います。

お金に対してネガティブな価値観を持っている人は、お金やお金持ちのことを、悪く言うものです。そういうネガティブな声に耳を傾けると、健全に経営していくことが難しくなります。

そこで、次のように考えてみるといいでしょう。

悪く言う人は、実はお金やお金持ちのことを言っているのではありません。ネガティブな価値観を持つ人は、相手のことを批判しているように見えて、実は「自分はこんなにもお金に対して嫌な思いを抱いているのです」「お金持ちは悪いことをして儲けているのだと私は思っています」と自分自身のことをアピールしているだけだ、という見方をするのです。つまり、**自分のネガティブな価値観をさらけ出しているにすぎないということ**です。

これはお金に限りません。

「あの人は、嫌な人だ」
「このカウンセラーはたいしたことない」

このような批判をする人も、相手のことを正確に言い表しているのではありません。

あくまでも、「自分はこういうふうに他人を判断する人なんです」という自分の人柄や価値観を語っているだけだということです。

批判や愚痴を言う人は、何かしら心の痛みを抱えているのです。

ですので、あなたがお金を稼ぐことに対して、何も躊躇する必要はないということです。

他方、経営者同士の集まりに参加すると「昔はよかった。何をやってもうまくいったものだ。今は不景気だからな」という会話をよく耳にします。

しかし、本当に稼ぐ力がある人とは、不景気や他者、環境のせいにはしないものです。

なぜなら、**たとえ世の中が不景気であっても、稼いでいる人は必ず存在する**からです。

稼ぐ力がある人とは、たとえ無一文になって、全く見知らぬ土地に放り出されたとしても、すぐに人間関係を築き上げ、信頼を得て、その場所で事業を起こし、売り上げを上げられます。

商品力を磨く

経営者は、見込み客を集客する一方、商品であるカウンセリングの質を向上させることも大切です。つまり、「商品力」です。

商品力とは、クライアントのニーズや希望に応える価値のことです。カウンセリングという商品を通じて、クライアントに不安の解消や満足感という価値を提供するのです。

とはいえ、価値があるかどうかはクライアントが決めることです。ですので、あなたが「このカウンセリングの内容は価値がある」と思っていても、実際はクライアントに試してもらわないとわかりません。

商品力を高めるということは、自分だけで完結するのではなく、クライアントに対してカウンセリングをしながら改良を繰り返し、評価を高めていくということが必要不可欠です。

カウンセリングにおける商品とは、「認知行動療法」「来談者中心療法」といった○○療法や○○セラピーといったものです。必要に応じて、新しい療法を学んで、クライアントに満足してもらえる形にすることで商品力を高めていきましょう。また、1つの療法をより深く追求していくことも商品力を高めることになります。

一方、新しい療法を学んで実践するとき、「完璧に仕上げてからでないと、クライアントに失礼だ」と新しいチャレンジをできない人がいます。もちろん、より良いものを作り上げていくこと自体は悪くありません。

しかし、せっかく学んだことを、学びのまま放っておくと、獲得した知識は日がたつに連れ、忘れてしまいます。

したがって、ある程度仕上がってきたなというタイミングで実践を試してみることが大切です。

また、新しくチャレンジした方法は、思ったようにうまくいかないこともあります。でも、ここであきらめる必要はありません。

新規の方法を実践後、失敗した理由を、いくつか挙げてみましょう。その理由は、今のあなたが取り組むべき課題になります。つまり、新しい商品は、改良の余地があるということです。そして、課題を克服し、再びチャレンジしましょう。

新しい知識を学ぶときには、すでに自分が実践していることを想像しながら取り組んでいくのがいいでしょう。

私が心理講座を学ぶときは、必ず「クライアントの○○さんに提供できるように学ぶ」と意識しています。学びながら、実際のカウンセリングの現場で使える形に変換していきます。そして、学んだことを翌日から実践できるくらいにするのです。

以前、心理カウンセラー養成講座を受講したときに、私は受講しながら、この講座で学んだ知識を盛り込んだホームページを作成しました。そして、講座が終了した月に、私のホームページも公開しました。翌月には、そのホームページを閲覧したクライアントとセッションをしています。

このように**新しい知識は学んでいる最中から、カウンセリングに取り入れたり、日常生活で使ってみたりすることで、素早く吸収して自分のものにしていける**のです。

学習・計画・チャレンジ・結果検証のサイクル

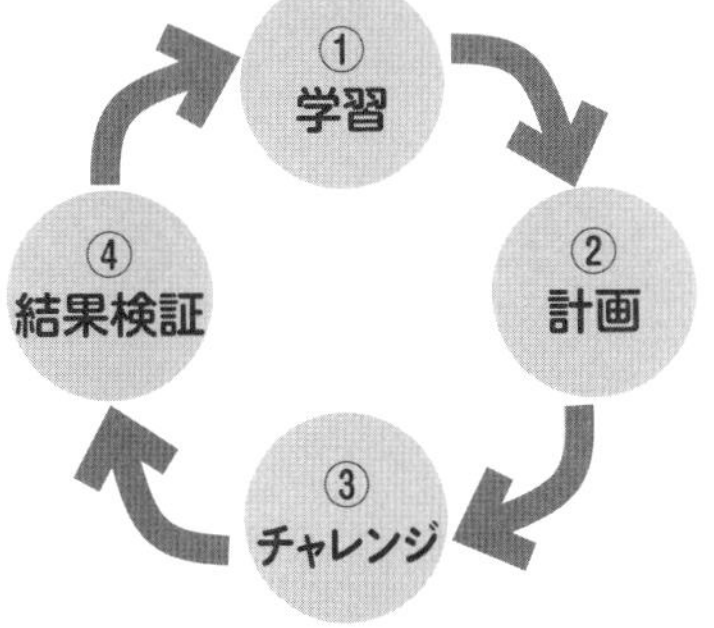

①講座や書籍等で学んだら、
②すぐさま行動計画を立てて、
③実行してみます。
④チャレンジした結果を検証したら、
①新たに学んだことを踏まえて、
②前回の計画を改良して、
③再びチャレンジします。

このサイクルを繰り返していくことで、自分自身が成長して、やがて良い結果が手に入るのです。

また、新しいことを試す際、失敗はつきものです。**人も事業も失敗した数だけ成長していく**のです。完璧さを求めすぎて行動に移せないと言わず、素早く行動して、たくさん失敗して、成長していきましょう。

「失敗したらどうしよう」という思いに駆られているときは、このまま学んだことを実践しないでいることのデメリットを次のように考えてみるといいでしょう。

・新しいことにチャレンジできないので成長がない
・せっかく学んだことを月日がたつと忘れていってしまう
・時間もお金も無駄になる
・実践で活かせれば投資になるが、行動しなければただの消費になる
・知識だけ増えて頭でっかちになる
・同じ時期に学んだ人達が実践しているのを見ると、自分だけ取り残された気持ちになる

「これをすれば絶対成功する」は鵜呑みにしない

成功者と言われる人達が、本や講演会、セミナーなどを通じて、「こうすればあなたも成功間違いなし」といった彼らの成功法則を教えています。

そのような本を読んでいるとき、自分自身も成功者のような気分になり、すべて自分の思いのまま、うまくいくと感じることはありませんか。

とはいえ、実際は本通りに、セミナー通りに実践しても、たいていはうまくいきません。

彼らが言う「成功法則」とは、その人の性質、土地柄、その他諸々の条件があって、たまたまうまくいった方法を発表しているからです。

他者の成功法則を鵜呑みにして、性質も土地柄も、その他の条件も違うあなたがその方法を真似しても、うまくいかないのは当然です。

他者の成功法則を参考にする一方、やはり自分なりのトライ&エラーを繰り返して、自分独自の成功法則を培っていくのが、成功への近道だといえるでしょう。

経営者はしたたかさが必要

「私にはどうしてもやりたいことがあるんです」

崇高な志をもって、果敢にチャレンジする人がいます。とはいえ、いくら志をもっていても、事業の利益が出ず、資金が尽きてしまえば、志を果たすことはできま

せん。

経営者は、顧客との関係性を続けられるようにしなくてはいけません。そのためには、ある程度の資金が必要です。

開業当初は利益を優先に考えていきましょう。 事業を立ち上げたら、軌道に乗せなければ話になりません。

事業が軌道に乗り、ある程度の運転資金のめどが立ってから、本当にあなたがやりたいことをしていく、という考え方を取り入れたいものです。

通信販売業者の例をみると、通信販売事業を立ち上げるとき、1つの商品だけで勝負する会社が多いです。他の商品を多数抱えていると、広告宣伝費等のコストが複数かかるからです。コストは、一点に集中させるほうが効率的です。

そこで、売りたい商品の選択が通信販売事業を成功させるかどうかの大きなポイントになります。

どうしても世の中に広めたい画期的な商品があったとしても、認知度がない商品は、売れにくい商品といえます。片や、売れ筋商品であっても、利益率が低いと、商品が売れても広告費で赤字状態から抜け出せません。そうなると、商売が軌道に乗る前に、あっという間に資金はなくなります。

ですから、最初の商品は、売れやすくて利益率の高い商品を選ぶのです。

顧客のリピート数がある程度増えてから、本当にお客様にお届けしたい商品を扱っても遅くはありません。その段階ならば、ゆとりがある状態で、じっくり商品の良さをお伝えできるでしょう。

カウンセリング業においても、通信販売業者の事業における取り組みは参考になります。

最初は、カウンセリング商品も画期的な方法や独創的な方法ではなく、一般的にニーズの高い方法から始めるといいでしょう。

そして、ある程度資金が回るようになってから、あなた独自のこだわりの商品を提供すると、ゆとりをもって継続的にチャレンジできます。

理想を追い求めるのは悪いことではありません。しかし、こだわりが強すぎて盲目的になるのはいけません。

経営者は熱い情熱を持ちつつ、その反面したたかに行動することも大切なのです。

POINT 3

経営者が乗り越えるもの

戦略と戦術を使いこなす

戦略とは「目に見えないもの」です。全体的な計画、戦術を実行する順番や流れといったことを指します。

戦術とは「目に見えるもの」です。具体的な作業、パンフレットやチラシ、ホームページといったツールを指します。

戦術だけに一生懸命取り組んでいても、そのときは売り上げが一時的に上がるかもしれませんが、継続的に高い売り上げは達成できません。

したがって、戦略はしっかり立てましょう。戦略を立てて、全体像や流れをつかんでおくと、それぞれの戦術が活きてきます。

カウンセリング業の基本的な戦略として、次の「1」から「4」の流れが考えられます。

1．集客
2．集めた顧客リストをもとに、個別にコンタクトを取る
3．セミナーを開催
4．個別カウンセリングに持ち込む

戦術だけでは、「木を見て森を見ず」という状態になります。全体がわからないまま、集客のツールを部分的に改善しても、その後どういう展開になるか、どういう手を打ったらいいか、わからなくなるのです。

よって、先を予測した行動が取れないため、後手後手になってしまいます。

また、「集客」「顧客育成」「成約」「リピート」などのツールを別々の戦術で立てると、全体を見たときに矛盾が生じ、結局はそれぞれのツールを全面的に作り直すはめになります。

ですので、全体を見ながら、それぞれのツールを調整して作業すると効率がいいのです。

一貫性のある戦術はクライアントにも違和感を与えず、結果、自然に集客からリピートまで、戦略通りに進みます。

師匠を持つ

経営者は、1人でも、複数のスタッフを抱えていても、すべて自分で決断しなければいけません。

従業員は愚痴を言い合ったり、励まし合ったりできる仲間がいます。

しかし、経営者になると、雇われていたときと180度立場が変わり、仲間が1人もいなくなり、孤独です。なぜなら、経営者と従業員では求めるものが違うからです。

だから、大きな決断が必要なときに、経営者は不安に苛まれます。

そのようなときは、心の師匠を作りましょう。

師匠と言っても、すべてのことに長けている必要はありません。一芸に秀でている一芸師匠でいいのです。

たとえば、「○○療法の師匠」「心理療法全般の師匠」「経営者の師匠」「マーケティングの師匠」「趣味の師匠」など、このように複数の師匠を作ります。

すると一転、経営者はいざというときに相談できる師匠の存在によって、安心感が生まれます。

また、自分自身のレベル向上に合わせて、その時々で師匠を変えてもいいでしょう。

さて、師匠と良い関係を築くためには、困ったときに質問するだけではいけません。

師匠から「こうすればいいよ」「このように考えたらいいよ」とアドバイスをもらったら、すぐにお礼の返事をしましょう。そして、すぐに実行するのです。加えて、行動した結果をお礼とともに報告します。

会社の常識は「報告・連絡・相談」ですが、師匠との関係においては「相談・お礼の連絡・結果報告」です。これらを踏まえて、師匠との関係を続けることで、師匠はあなたのことを気にかけてくれるようになります。

これはカウンセリングにもいえます。

私のカウンセリングではクライアントからメール相談を受けることが多々あります。

私が回答したことに対して、すぐにお礼のメールを返信してくるクライアントは、そのあとに取り組んだ結果や感じたことを報告してくれます。こちらも人間ですから、一生懸命考えた回答をクライアントがチャレンジしてくれたことがわかると、応援したくなります。また、前回のアドバイスを受けた上で、次の質問に移行しているので、クライアントがどこでつまずいているかがわかりやすいのです。

一方、私が相談内容に対する回答をメールで返信しても、いっこうに返事を返さないクライアントもいます。その場合、そのクライアントから違う相談のメールが再び来たとしても、以前の進捗状況を知らされていないので、的を射たアドバイスをすることが難しくなります。

質問する側からすれば、質問というのは今の自分ではわからないことを聞くことです。逆に、アドバイスする側にとっては、質問によって「ここまでは理解できているから、こういった具体的な質問をしてくるのだな」とクライアントがどこまで理解しているかがわかるのです。クライアントがつまずいているポイントがわかると、的確なアドバイスをすることができます。

こういった質問に答えることは、私としても新たな発想や考えが芽生えて成長できるので、質問自体が非常にありがたいのです。

これを師匠とあなた（弟子）の関係に当てはめてみると、カウンセラーとクライアントの関係になります。

ですので、**あなたが師匠に「相談・お礼の連絡・結果報告」をしていくことで、あなた自身も救われる一方、師匠にとってもとても実はうれしいこと**なのです。

片や、身近なところに師匠と呼べる人が全くいない場合はどうしたらいいでしょうか。

師匠は、現在の人でなくても構いません。過去の偉人でもいいのです。

たとえば、あなたが途方に暮れているとしましょう。気持ちが不安定で、いい考えが浮かばず、心が縮こまっている状態です。

こんなときに、「経営の神様と呼ばれている松下幸之助なら、この事態をどのように受け止め、どのように行動するのだろうか？」と自問自答するのです。つまり、心の師匠に問いかけるのです。

「松下幸之助なら、きっとこういった事態に陥っても動じないはずだ。そして、こういう事態になったのは、何かのメッセージに違いない。『しっかり受け止めて、相手が喜んでくれそうなことだけをやりなさい』。こういったことを松下幸之助は言ってくれるはずだ」

このようなことをあなたは想像します。

実際、松下幸之助がこのように言うかはわかりません。とはいえ、あなたの心の視野は広がります。心が広がれば、思考が自由になります。発想が豊かになり、今までとは異なる回答が得られるのです。まずは、心の師匠を1人でもいいので決めて、質問するようにしてください。今までとは発想が変わってくるはずです。

ライバルは同業者だけではない

あなたのライバルは誰でしょうか。同じ地域のカウンセラーでしょうか。一緒に講座で学んだ友人たちでしょうか。

カウンセラー目線だけで考えると、同業者であるカウンセラーになると思います。

しかし、クライアント目線で考えると、ライバルは変わってくるのです。

クライアントは、様々な悩みを抱えています。

とはいえ、悩みを抱えた人が最初からカウンセリングを受ける目的でインターネット検索しているとは限りません。

多くの悩みを抱えた人は、カウンセラーに限定せずに、その悩みを解決してくれそうな人や方法、施設を探します。たとえば、人の目が気になって日常生活に支障をきたした人は、インターネット検索で精神科や心療内科といった病院のホームページを閲覧するかもしれません。

あるいは、将来に対して不安を抱えている人であれば、占いで自分の行く末を導いてもらおうと考えるかもしれません。

仕事でつまずいている人であれば、コンサルタントやコーチのホームページが気になるかもしれません。

離婚しようかと迷っている人であれば、弁護士に相談しようと思案しているかもしれません。

このように、悩みを解決するといってもクライアントにとっては、カウンセリング以外にも様々な選択肢があります。

こういった多数のライバルがいる中で、あなたはクライアントにカウンセリングを選んでもらわなければなりません。

そのためには、各業界のライバルのことを知っておくことが大切です。そこで、ライバルの業界のホームページをじっくり観察していきましょう。

クライアント目線で悩みを解決しようとすると、次のように、カウンセリング以外にも選択肢はいくつか考えられます。

◎占い

占いのホームページは、カウンセリングのホームページよりも多いことがわかります。つまり、カウンセリングよりもニーズがあるということです。

占いの内容をみると、10分単位で鑑定している人が多いことがわかってきます。カウンセリングにも、短時間の相談はありますが、占いに比べたら少ないほうだと思います。

占いの鑑定時間は10分単位で行われ、本格的な相談になると、60分、90分と時間が増えていくといったシステムになっています。

実際に私のところに連絡してきた見込み客から、「以前は占いばかり通っていたが、今回初めてカウンセラーに相談しようと思った。お試しで10分だけ相談とかないですか?」と言われたことがあります。

占いの相談内容をみていくと、恋愛、結婚、夫婦関係、子育て、人間関係、仕事などの相談が多いです。

これは、**カウンセリングに来るクライアントと同様の悩み**です。

相談者の中には、自分の悩みを解決したいとき、占いしか思いつかない人もいます。そういった人達に、「あなたの問題を解決するためにカウンセリングという手段がありますよ」と教えてあげましょう。そうすれば、占いしか行ったことがない人達の需要を掘り起こすことができます。占い業界をライバルと考えると、市場が一気に広がります。

◎コーチング

コーチングは、ビジネスコーチングのようにビジネスの場において活用することが多いです。他にも自己実現を目指すパーソナルコーチングや子育てコーチングなど、コーチングの技術を応用すれば様々な分野で活用できます。

いろいろな見方はありますが、**マイナスからゼロにするのがカウンセリングだとすると、ゼロからプラスにするのがコーチング**です。

一般的に、カウンセリングに比べてコーチングの価格帯は高いです。また、業績アップ、売り上げアップ、営業成績アップ、収入アップといったように、直接お金に関するものが多いです。

コーチングは、すでに一定の収入がある人がさらに上を目指すことなので、価格帯が高くても成り立つわけです。

カウンセリングがマイナスからゼロ、コーチングがゼロからプラスということであれば、双方は一直線上につながっています。

実際に他のところでコーチングを受けていた方が、コーチに「カウンセリングを先に受けたほうがいい」と言われて、私のところへいらしたことがあります。

そのクライアントからはカウンセリング終了後、コーチングも依頼されました。カウンセリングにもコーチングのように質問によって、個人のモチベーションを上げたり行動を促したりする手法があります。その手法を活用して導いた結果、無事にクライアントが望んでいた営業成績アップを果たし、会社で昇進もされました。

ですから、事業の1つとして、コーチングの要素を含んだカウンセリングということも視野に入れてみるのもいいでしょう。実際、カウンセリングとコーチング、両方を行っている人もいます。

◎弁護士

弁護士は、クライアントから持ち込まれる様々なトラブルについて、法律相談を受けています。クライアントからの法律相談は、離婚、遺言、相続、ネット中傷被害、交通事故、不動産、債務整理、労働問題、債権回収、刑事事件など多岐にわたります。

とはいえ、離婚相談において方向性を探ったり、心のケアや心の成長を促したりする部分に関してはカウンセリングの分野です。離婚を迷っている方や、離婚後自立したいと思っている人には、カウンセリングのほうが適している場合があります。

また、子供のいじめ問題に関しても、被害者の子供と親の心のケアはカウンセラーの仕事です。

法律は弁護士に任せて、心のケアはカウンセラーが受け持つことで、相互紹介による提携もできそうです。

すると、集客の窓口は一気に広がります。

このように見ていくと、これまで他の業界を選んでいたクライアントに、カウンセリングを促すことも考えられます。また、他の業界と協力し合う仕組みを作れば、カウンセリングを受ける人口を増やすことも考えられます。

考えるときのポイントは、カウンセリング業界の常識や相場といった概念を外すことです。

POINT 4

経営者は走りながら考える

アイデアを生む練習

アイデアを練るとき、私は紙とペンを持って1日部屋にこもります。また、紙とペンを持ってカフェで考えることもあります。

もちろん、パソコンを使ってもいいと思いますが、私の場合、手書きのほうがアイデアは生まれやすいです。

とはいえ、なかなか発想が湧かないこともあります。そんなときは、とりあえず何でもいいので書きます。思いついたまま単語を書き、イラストや図を描きます。とにかく、手を止めずに書いていきます。

書く分量が増えてくると、どこかの時点で自分の心に引っかかる文字やイラストが見つかります。気になった文字やイラストをもとに、そこからさらに連想していくのです。すると、アイデアの欠片が見つかります。

そして、ある程度、湧いてきたアイデアを用紙にまとめてから事務所に持ち帰り、パソコンに入力します。プリントアウトした用紙を眺め、また新たな発想を書き加えていきます。これを、何回か繰り返していくと私の場合、アイデアが生まれます。

このように、私は事業に役立つアイデアを常日頃から探しています。

しかし、「アイデアが何も湧いてこない。だから書けない」と言う人もいると思います。

その場合は、考え方を逆にします。

つまり、「とりあえず何でもいいから書く。すると、アイデアが湧いてくる」という順番にするのです。

じっと待っているだけでは、アイデアは生まれません。

これは、カウンセリングにも活用できます。

「自分の感情がもやもやしていて、よくわからないです。だから気持ちを伝えることもできないんです」

このように訴えてきたクライアントの感情が湧くのをじっと待っていても、感情はなかなか湧いてこないでしょう。感情が湧かないから何も言えないとなると、ますます無口になってしまいます。

そこで、私は「とりあえず、気持ちを表す言葉を独り言でもいいので声に出しましょう」とクライアントの言葉を逆に言います。

そして、クライアントに「気持ちを表す言葉」を日常生活での課題にします。クライアントには、気持ちを表す言葉を、あらかじめ数十個教えておきます。

日頃、**気持ちを表す言葉を発することで、クライアントは自分の感情が徐々に見つかる**ようになってきます。なぜなら、**クライアントは気持ちを言葉で表すことで、感情のフタが開いて、感情が湧いてくる**からです。

すると、自分の本音がわかり、クライアントは自分の気持ちを伝えられるようになります。

このように考え方の順序を逆にすることは、行き詰まっている状態から脱出できる有効な手法です。

事業資金の総残高は常に把握する

あなたは、すぐに使える事業資金の総額を答えられるでしょうか。

現金、預貯金が実際にあれば、たとえ会計上は赤字であっても経営を続けられます。逆に会計上は黒字であっても、お金が尽きたら黒字倒産してしまいます。

したがって、経営者は、現金、預貯金の総残高を、売上帳につけ、常に把握しておきましょう。

売上帳は、表計算ソフトでも手書きでもいいので、必ず毎月作ります。

やり方はとても簡単です。手持ちの現金と各銀行の収支と支出の総残高を計算するだけです。また、個人名義の銀行預金と、お店専用（または会社名義）の銀行預金の両方を計算します。

その際、**月中最低残高を記録しておくのが最も大切なポイント**となります。

月中最低残高とは、たとえば、カードの引き落としが毎月10日の場合、毎月の最低残高は毎月10日になります。この金額を毎月記入していくのです。

月中最低残高を基準にどんどん現金、預貯金を増やしていくというわけです。

毎月、順調に総残高が増えていれば、安心して事業に望めます。毎月、総残高が減っていたら、早急に手を打たなくてはなりません。

何よりも良くないのは、現状を把握できていないことです。

「なんだか減ってきている気がする」というのが一番よくありません。毎月必ず計算しておきましょう。

第8章

開業カウンセラーが陥りやすい失敗

POINT 1

どんなに知識があっても実践では通用しない

カウンセラーとクライアントのズレ

カウンセラーAさんは、たくさんの心理系のセミナーや講座に参加し、心理系の専門書を読み漁っています。何を質問されても、答えられないことがないくらいのすごい人です。

私は、これだけの知識があれば、カウンセリングも相当実績を積んでいるのかと思っていました。

あるとき、Aさんとじっくり話し込む機会があり、私たちはお互いの悩み事を話し合いました。すると、驚くことがわかったのです。

私は、Aさんがカウンセラーとして15年以上のキャリアを持っていることは知っていました。ただ、会社員として勤めながら、平日の夜や休日に副業として、カウンセリングを行っていたということは、全く知りませんでした。

Aさん曰く、「本業としてカウンセリングをすると、どう考えても、会社員よりもかなり収入が減少してしまう」と言うのです。より詳しくAさんに理由を伺うと、「ある程度の集客はできても、リピートがほとんどない状態だ」と答えられました。その原因は、Aさん本人にもわからないそうです。

リピートしてもらえる仕組みを作っていないとはいえ、私はあまりにもリピート率が低いことが気になりました。

そこで、私はAさんに「とりあえず、クライアントにアンケートを取ってみたらどうですか？」と提案して、3カ月後に再び会う約束をしました。

3カ月後、リピートしない理由がはっきりしました。

クライアントがアンケートに書いた内容は、「説明が長い」「自分のことばかり話す」というものがほとんどでした。

Aさんは、そのアンケートを見て肩を落としていました。Aさんからすれば一生懸命、心理についての正しい知識をクライアントに伝えただけにもかかわらず、クライアントには全く通じていなかったのです。

もちろん、Aさんはクライアントの話もじっくり聞いていました。しかし、クライアントからすると、話を聞いてもらったことよりも、Aさんが話してばかりいるという印象のほうが圧倒的に強かったということです。

たしかに、クライアントに正しい知識を持ってもらうために心理教育が必要なこともあります。

とはいえ、**知識をたくさん伝えても、クライアントが日常生活において一歩前に進めなければ意味がない**のです。

Aさんのカウンセリングの場合、その辺りのバランスが偏っていたのかもしれません。

カウンセリングは、思考・感情・行動のバランスを見ていきます。

Aさんの場合、知識が突出しているので、カウンセリングも思考中心で行われていたようです。クライアントに正しい知識だけを与えると、思考だけが成長します。

しかし、知識を得ただけで行動に変化がなければ、クライアントは思考・感情・行動のバランスが崩れて、余計にネガティブな感情が膨らんでしまいます。

「○○したらいいのは理屈ではよくわかった。でもいざとなると行動できない……」

「行動できない自分はなんて情けないんだ……」

このように、クライアントの知識が行動に結びつかなければ、感情は不安定になりやすいのです。

逆に、少しでもクライアントに行動を起こさせていれば、思考とのバランスが取れ、感情が安定しやすくなります。

そこで、私のカウンセリングでは、クライアントに必ず伺うことがあります。「インターネットで自分の症状に関して調べたことがあるか?」「心理系や自己啓発系の本を読んでいるか?」についてです。

また、知識を得たあと、どんな行動を試したのかも伺います。これは、知識を得て行動するのか、行動しないのか、そのタイプを確認するためです。

行動しないで再び知識を増やそうとする人は、思考だけが膨らみます。情報が入ることでひとときの安心感は得られますが、適切な行動をしていないと感情は不安定になりやすいのです。

クライアントのタイプは大きく4つに分かれます。

1. 頭だけで考え、感情や行動が乏しいタイプ

2. 頭で考え感情は深いが行動力がないタイプ

3. 頭で考え行動するが、感情がついていかないタイプ
4. あまり考えず感情のまま突っ走るタイプ

「1」のタイプは、本やインターネットで得た知識を詰め込んで、身動きが取れなくなります。よって、行動できないことで、自信を失いやすいのです。

「2」のタイプは、頭でっかちになりやすい一方、感情は比較的安定しています。しかし、適切な行動を取ることができません。これは、引きこもりの人に多いタイプです。行動しなくても、生活していけるので、それほどネガティブな感情に襲われないのです。とはいえ、長期的に見れば、いずれ焦りが生まれ、「1」のタイプになってきます。

「3」のタイプは、頭で考え行動もしていますが、思うような結果が得られないので、感情が不安定になりやすいです。このような人は結果主義の場合が多いです。

「4」のタイプは、考えるよりも感情の赴くままに行動します。あまりカウンセリングには来ないタイプです。

4つのタイプは、いずれも、心のバランスが崩れている状態です。そこで、思考・感情・行動のバランスを整えることで、クライアントへのカウンセリングはうまく進むようになります。

また、カウンセラー自身も自分がどのタイプに偏っているのかチェックしておくといいでしょう。

思考・感情・行動が
アンバランスな4つのタイプ
お…重い……
頭でっかちで、感情や行動が乏しい
頭で考え 感情も深いが 行動力がない
おっとと…
頭で考え 行動力もあるが 感情がついていかない
あまり考えず 感情のまま突っ走る
ドシッ ドシッ

POINT 2

クライアントに感情移入しすぎてしまう

心の敷地

クライアントに感情移入しすぎると、適切なカウンセリングが行えなくなります。

とはいえ、他人事のように話を聞いていても、適切なカウンセリングは行えなくなります。

クライアントによっては、カウンセラーに冷たい印象を持ちます。

クライアントに感情移入しすぎると、クライアントを身内のように感じてしまい逆転移している状態になります。**逆転移とは、クライアントのことを他人事とは思えなくなり、つい過度なアドバイスをして、適切な関係が保てない状態**をいいます。

これは極端な話ですが、あるカウンセリングルームのカウンセラーが夫婦関係の相談に乗っていて、最終的にクライアントと恋愛関係に陥ってしまったそうです。カウンセラーがクライアントに感情移入しすぎて、逆転移したのでしょうが、私はこの話を聞いたとき唖然としました。

しかしながら、カウンセラーであれば1度はクライアントとの距離感について悩むものです。

私自身も実際、クライアントとの距離感がわからなくなって悩んだ時期がありました。

そこで、「心の敷地」を頭に描くようにしたのです。

カウンセリングをしていないときに、ずっとクライアントのことを考えていると、知らず知らずのうちに相手の敷地に入って抜け出せなくなってきます。加えて、カウンセラー自身にストレスが溜まってきます。

そして、カウンセラーは自分のストレスを早くなんとかしたいと思うようになるのです。それが過剰なアドバイスにつながります。

こういうときは、「今、相手の敷地に入っているな」と気づいておいて、クライアントと話をします。

自覚していたら、いつでも心の敷地からは抜け出せます。

「今は相手の敷地に入っていいとき」
「今は出たほうがいいとき」

つまり、このようにONとOFFの切り替えがスムーズにできるようになるのです。

クライアントが帰ってからセッションを振り返るときも、「今相手の敷地に入っているな」と気づいておくと、振り返りが終了したら、すぐに気持ちを切り替えられるので、カウンセラーはあとあとまで引きずらないようになります。

クライアントと適切な心の距離を取る

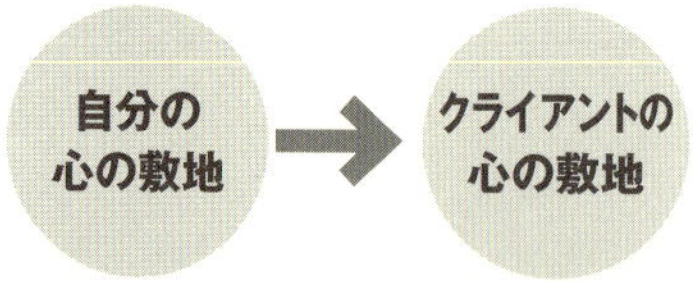

自分がクライアントの敷地に侵入するケース
- 顔色をうかがう
- 休日もクライアントのことが気になる
- 感情移入している
- クライアントに自分がどう思われたか気になる

クライアントの心の敷地に侵入しなければ、共感することができません。カウンセリング以外の時間に侵入しすぎると、クライアントに振り回されてしまって、良い方向に導くことができません。

侵入すること自体がいけないことではないのです。侵入していることに**気がつかないまま**、クライアントに感情移入しすぎるのがよくないのです。

クライアントの要望に応えすぎる

クライアントには、思ったことを口に出さない奥ゆかしい人がいる一方、率直に要望を言う人もいます。

クライアントからの要望自体はどんどん言ってもらったほうがいいのですが、安易にその要望に応えていると、どんどんエスカレートしてくる可能性があります。また、1人のクライアントを特別扱いしてしまうと、長い目で見れば、自分自身の首を絞めることになりかねません。

たとえば、終了時間が来ているのに、だらだらと話を引き延ばすクライアントがいます。時間はたっぷりあったはずなのに、終了間際になって堰を切ったように話し始めるのです。

このとき、クライアントから重要な話が出てくることもありますが、無料で応じてしまうと、毎回同じパターンになってしまいます。また、クライアントが、無料延長に応じてもらえるのが当たり前に思うと、通常通りに終わると損した気分に陥ります。

片や、カウンセラーは、クライアントに対して悪い印象を抱きます。

これでは、せっかくカウンセリングをしても、双方にマイナスの作用しか働きません。

そこで、カウンセラーはクライアントに、終了時間の10分から15分前に次のように話しましょう。

「そろそろ終了時間がせまってきていますが、話し足りないことはありますか？」

「有料で延長することもできますがいかがでしょうか？」

このように、カウンセラーがクライアントに終了時間を伝えることで、クライアントに終了時間を意識してもらえるようになります。または、この際、有料で延長に応じることを促しても構いません。

延長しない場合は、「次回来られたときに、まずその話をしていきましょう」と次回の約束をして終了します。

いずれにしても、いたずらに延長するのは、カウンセラーにとってもクライアントにとってもよくありません。

一度延長に応じてしまうと、次も同じように応じざるを得ないからです。

カウンセリングの時間はしっかり守りましょう。**線引きを明確にすることは、クライアントの依存を防ぐことにもつながります。**

カウンセラーが要望に対する線引きをできていないと、クライアントの要望はどんどん膨らんでいき、依存度が増していきます。

そして、カウンセラーがクライアントの要望に応えられなくなったとき、クライアントの大きな不満がカウンセラーに返ってくるのです。

「今まで自分の意見を何でも聞き入れてくれる、信頼できるカウンセラーだと思っていたのに、自分を見放した」

カウンセラーからすれば、そのつもりはなくても、クライアントからすると、裏切られたと感じるのです。

カウンセラーはボランティアでカウンセリングを行っているわけではありません。**出来ないことに対しては、常に毅然とした態度で断ることが大切**です。

カウンセラーの態度に不服があるクライアントは去っていきますが、私の経験上、去っていかない場合が圧倒的に多いので心配する必要はありません。

事前に、カウンセラーが「カウンセリングは決まった時間に、決まった場所でしか行わない」という説明をしておくことで、クライアントはルールに従ってくれます。

「何でも聞き入れます」というカウンセラーよりも、制限のあるカウンセラーのほうが、クライアントの依存度は低いです。また、カウンセリング自体の効果も上がりやすいのです。

POINT 3

キャンセル規定があいまいだとトラブルになる

キャンセル規定はカウンセラーとクライアント、双方を守ってくれる

キャンセル規定は、ホームページなどに必ず明記するようにしましょう。明確に決まっていないとトラブルのもとになります。

開業当初は突然のキャンセルを気にする余裕はないかもしれませんが、カウンセリング業が忙しくなるとキャンセルする人の多さに気づくようになります。

キャンセルは、本来はあったはずの売り上げが突然失われることです。特に当日のキャンセルは、新たに他の人を入れるだけの時間の余裕がありません。

キャンセル規定は事前に決めておかないと、事業を継続する上で支障が起きます。

私は開業当初、キャンセル規定を設定していませんでした。予約が入ってからカウンセリングの当日まで、キャンセルされないか常にビクビクしていたのです。

そして、キャンセルの連絡が入ると、私はかなり落ち込みました。また、何度もキャンセルしてくるクライアントに対しては怒りも感じていました。

これでは、クライアントに対してネガティブな感情を持ってしまい、カウンセリングにも影響しかねません。

そこで、私はキャンセル規定を設けることで、自分自身の売り上げの減少を食い止めるとともに、精神的な安心感も得たのです。

キャンセル規定を設けることはカウンセラー自身を守るためですが、一方でクライアントのためでもあります。

キャンセル規定がないと、キャンセルすることはクライアントの自由です。実際、私がキャンセル規定を設けていなかったときも、キャンセルする人は多かったです。

クライアントは万全の状態でカウンセリングを受けたいと思うものです。当日になって体調が少しでも優れないと、今日は止めておこう、とキャンセルしてくるのです。

慢性的なうつ症状を抱えているクライアントであればなおさら、調子の悪い日のほうが多いので頻繁にキャンセルしてきます。

また、「キャンセルして申し訳ない」という気持ちが働く人もいます。何度かキャンセルしたのち、クライアントの「申し訳ない」という気持ちが高まりすぎて、結局来なくなることもあります。

それでは、カウンセリングの効果が発揮されません。

一方、キャンセルしながらも続けて来るクライアントもいるのですが、カウンセリングの効果は発揮されにくくなります。

予約したということは、「決まった日時に行きます」という約束を双方が交わしたということです。キャンセルすることで決めた約束、すなわちカウンセリングで達成したい自分の目標を破るわけです。

するとクライアントは潜在意識で「自分は目標が達成できない人間だ」という暗示にかかり、ひいてはカウンセリングの効果に影響を及ぼします。

キャンセル規定を設けることは、クライアントの「その日に行くんだ！」という決意を定めることでもあります。クライアントが固く決意すれば、自然と体調もその日に合わせて良くなっていくものなのです。

また、少々不調であっても、カウンセリングをしているうちに元気になっていくクライアントもいます。

他方、うつ状態やパニック障害を抱えているクライアントに対しては、当日予約のみで対応していくといいでしょう。あるいは、事前予約しておいて、当日外出できないのであれば電話カウンセリングで対応することもできます。

このようにキャンセル規定を設けるのは、自分のためだけではなくクライアントのためでもあるのです。

お互いが納得してカウンセリングできる環境を整えるためにも、しっかりとしたキャンセル規定を作っておきましょう。

POINT 4

カウンセリングの価格設定を間違えている

高単価・高付加価値を選ぶ人がいる

カウンセリングの価格設定の間違いは致命的です。いくら一生懸命セッションをしても、身を削りながら働いても、手元に残る資金がわずかだと、長期間カウンセリング業を続けていくことはできません。

第2章でもお伝えしましたが、**カウンセリングは労働集約型のビジネスです。あなた自身が働いて初めてお金になります。あなたの代役はいない**のです。

あなたが今まで時間やお金を費やして得た知識や経験を提供しているのです。今のあなたにとっては当たり前の知識や手法であっても、クライアントにとっては人生を左右するものです。

したがって、カウンセリング料金が安ければ安いほどいいと思っている人がいますが、世の中そういう人ばかりではありません。

「安いサービスは受けたくない。自分にはふさわしくない」

こう考える人もいるのです。

より良いサービス、高いサービスを受けたい人は、あなたが思っている以上にいます。

たとえば、ホテルはその典型的な例といえます。

一泊1万円のホテルもあれば、5万円以上するホテルもあります。

1万円と5万円の価格の違いがサービスにあるかと言えば、そこまでの違いがあるとは思えません。

しかし、1万円のプランと5万円のプランが選べるとなると、迷うことなく5万円のプランを選ぶ人がいます。

ホテルと同じように、カウンセリングも値段は高くても、少しでも良いサービスを受けたいと願うクライアントがいるのです。

もし、お客様が来ないからといって、料金を安くするとします。料金が安いとその分、数をこなさなければなりません。また、今の価格の半額で提供すると、2倍働いてやっと同じ売り上げです。

実際、今の2倍集客できるのかという問題もあります。おそらくできないと思います。安売りは小さな子供でも思いつく最も安易な考えです。

他に策がないから値下げする、というのは経営者としては怠慢です。

安いと品質を疑われる

あまりにも低価格だと、クライアントに「こんな料金でやっていけるの?」と、ちゃんとビジネスが成り立っているのかを心配されます。

クライアントから心配されるカウンセラーは、いかがなものでしょうか。

「そんなこと、全く気にしていません」と言うカウンセラーもいるかもしれませんが、低価格でカウンセリングを行っているカウンセラーの中には、悲壮感が漂っている人もいます。また、カウンセラー自身が気にしていなくても、クライアントにネガティブな印象を与え続けている可能性もあります。

そのようなカウンセラーに「あなたは幸せになれます」と言われても、説得力がありません。

クライアントに何を伝えるかということも大切ですが、どんなカウンセラーがその言葉を伝えているかのほうがもっと大切です。

自信とゆとりをもってカウンセリングを行うためにも、ある程度の金銭的な余裕は持ちましょう。

低価格で人気が出て忙しくなることもあるでしょう。しかし、休みなく働いていると、肉体的、精神的疲労が溜まって、休業や廃業に追い込まれる可能性もあります。

クライアントからすれば、続けてカウンセリングを受けたいと思っていたにもかかわらず、あなたが廃業したら、その思いも叶えられません。

安い価格でクライアントに喜んでもらおうとしても、長い目で見るとクライアントのためにはならないのです。

体調を整えることは、プロとして重要な仕事の1つです。**クライアントに安定した良いサービスを提供し続けることが、カウンセラーが世の中に貢献しているということ**だと私は思います。

松・竹・梅方式の価格

なかなか価格を上げられない人は、飲食店のように、松・竹・梅方式を取り入れるのも1つの有効な方法です。3つの価格帯の商品を紹介して、お客様に選んでもらうのです。

たとえば、梅が並で1500円。竹が上で3000円。松が特上で5000円とします。

「梅は恥ずかしい。松までは手が届かないけど、竹ならば……」

このように設定すると、真ん中の価格の竹が最も多く注文されます。これは、人の心理をうまくついている手法だと思います。

そこで、この方法をカウンセリングの価格の設定に活用するのです。

まず、今まであなたが提供していた価格を梅とします。そして、本命の価格が竹です。そこに、あなたがほしい金額を設定しましょう。

さらに松は、「こんなの誰が受けるのだろうか？」と疑うくらい、価格を上げて提供します。今までの価格は、梅で設定しているので、全くリスクはありません。

これまで来られていたクライアントは、引き続き梅の価格のカウンセリングを受ける人が多いでしょう。しかし、新規クライアントは、竹を選ぶ率が高くなります。そして、たまに松を選ぶクライアントが出るのです。こうなると、提供している自分自身のほうが驚いてしまいます。

もちろん、提供する内容も価格にふさわしいサービスを考えておくことが大切です。

カウンセリング価格を上げることに躊躇している人は、このようにして今までの価格を梅にして、その上の竹と松のサービスを新たに導入するといいでしょう。リスクなしで、カウンセリングの価格を上げられます。

価格とサービスの例

梅	5,000円 既存の価格・サービス
竹	10,000円 メール相談無料・回数無制限
松	50,000円 メール相談無料・回数無制限 進捗状況、日々の取り組みをまとめた資料を毎回作成 特別価格で講座が受けられる

POINT 5

一方通行のカウンセリング

カウンセリングの目的は行動変容

初めてのクライアントがいらしたら、以前受けたカウンセリングについて良かった点と悪かった点を聞きます。そして、悪かった点に注目します。

「カウンセラー自身の話が多い」という不満がある中で、真逆の不満も結構あることに気づきます。

それは、「カウンセラーが聞くだけだった」という不満です。「聞く」という行為は、カウンセラーにとって大切な仕事です。しかし、それだけでは不十分なことも多いようです。

「聞いてもらえると、そのときはスッキリします。でも、そこからどうしたらいいのかわかりません。何も言ってくれないからです。毎回、同じことを説明しているので、何の進展もなかったです」

こういった不満をクライアントは抱えています。

カウンセリングの目的は、行動変容です。したがって、クライアントの感情が安らいだだけでは不十分です。日常生活において、クライアントの行動が変化することが必要なのです。

ですので、**じっくり聞くことに加えて、行動を促すことが大切**です。

行動というアウトプットが変われば、それによって得られるインプットも同時に変化します。そうすることで、さらに行動が変化し、どんどんクライアントは成長していくのです。結果が表れると、クライアントの満足度はさらに高まってくるでしょう。

クライアントは、カウンセリングを通して、過去の悩みを癒

し、現在を楽しめるようになって、未来を希望にあふれるものに変えていきたいのです。クライアントの話を聞くだけだと、過去の癒しにはつながるかもしれませんが、現在、未来はそのままです。

　こういったクライアントの要望には、どんどん応えられるようにしておきたいものです。

顕在化していないクライアントの不満

　クライアントにとって不満が顕在化している場合は、言葉で伝えてくれます。一方、不満が潜在化している場合は、言葉では表現できないモヤモヤを抱えたままです。

クライアントの隠れた不満については、初回のカウンセリングのセッションで探っておくことが大切です。

　クライアントの話をある程度聞いてから、質問するのです。

「どういう状態になったら、カウンセリングに来たかいがありますか？」

　このように質問すれば、クライアントにぼんやりとでも未来像が浮かんでいる場合は答えてくれるはずです。その理想の未来像を、質問によって具体化していきます。そして、その中から今すぐ簡単にできる行動を答えてもらい、それを日常生活で試してもらうように促します。

　すると、クライアントは自身に良い変化が感じられます。

　片や、行動することでモヤモヤしていた不満が明確になることもあります。不満が明確になれば、それだけカウンセリングに取り組みやすくなるので、やはりクライアントの満足度は高まります。そして、今後のカウンセリングへの期待も高まるのです。

変化を望まないクライアント

中には変化を一切望んでいないクライアントもいます。よって、初回のカウンセリングで確かめておきましょう。

このようなクライアントの場合、大きなストレスや不安感を抱えていて、とても未来について考えるゆとりがないのです。ですので、まずはクライアントのストレスや不安感を減らしていくことに焦点を当てます。

ある程度ストレスや不安が減り、今後について考えられる余裕がクライアントに生まれたら、そのときに未来に向けてのカウンセリングを始めます。

この辺りの見極めは非常に大切です。

いつまでもクライアントの不安だけに対処し、心を癒すことばかりを続けても、不安はゼロにはなりません。一時的にクライアントの不安は減るかもしれませんが、何もない状態では落ち着かず、クライアントは再び不安を探してしまいます。

そのような状態のとき、クライアントはこのように言うことがあります。

「不安がなくなってほっとしていたら、なんだか落ち着かなくなって、他にも気になることが出てきてしまいます」

グルグルと同じところを周っているだけでは、一向に不安の悪循環から抜け出せていません。

ですので、**ある程度不安が減ってきたら、未来志向に切り替えていくことが大切です。**

いつまでも不安に焦点を当てていると、結果が出ないことでカウンセラー側も焦りが出てきます。クライアントも結果が出ないことに、カウンセラーに申し訳なく感じる一方、不満も感じます。

これは不安だけに限らず、うつ状態のクライアントにも同じことがいえます。

クライアントの状況に合わせた柔軟なカウンセリングが必要です。これも、クライアントの満足度を高めるのに大切なことです。

POINT 6

クレームへの対応

クレーマーは貴重な存在

仕事をしていたらクレームはつきものです。クライアントから受けるクレームは、カウンセラーの自信を失わせます。

とはいえ、クレームへの対応次第で、クライアントのあなたに対する評価は変わります。

それでは、クレームの意味について考えてみましょう。

クライアントは、何かしらの不満を直接あなたに訴えています。

あなたに、不備や不手際が何かあったということです。その不備や不手際をすみやかに改善できれば、お店のレベルアップにもつながります。

つまり、クレームはお店がまだ成長の余地があるということを示しているのです。

ある調査によると不満を持ったお客様が実際にクレームを言う割合は全体の4%だそうです。それ以外は黙って他のお店に行くか、周囲に文句を言うかになります。

クレームを直接言う人はかなり少ないです。一方、他人にお店の文句を言う人の割合は多いです。実は、お店にとっては、知らないところで悪評を言われ続けているほうが損失です。

だからこそ、クレームを言ってくれる人が貴重な存在なのです。むしろ感謝すべき人達だということです。

ですので、クレームを言ってきた人には、すぐに適切な対応を取るようにしましょう。

クレームへの対処の仕方

次の「1」から「4」はクレームへの対処の流れです。

1. 事実確認
2. 謝罪

3. 解決策の提示
4. 再度の謝罪、感謝

まず、クライアントからクレームが入った場合、じっくりと不満の内容を伺いましょう。その際、メモすることを忘れないようにします。同時に、不快な思いをさせてしまったことに対して、丁寧に謝罪します。

次に「どのようにすれば満足していただけるでしょうか？」と対応について伺います。あるいは、「このようにさせていただきますがいかがでしょうか？」と解決策を提案してもいいでしょう。そして、再度クライアントへお詫びを伝えます。

最後に、不備を指摘してもらえたこと、改善のヒントを得られたことに対して、感謝の気持ちを伝えましょう。

とはいえ、激しい怒りをクライアントがぶつけてきたときは、恐怖を感じるものです。怖さと焦りから萎縮してしまい言葉が出てこなくなります。

また、早く処理したいがために解決策をすぐに言ってしまうと、さらにクライアントの怒りが大きくなってしまう可能性もあります。

上手にクレーム対応するには、先ほどの「1」から「4」のように、対応する順番が大切なのです。**対応の順番を守ることで、最終的にクライアントは許してくれる**ことが多いです。

そればかりか、素早く対応してくれたあなたのことを信頼してくれるようになることもあります。

良いクレーム対応の場合
頼りになる
悪いクレーム対応の場合
コソコソ
ここはやめた方がいいよ…

クレーム処理を間違えると……

クレームに対して何も対処しないと、さらにクライアントの不満は高まり二次クレームにつながる可能性があります。

次の行動は、二次クレームにつながりやすい行為です。

・ごまかす
・反論する
・対処しようとしない

専門用語を使い変にごまかそうとして、うやむやにするのはよくありません。

これは、口がうまい人ほど要注意です。その場ではクライアントをうまくやり込めたと思っても、納得していないクライアントはあとあとまで、周囲に文句を言います。

たとえこちらに非がなくても、反論するとさらにクライアントの怒りが増します。感情的になっている相手には、冷静に反論しても相手の心には響きません。

とはいえ、クレームに対して、ただ謝るだけで解決策をクライアントに提示しないのもいけません。

不満を言ったクライアントはいつまでも覚えているものです。クライアントに不満を抱かせたままでは、永遠に他人に悪口を言われ続けていると思ったほうがいいでしょう。

もちろん、理不尽なクレームに対しては、不快な思いをさせてしまったことに謝罪しても、毅然とした態度で断ることがときには必要です。

クレーム対処後は、それをマニュアル化しておくと、今後同じようなことが起きたときに、慌てずに済みます。

第9章

活躍できるカウンセラーになる方法

POINT 1

カウンセリング料金を上げる

予約で混み合ったときが、価格アップの検討タイミング

カウンセリングの予約が1カ月先まで混み合ってきたら、価格アップを検討するタイミングです。それは、マーケティングがうまくいき、あなたのサービスが多くのクライアントに受け入れられている証拠です。

この時点でカウンセリング料金を上げるか、現状のままかは、あなたの決断次第です。

仮に現状の1・5倍に料金を値上げしたとします。

値上げしてもおそらくクライアントの数は全く変わらないか、少し減る程度です。大幅にクライアントが減ったらどうしよう、という心配は杞憂に終わると思います。

たとえクライアントの数が少し減ったとしても、全体の売り上げは必ずアップします。

労力はそのままで、売上高が一気に1・5倍になるのですから、相当な自信が湧いてくるでしょう。

また、クライアントが少し減った分だけ、時間にも余裕ができます。時間が持てることで、もっと多くのクライアントに喜んでもらえる企画も練れます。

料金を安くして顧客が殺到している状況だと、日々の業務に追われてしまい、ろくに休日も取れません。このような状態では、新たな展開に持ち込むことは不可能に近いです。自分の体は1つしかないのですから、心と体が悲鳴を上げているのに、それでもまだ頑張り続けていると、どこかで限界がきます。

「そうは言っても、安い価格でないと受けられないクライアントがいるのではないか。その人達を見捨てろと言うのか」

このように思われるカウンセラーもいるかもしれません。

たしかにその人達のことを考えると、値上げを躊躇します。

そういうときは、あなたの他に低価格でカウンセリングを提供しているお店が、世の中には無数にあるという

ことを思い出してください。

あなたが低価格でお店を営まなくても、他の低価格のお店は決してなくなりません。

一方、あなたの金銭感覚で、カウンセリングの価格を安めに設定したとしても、クライアント側からするとその価格でさえ「高すぎる」と感じる人は必ずいます。

たとえば、1回60分1000円という低料金に設定しても、「高い。もっと安くならないか」と思う人はいるということです。

相談すること自体が無料だと思い込んでいる人からすれば、結局どんな価格に設定しても、高いのです。

価格改定を告知するタイミング

新規クライアントと既存クライアントでは、カウンセリング料金の値上げを告知するタイミングが違っても構いません。

見込み客については、1カ月前の告知でも大丈夫です。メールマガジン、ブログ、ホームページ、チラシといった媒体で値上げの告知をしていきます。カウンセリングを検討している見込み客は、急いで予約を取って来るでしょう。

気をつけたいのが既存クライアントです。

既存クライアントへは、遅くとも半年前には告知しておきたいところです。余裕があれば、1年前から告知しましょう。告知から値上げまでがあまりにも早すぎると不満が出る可能性があります。

ですので、値上げの準備は、早めからしっかり計画しておくことが大切です。カウンセリングの予約がいっぱいで日々の業務に追われると、余計なことを考えたくない気持ちから、値上げの計画が後回しになってしまいます。

うまくいかなかったとき、どうするかを考えておくことも必要ですが、うまくいく前から、うまくいったときにどうするかをあらかじめ決めておくことが重要なのです。

事業は、後手後手に回るよりも、先手先手で未来を予測して、余裕をもって行動しているほうがいいのです。

POINT 2

ブランド力を高める

あなた独自の手法に名前をつける

ブランドとは顧客との約束です。選挙の公約のように「私は○○すると皆さんに約束します！」といったものです。

そして、約束通り、あるいは約束した以上のものが提供されると、クライアントからの信頼感が増して、お店のブランド力がアップしていくわけです。

もちろん、クライアントに約束する内容は「是非とも手に入れたい」と思われるような、価値がある商品を顧客に提供できるかが肝心です。

それは、「絶対にあなたからカウンセリングを受けたいと思ってもらえるか」「あなたのカウンセリングなら間違いないと信頼してもらえるか」ということです。

ここではカウンセリングにおいてのブランド力アップをはかるには、どうすればいいのかをお伝えしていきましょう。

新人カウンセラーは、カウンセリングスクールで習得した手法を、実際のカウンセリングの現場で出来るだけ忠実に再現しようとします。

そして、カウンセリングの経験を積むことで、自分なりの方法が確立されていきます。

いろいろな療法を組み合わせたり、自分の経験を組み込んだりしているうちに、いつの間にか独自の手法が生み出されるのです。

このように**あなた独自の手法ができたら、その手法に名前をつけましょう**。

私の場合は、「悪循環を断ち切るワーク」として、拙著の『10秒でこころの悪循環を断ち切る方法』（セルバ出版）に独自の手法を示しました。名前をつけると、不思議なもので、手法に対して愛着も湧きます。

自分自身に肩書きをつける

ただ単に、心理カウンセラーと名乗るより、何らかの形容詞をつけると、顧客があなたを選んでくれやすくなります。

私は「心の悪循環を断ち切るカウンセラー」と名乗っています。私の場合は、手法と肩書きを合致させて統一感を出しています。

独自の手法から肩書きを決める方法もお勧めです。

また、**肩書きを考えるときには、自身の半生を振り返ってみるのもいい**でしょう。時系列に自分がどんなことに悩んでいたのか、そのときの気持ちやどういう行動を取ったのかを書き出しましょう。

もちろん、カウンセリング知識を学んでいるときや、カウンセラーとして活動しだしてからも丁寧に思い出していきます。

その中で、特徴的なキーワードを抜き出して、顧客から見て、最も魅力的なものを選びましょう。なかなか肩書きを決められないときは、とりあえずホームページやブログなどで名乗ってみます。いつまでたってもしっくりこないようであれば、途中で肩書きを変えてもいいのです。

こういった肩書きや独自のメソッドは1人歩きしていきます。私の場合では、クライアントから「私は今、悪循環に陥っています」「悪循環を断ち切るワークをしてください」「悪循環を断ち切りたいのでよろしくお願いします」と依頼されることが増えました。

こういうことが増えてくると、肩書きや独自の手法が少しずつクライアントに浸透してきたな、と実感をもてるようになります。

カウンセラーもクライアントを選ぶ

あなたが提供するサービスに合うクライアントと合わないクライアントを選んでいくことも大切です。

「こういったお客様は、当店ではお断りしております」ということを明確にしておきましょう。

たとえば、ディズニーランドはお客様のお弁当の持ち込みを禁止しています。

ジャケット、ネクタイ着用のフレンチレストランも顧客を選んでいます。

レストランによっては、「お子様連れのお客様はお断りしております」と事前に提示し、落ち着いた環境で、大人がゆったりと食事を楽しむ場所を約束しています。

誰にとっても平均的に心地よいものを目指すと、ブランド力は確実に落ちます。

カウンセリングにおいて言えば、「キャンセルが多い人は断る」「遅刻が多い人は断る」「遅刻があればその分のカウンセリング時間は減る」としてもいいでしょう。ルールを示すことで、カウンセラーはクライアントを選ぶことができます。ルールは明確にしておけば、ほとんどの人がそのルールを守ってくれます。

一方、「○○のような方に満足していただいております」と、あなたの得意な問題や症状をわかりやすく示しておくことも、実はクライアントを選んでいることになります。

お客様を選ぶこと、そしてそのお客様に約束することがブランド力アップには必要なことなのです。

あなたのノウハウをCDやDVDで伝えよう

カウンセリングは、あなたが実際に労働することで報酬が得られます。つまり、あなたがその場にいないと、成り立たないものです。

働ける時間には、上限があります。当然、売り上げにも上限があるのです。これ以上の売り上げを確保するためには、「価格を上げる」「休みを返上して仕事量を増やす」「睡眠時間を削ってさらに働く」のいずれかになりますが、限界はあります。それ以外の方法を考えていくほうが建設的です。

それでは、あなた独自の手法を活用するのはどうでしょうか。あなたの視点で体系づけた独自の手法は商品になります。

独自の手法に名前をつけて、CDやDVDで販売するのです。カウンセリングの手法という1つの資源から、2つ以上のサービス、商品を作ることで、売り上げはさらに拡大されます。

CDやDVD教材といった手離れがいい商品を持つことで、時間に縛られることなく売り上げを格段に増やすことができます。

一度作ってしまえば、多くの人にあなた独自の手法が広まっていきます。そして、何年にもわたって売り続けることができるのです。

教材を購入された方が、あとになってカウンセリングを受けることもあります。逆にカ

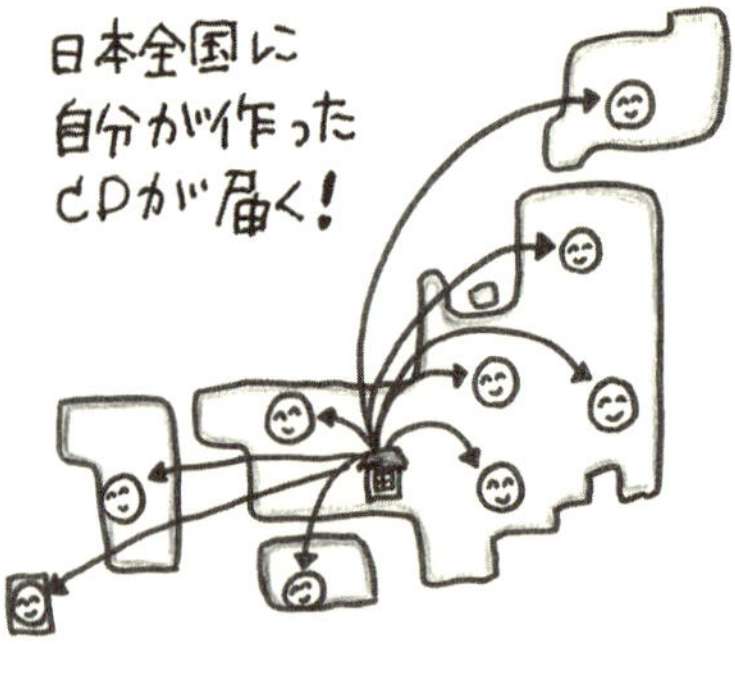

ウンセリングを受けた方が自宅復習用として教材を購入されることもあります。

教材を作ることは、カウンセリング以外の収入源が増えるといったメリットがある一方で、現状のリスクを軽減するという側面もあります。

もし、突然あなたが病気になってしまったら、どうでしょうか。あなたが休んでいる間は売り上げがゼロになります。雇われている身であれば、あなたの代わりはいます。またあなたは、有給休暇を使うこともできますし、たとえ休職していても給料は会社から支払われます。

しかし、開業するとあなたの代わりはいないのです。現在、あなたは非常にリスクが高い状態であることを自覚しておかなくてはいけません。

CD教材の作り方

CDを作る際、あなた独自の手法をそのまま商品としては、販売できません。あなた独自の手法を誰でも学習できるように、目に見える形に加工して販売していきましょう。

業者に依頼してCD教材を作成する方法もありますが、今回は最もコストがかからない自作する方法を、次で紹介します。

パソコンさえあれば、自分でCDを作り上げることができるのです。

◎CD教材を作成するために必要な物

・パソコン
・CDレーベル機能つきのインクジェットプリンター
・ICレコーダー
・音声編集ソフト（フリーソフト）

CDレーベル機能つきのインクジェットプリンターとは、CDの盤面に文字やイラスト、写真を直接プリントできる機能のことです。これがあれば、あなたの好きなデザインでCDを作れます。

音楽編集・音楽録音フリーソフトは、いろいろあります。以前自作のCD教材を作ったとき、私が使用したのは次の3つのフリーソフトです。

・「Sound Engine Free」（http://soundengine.jp/software/soundengine/）
・「Audacity」（http://audacity.sourceforge.

net/?lang=ja)

・「Free Mp3 Wma Converter」（http://free-mp3-wma-converter-1-7-3.jp.brothersoft.com/）

これらのフリーソフトを組み合わせて、ＣＤの編集をしていました。

余分な声をカットしたり、声と音楽をミックスしたりすることができます。

他にも有料のソフトがいろいろありますので、実際に試して、使い勝手がいいものを探してみてください。

◎作成手順

ＣＤの作成手順は次の「1」から「4」です。

1．台本を作る

まずは、ＣＤに録音する内容を決めていきます。「何を話すか」「どんな順番で話すか」と、台本作りをします。

2．声をICレコーダーに録音する

静かな環境で台本に沿って、あなたの声をＩＣレコーダーに向かって吹き込みます。録音する環境の騒音が気になるようでしたら、少し高額ですが、ＩＣレコーダーを持ち込んで、録音機能を備えたレコーディングスタジオを利用するのもいいでしょう。

3．編集ソフトで余分な声を削除する

あらかじめ何パターンか録音しておいて、購入者が聞き取りやすい声を採用するといいでしょう。

4．著作権フリーの音楽と声を合わせる

あなたの声だけでもいいのですが、音楽をバックに流したほうが効果的な場合があります。商用でも使用可能な著作権フリーの音をインターネットで検索しましょう。音を確保したら、編集ソフトを使って音とあなたの声を合成します。

その他、ＣＤ教材のテキストが必要な場合、それらも作りましょう。

是非、チャレンジしてみてください。

POINT 3

物販にチャレンジしよう

物販を行うメリット

先ほど紹介したCD教材も物販ですが、ここでいう物販はリピート性がある商品のことを指します。

「カウンセリングと物販？」と首をかしげる人もいるかもしれません。

しかし、実際に商品を販売してみると、クライアントから大変喜ばれます。もちろん、クライアントへ強引に売り込むことは絶対にしてはいけません。

物販のメリットは、次の3つです。

・売り上げアップ
・カウンセリング終了後、後日談が聞ける
・目に見える商品は口コミで広がりやすい

まず、物販を行うと、単純に売り上げが上乗せされます。今までカウンセリングだけが収入源だった人にとっては、大きな副収入になります。

個人的に私が大きなメリットとして感じるのは、カウンセリングを終えた人の後日談が聞けることです。通常、カウンセリングを卒業されると、基本的にそれ以降はクライアントと会うことがないと思います。ですので、カウンセラーはクライアントのその後の人生がどうなっているのかは知りようがありません。連絡してくれるクライアントもいますが、それは稀なことです。

ところが、商品を継続して購入していただいている人においては、その後もずっと近況を伺えるのです。

「相変わらず悩んではいるけど、悩みの質が変わってきました」

「嫌いだと思っていた人達と、ストレスなく適切な距離で接しています」

「結婚など到底できないものだと思い込んでいたけど、今では3人の子供に囲まれてワイワイ楽しく過ごしています」

クライアントが、その時々の変化や心境を教えてくれるので、私としてもそういう話を聞くたびに、クライアントの成長がわかって勉強になりますし、単純にうれしいです。

カウンセリング中に取り組んだことが、その後クライアントにどのように作用していくのかは、ほとんどのカウンセラーが興味のあるところだと思います。カウンセリングをやっていて良かったと思う瞬間は、どのカウンセラーにもあることですが、その瞬間がその後も続くのです。

一方、物販を行う他のメリットとしては、口コミで広がりやすいということです。クライアントはカウンセリングを受けていることが公にできなくても、「この商品いいよ！」とは気軽に人に言いやすいのです。

無形のカウンセリングは口コミしにくいですが、有形の商品は人に伝えやすいという特徴があります。

紹介で商品を購入された方が、その後カウンセリングに興味を持たれて、実際に私のもとへ受けに来られたこともあります。

商品を販売することイコール、強引な売り込みだと捉えてしまう人がいるのは残念なことです。

いい商品に巡り合って、「これは便利だ」「こんな商品があったなんて、今まで知らなかった」と新たな発見に興奮した経験は誰にでもあると思います。

ただ、**クライアントは望んでいないタイミングで、興味の湧かない商品を紹介されるのは嫌だということです。**

ですので、クライアントに嫌な思いをさせないように商品を紹介することが大切なのです。

それと同時に、商品を紹介する側も販売に対して苦手意識があるのはよくありません。あなたのほうにぎこちなさがあると、それだけでクライアントは警戒します。

したがって、あなたにとっても気楽に商品を紹介できる方法を取ったほうがいいでしょう。

玄関や待合室に商品を陳列し、ニュースレターの中で商品を紹介

一般的なのは、クライアントが目にするところに商品を置いておくということです。**商品にはPOPを付けておきましょう。POPには売りたい商品のキャッチコピー、商品名、価格などを書いておきます。加えて、商品の使い心地やメリットも書き添えておきます。**

POPを見て商品に興味を持たれた方のために、商品のパンフレットや申し込み方法を記載した自作のチラシも用意しておくといいでしょう。

商品陳列例

クライアントに付添人がいる場合、その付添人が待合室で待っている間、商品をじっくり見てくれることが多いです。

たとえば、中学生のお子さんがカウンセリングを受けている間、親御さんが待合室や別室で待っているときに、結構な確率で商品を購入してくれます。

片や、ニュースレターで商品の紹介をする方法もあります。

私のカウンセリングルームでは一度お店に来られた方に、お店の情報や日常生活で役立つ情報、私や家族の個人的な近況をお伝えするニュースレターを発行しています。ニュースレターとは、手作り新聞みたいなものです。

家族に内緒でカウンセリングに来ているクライアントもいますので、ニュースレターは了解を得た方にのみ送付するようにしています。

ニュースレターの中に商品を紹介するセールスレターを入れておくと、それを読んだ方が興味を持ち、注文してくるのです。

自作のセールスレターやチラシは、店内でも手に取って読めるように置いておくといいでしょう。

ニュースレターでお客様との信頼関係を築ける

ニュースレターには、お店の出来事やこだわり、あなたの近況など、身近で親しみやすい話題を載せます。

ニュースレターでクライアントと信頼関係をしっかり築いておいて、セールスレターで商品の紹介をすると、クライアントは耳を傾けてくれます。もちろん、宣伝だらけのお便りではゴミ箱行きです。

お届けしたニュースレターは基本的にクラ

ニュースレター

イアント本人が読んでくれるのですが、同居のご家族も目にすることになります。そうすると、クライアントの家族が商品だけを購入されるということもあります。一度も会ったことのないクライアントの家族の方が、私のニュースレターの熱心な読者になっていることも、クライアントから度々伺います。

また、「ニュースレターを読ませたい知人がいるので、その人にも送ってくれないか」という依頼もありました。このように、ニュースレターを通して、顧客リストが増えていくこともあるのです。

ニュースレターは、印刷からクライアントのもとへ届けるまで全部自分で行えます。パソコンでニュースレターのコンテンツを作り、プリンターで印刷して、封筒に入れて送付するという流れです。

私はニュースレターを作る際、マイクロソフトの「Microsoft Office Publisher（パブリッシャー）」(https://products.office.com/ja-jp/publisher) という文章入力ソフトを重宝しています。ワードでも作成可能ですが、パブリッシャーは文章のレイアウトやイラスト、写真の配置が簡単にできるのです。

何百通、あるいは何千通とニュースレターを送るお客様が増えてきたときは、全部自作していたら相当な時間がかかってしまいます。そのときは、ニュースレターのコンテンツのみ自分で作り、その後は、印刷から送付まで行ってもらえる業者に依頼するといいでしょう。

インターネットで「ニュースレター　印刷　発送」と検索すれば、いろいろな業者が見つかります。

扱う商品の探し方

物販は、誰でも簡単に手に入る商品や数百円といった安価な商品よりも、品質が良くて高額な物を扱うのがポイントです。

1つ販売して数百円の利益しかでない商品を扱っていると、もし売れ行きが好調になったとしても、手間がかかる割には利益に結びつかないからです。

不特定多数の人が買いに来るお店ならそれでも構いませんが、カウンセリングルームは1日の来店数が限られているお店です。それほどの数は売れませんので、ある程度、利益が得られる商品を選択しましょう。

また、商品の探し方ですが、東急ハンズ、Loft、雑貨屋、インターネットで探す方法があります。

扱ってみたい商品が見つかったら、商品の裏に貼ってあるラベルをよく見ます。販売元や製造元、あるいは輸入元が書いてあるはずです。

連絡先も明記されているので、販売元や製造元へコンタクトを取ってみましょう。そこで、あなたの店舗名（会社名）を名乗り、仕入れたい旨を伝えると、相手の会社が取引条件などを教えてくれます。

最低仕入ロット数、卸価格、販売価格、支払い方法や支払いの時期を聞いておくのも忘れないようにしましょう。

初めて連絡するときは緊張するかもしれませんが、やってみると意外と簡単です。

一方、「ギフトショー」で商品を見つける方法もあります。

ギフトショーとは、国内最大級の生活雑貨見本市で、東京ビッグサイトや大阪マーチャンダイズ・マートなどで毎年開催されています。日本国内だけでなく世界から20万人のバイヤーが来場するといわれています。まだ市場に流通していない商品も多数あるので、見て歩くだけでも、かなり楽しめます。興味のある方は是非参加してみてください。

ちなみに、ギフトショーの会場に入るためには入場券が必要です。ギフトショーに出展しているメーカーとすでに取引があれば、あなたのもとに入場券が郵送されてきます。もし、取引がなければ、ギフトショーのホームページから招待状を請求すると手に入ります。

会場で気に入った商品があれば、担当者と商談することもできます。スムーズに交渉するためには、必ず名刺やお店の雰囲気がわかる写真を用意しておくことがポイントです。

通信販売業者から学ぶ

物販にチャレンジするときは、通信販売業者のノウハウがとても参考になります。たとえば、通信販売業者からサプリメントを買うと、毎月のようにニュースレターが届くはずです。このニュースレターにはリピートしてもらうための仕組みがたくさん詰まっているのです。

また、通信販売業者の中には、買った商品以外の別の商品もニュースレターで紹介しているはずです。一度商品が購入されたら、別の商品も売れる可能性が高まるからです。

こういった通信販売業者のノウハウは、あなたが物販をするときにも役立ちます。

また物販以外に、カウンセリングをリピートしてもらえる仕組み作りにも活用できます。

POINT 4

本を出版する

本を出版するメリット

本を出版することは次のステージへ上がるきっかけとなります。ここでいう出版は、自費出版ではなく商業出版のことです。

私自身も2013年に『10秒でこころの悪循環を断ち切る方法』(セルバ出版)という本を出させていただいたのですが、出版に関して「本気になれば誰でも出版が実現できる」というのが率直な気持ちです。

独自の手法がある方でしたら、是非出版にチャレンジしていただきたいと思います。

次に本を出版するメリットを紹介します。

◎本を出版するだけで一目置かれる

本を出版する前後で、自分自身が急成長するわけではありません。しかし、「本を出している人は、優れた人だ」という、ありがたい勘違いをしてくれる人もいるのです。

私が同業者の集まりに参加したとき、本を出版したことを知られると、握手を求められることがあります。それに、私の意見を熱心に聞いてくれる人が多くなったことも実感しました。

また、「本を出しているカウンセラーなので受けてみようと思いました」と言うクライアントもいました。

そのクライアントは、カウンセリング自体、信用していなかったようですが、本を出した人ということで信用していらしたそうです。本を出版することで、つながった縁だと思います。

◎セミナーや講演会がやりやすくなる

本を出版したことで、講演会の依頼が舞い込んでくることがあります。今まで出会ったことのない人達と一気に知り合いになれるので、今までよりも活動の幅が広がります。

◎**心が満たされる**

本を出版したことで、遠方からお店に訪ねて来られた方もいらっしゃいました。初対面なのに、その方はキラキラ輝いた瞳で私を見てお話しされていました。このような経験は今までにないものです。

本の感想やお礼の手紙をもらえることもあり、執筆の苦労が報われます。

また、本屋さんに自分の本が置かれるというのは、感慨深いものがあります。感激のあまり書店員さんに、私と拙著の写真を撮ってもらいました。

出版プロデューサーに依頼する手もある

本を出版するためには、企画書を作る必要があります。企画書を出版社の編集者に見てもらい、社内会議で企画が通ると出版が決定します。

本の企画書の書き方は、インターネットで検索したり、出版したい人のための本が何冊か出ていますので、それを参考にするといいでしょう。

「企画書の書き方がわからない」

「出版社へのアプローチの仕方がわからない」

最初はわからないことだらけだと思います。

そういうときは、本を出版したい人と出版社の編集者をつなげてくれる、「出版プロデューサー」を活用するのも1つの手です。

企画書の書き方や出版社への効果的な売り込み方を懇切丁寧に教えてくれます。

拙著を執筆するに至って私は、小山睦男さんという出版プロデューサーに依頼しました。

あなたも忙しい身だと思います。1人で全部をやる必要はありません。

わからないことに時間を費やさないためにも、プロの出版プロデューサーを活用するのがいいでしょう。

POINT 5

あなたの思いを次世代に渡す講座を開こう

カウンセラーを引退しても、あなたの意志は未来に引き継がれる

あなた独自のカウンセリングの手法が確立されてきたら、プロの心理カウンセラーを育てる講座を開きましょう。

あなたの手法を受け継いだ人達が、あなたに代わって多くのクライアントを救ってくれます。

あなたが将来カウンセラーを引退しても、あなたの意志を引き継いでくれるのです。

それは、いつまでも社会に貢献できるということです。したがって、惜しみなく、今持っているメソッドを出し尽くしましょう。

カウンセラー養成講座は、1対1のカウンセリングとは異なり、1度に複数の参加者に教えることが可能です。

もちろん1対1の講座を行っても構いません。

講座はカウンセリングに比べて単価は上がりますので、それだけでも売り上げは増えます。

ましてや複数の参加者になると、その分売り上げも大幅に向上します。

スタッフを入れて、お店を発展させる

さらにお店を発展させていきたい人は、スタッフを雇うことも、1つの方向性として考えてもいいでしょう。

あなたの講座の卒業生から、スタッフをスカウトすることも可能です。あなたの手法を身につけた人なら、ある程度の訓練は必要ですが、比較的スムーズにプロとしてカウンセリングを行えるようになると思います。

そして、あなた自身がカウンセリングを行うときは、他のスタッフよりも単価を上げておくと、売り上げアップにもなりますし、クライアントにとっても選びやすくなります。

第10章

カウンセラーを生涯続けるための自分自身の心のケア

POINT 1

心の敷地を守る

ブレないカウンセリングをするために

カウンセリングの現場では、いいことばかりが起こるわけではありません。

たとえば以前こんなことがありました。

男子高校生が親に連れられて、カウンセリングを受けに来ました。学業は優秀な子でしたが、ある日、不登校になったというのです。

親としては、「目指す大学に行くためにも、一刻も早く学校に行けるようにしてほしい」ということでした。

カウンセリングの結果、どうなったか……。

男子高校生は、無事に学校に行けるようになりました。しかし、彼の中ではカウンセリングを通して「親が希望している大学には行きたくない」という気持ちがはっきりしてきたのです。彼は大幅な進路変更が必要になりました。

彼は心の葛藤もおさまって、自分自身の気持ちがはっきりした形で見えてきたので、彼にとってのカウンセリング自体はうまくいきました。

しかし、親としたら不満です。その不満が怒りとして噴出してきたのです。

私は何度かメールや電話で彼の親から苦情も言われました。結局、彼の親の気持ちが完全におさまるまで2カ月ほどかかりました。その間、私はいつメールが届くか、電話がかかってくるかと気が休まることがありませんでした。

また、次のような経験もあります。

長年慢性的なうつ状態に陥っている奥さんとの夫婦関係を修復したいと、ご主人が奥さんを連れて来られました。

カウンセリングの結果、奥さんは元気を取り戻しました。そして、奥さんは離婚して人生をやり直したいという決断をしたのです。

怒ったのはご主人です。このときも、かなりの怒りを私はご主人にぶつけられました。

怒りをぶつけられ続けて、喜ぶ人間はいないでしょう。この時期、私はしばらく気持ちが晴れず、悶々とした日々を過ごしていました。

このようにカウンセリングを行って、クライアント本人にとっては納得のいくいい結果が出たとしても、周りの家族にとっては不都合な結果になることもあります。

クライアント以外の人から、このような怒りを必要以上に受けてしまうと、それを恐れてカウンセリングの軸がブレる可能性があります。

そうならないためにも自分の心をしっかりと守っていくことが大切になります。

心の敷地を意識する

先ほどの男子高校生の事例は、私が開業して1年目に経験した出来事です。こんなことが今後も続くようだと、自分の身が持たないと感じた私はいろいろな手法を自分自身に試してみました。そして、現在私がやっている方法を紹介します。

第8章でもお話しした「心の敷地」をここでも使います。

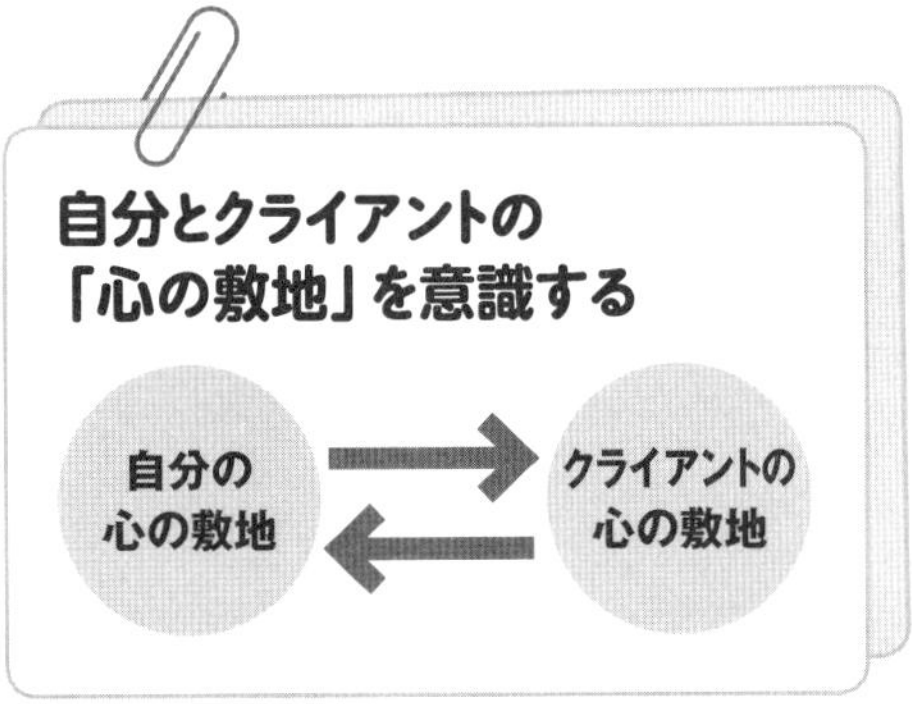

人から直接怒りをぶつけられたとき、自分の心の敷地に相手が侵入してきます。その際、「自分の心に相手が侵入して、ストレスが溜まっている」と自覚しておくことが大切です。

加えて、「また相手から怒りをぶつけられるのではないか」という恐れで、相手が目の前にいないにもかかわらず、ふいに相手の姿や声が浮かんでくることがあります。

このときは、「自分が相手の心の敷地に勝手に侵入した」と気づきましょう。

いずれにしても、自分と相手の心の敷地が重なっている状態です。知らず知らずのうちに、自分自身にストレスが溜まっています。

そこで、心の敷地に双方が侵入していると気づいたあとは、自分の想像の中で、相手の姿を2頭身にしたり、チョビ髭を生やしたりして、笑えるようになるまでデフォルメします。また、想像の中で相手の声を、「クマのプーさん」のようにかわいらしい声に変えてもいいでしょう。

このように、想像上で相手の姿を変えて、相手と距離を持つと、双方の心の敷地が一気に離れて、気持ちが楽になります。

相手の言動を思い出すたびに、この方法を繰り返し行い、相手と距離を持ちましょう。

相手の姿を遠ざけると、潜在意識が「この人は自分にとって重要ではない人だ」と認識して、それほど相手が気にならなくなります。

逆に頻繁に思い出す人は、潜在意識が「重要な人だ」と認識していることになります。潜在意識は「重要な人だから、忘れてはいけない」と頻繁に思い出そうとします。

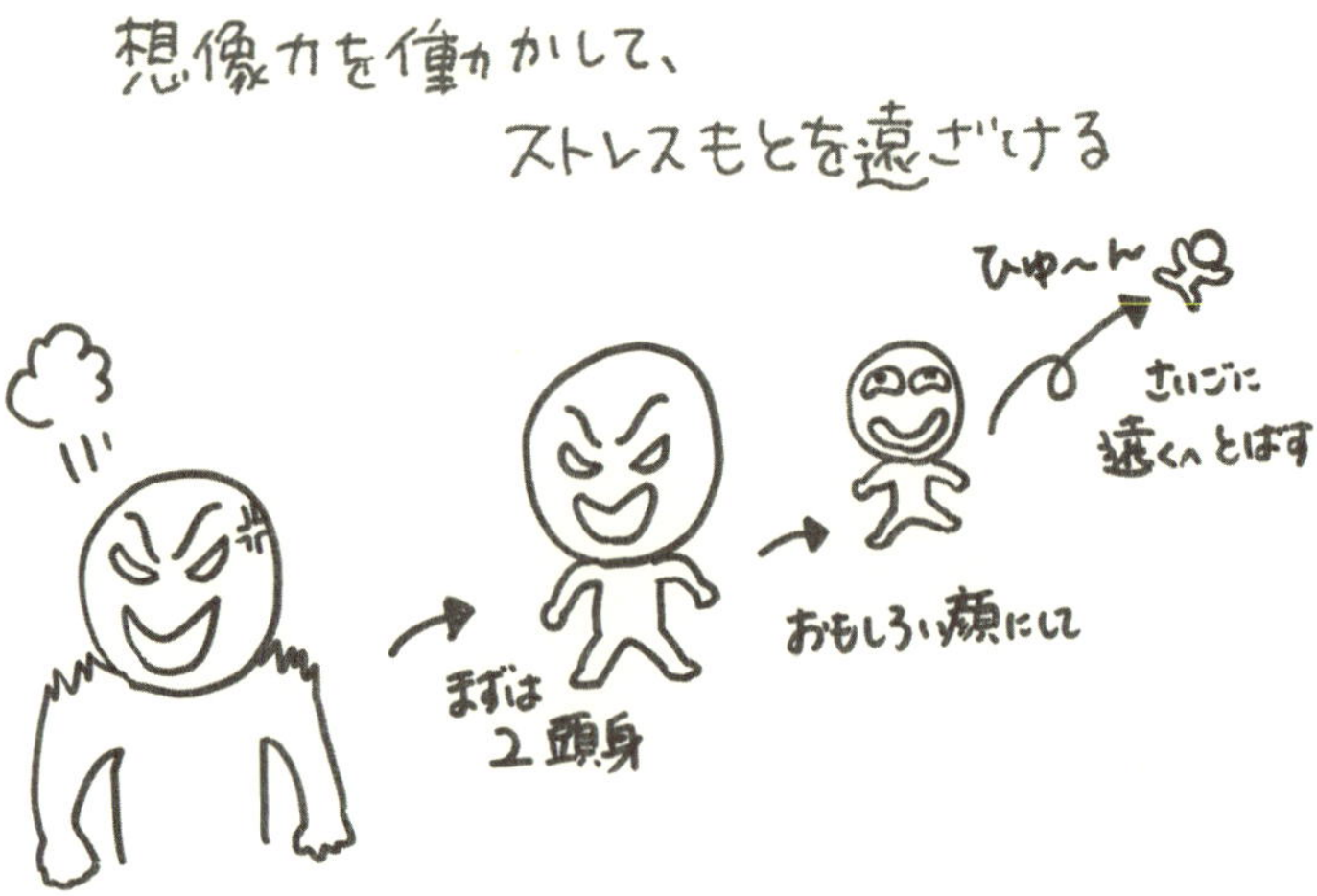

想像力を働かして、
ストレスもとを遠ざける
まずは
2頭身
おもしろい顔にして
さいごに
遠くへとばす
ひゅ〜ん

自分の心の敷地をしっかり守ることで、カウンセリングにも集中できるようになります。

このようなテクニックは、カウンセリングで、クライアントに対しても使っています。

カウンセラーとして、ときには1人の人間として伝える

クライアント側から責められっぱなしで、辛い思いを溜め込んでしまうのはよくありません。だからと言って、怒っている相手に直接思いを伝えるのは、火に油を注ぐようなものです。

たとえば、先ほどの男子高校生のケースでは、カウン

セラーの立場から親に伝えましょう。

「息子さんが自分の意志をしっかりもって生きていけるようにカウンセリングを行いました。ただ、親御さんの意向とは異なる結果となり、申し訳ありませんでした」

このように、あらためてカウンセリングの方針を伝え直す一方で、親の気持ちに対しては謝罪する、という姿勢を示します。

また、**カウンセラーではなく1人の人間として、相手に何を伝えたいのか**も考えます。

あるいは親御さんの友人の立場だと仮定して、考えてもいいでしょう。

心理療法の手法の1つである「エンプティ・チェア」のように、想像上の相手に対して思いを伝えます。

「あの子の人生はあの子のものだよ。親としてやってあげられるのは、あの子が自分の意志で決めたことを見守ってあげることではないのか」

「自分の思い通りにならなかったことを、他人に怒りをぶつけることで少しでも楽になりたい気持ちはわかるよ。少し落ち着いたら、もっと自分のことを見つめてみようよ」

このように、カウンセラーの立場ではなく、1人の人間の立場と仮定すると、相手に伝えられることがぐっと広がり、本音が出せるようになります。自分の中にあるわだかまりは、スッキリさせておいたほうがいいのです。

相手をイメージして、カウンセラーという肩書きをいったん外して、人として言いたいことを「エンプティ・チェア」の手法で全部吐き出しましょう。

POINT 2
仕事とプライベートを分ける

休養する日を決めて死守する

カウンセラーの仕事には終わりがありません。課題は次から次へと舞い込み、やることは無限にあります。したがって、絶えずカウンセリングにかかわる勉強を続けていく必要があります。

とはいえ、真面目で向上心が強い人ほど、仕事と休日のオンとオフの区別をせず、頑張って働き続けてしまいます。気力、体力が充実しているときはいいでしょうが、いずれ限界はきます。

限界まで働いた結果、身体を壊し、カウンセリングルームの閉鎖や休業に追い込まれないよう、自分自身の心と体を労ることが大切なのです。

そこで、**休養する日を先に決めてしまうことが大切**です。「この日は仕事をしない」と決めるのです。たとえば、「日帰りでドライブに行く」「子供と思いっきり遊ぶ」などの予定を入れたら、それを何としても死守し、たくさん楽しんで、リフレッシュしましょう。

また、休日はパソコンの電源を入れないようにしましょう。

パソコンの画面を見ると、インターネットでニュースを見てしまいます。そして、インターネット上に気になる話題を見つけると、すぐに夢中になって、あっという間に1、2時間が過ぎます。

せっかくの休日に、目や脳が休まることなく、無意味な時間を過ごしてしまうのはもったいないことです。

スマートフォンやタブレットも同じです。休日は出来るだけ、スマートデバイスを目の届かないところにしまっておくといいでしょう。

他方、クライアントには「休日は相談メールの返信をしない」など、あらかじめ伝えておきましょう。

「より良い状態でカウンセリングを行うために、休日はリフレッシュさせてください」とお願いしておくと、クライアントは快く受け入れてくれるものです。

仕事モードからの切り替え方

私の朝は、仕事メールのチェックから始まります。すると、自然と休みモードから仕事モードに切り替わります。

しかし、仕事モードから休みモードへの切り替えは難しいです。特に、私のように自宅兼店舗の場合、その日の仕事を終えても店舗には仕事がまだ山積みです。そのため仕事が気になって、休むことなく働き続けてしまう可能性もあります。

そこで、私はカウンセリングを夜9時に終了し、事務作業を終えたら、終わったとたんに勢いよくカウンセリングルームから外へ飛び出します。

外の空気に触れると、「今日の仕事が無事に終わった！」と実感できるからです。

それから、近所をウォーキングしながら、その日に溜まった感情をつぶやきとともに吐き出します。

もちろん、小声です。そして、夜空を見上げると、縮こまっていた心がス～ッと広がる感じがして、とても爽快な気分を味わえます。

家に帰るころには、カウンセラーの肩書きを完全に脱ぎ捨てて、1人の家庭人としての笑顔が戻ってくるのです。

人それぞれスイッチの切り替え方は異なると思いますが、**外の空気に触れるのは簡単にできる切り替え法**といえるでしょう。

ストレスが過剰に溜まったときは

ストレスは日々発散していても、大変な事態やショックな出来事が続くと、解消しきれないストレスが溜まってしまうことがあります。

ストレス解消のために、長期休暇が取れればいいのですが、なかなか簡単に休みは取れません。

そこで私の場合は、このようにして解消しています。自分が作ったCD教材を聞くのです。

「なんて自分好きなの」と妻には笑われますが、自分の声が一番癒されるのも事実です。

数年前、CD教材を作っているときは、自分の声を聞くことが嫌でした。それまで自分の声をじっくり聞いたことがなかったので、「こんな幼稚な声だったのか……」と違和感を感じました。

しかし、頻繁に聞いていれば、徐々に慣れてくるものです。そればかりか、自分の声に愛着が湧いてくるのです。

ですから、日頃、クライアントに提供している手法を自分自身に使ってみるのが一番なのです。

考えてみれば当たり前のことだと思います。

なぜなら、自分自身が作ったCD教材によって、自分が癒され、効果も体験しているのです。それだけ惚れ込んでいる商品だからこそ、クライアントに自信を持って提供することができるのです。

もちろん、ストレス解消には、心理療法の手法だけでなく、他のリフレッシュ方法も体験すると、さらにいいと思います。

たとえば、ジムで汗を流したり、カラオケで思いっきり大声を出したり、釣りに没頭したり、子供と無邪気に遊んだり、友人と気兼ねなくおしゃべりしたりと手軽に楽しめる方法を複数持っていると、それが自分への手助けとなります。私はドライブ中に好きな歌を口ずさんでいます。同乗している家族には迷惑かもしれませんが、スカッと爽快な気分を味わえます。

仕事一筋は美徳ではない

「自分には仕事しかない」という状況にはならないよう

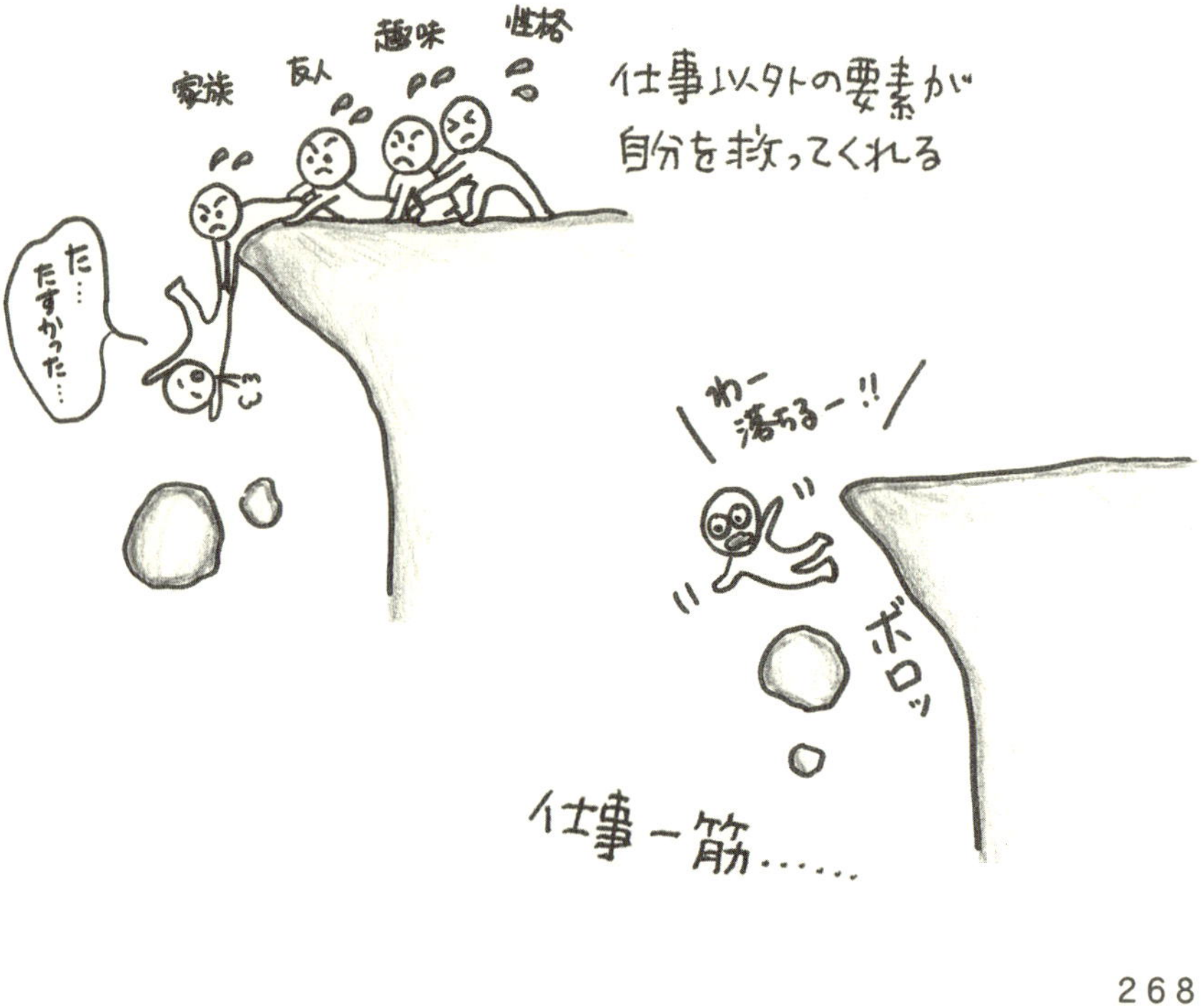

にしましょう。

「仕事一筋」と言うと、一見、美徳のように聞こえます。

しかし、仕事がうまくいかない日々が続くと、一気に心が大崩れしてしまう可能性が高くなるのです。家族に当たったり、自分を必要以上に責めてしまったり、悪循環から抜け出せなくなるのです。

一点だけに集中すると、それがうまくいかなくなったときに、心のバランスは崩しやすくなります。自分を支えるものが仕事以外に複数あると、仮に仕事がうまくいかなくても、立ち直りは早くなります。自分を支えてくれる家族、友人の存在、没頭できる趣味などが、自分の心のバランスを整えてくれます。仕事以外の他の要素が、落ち込んでいる自分を引き上げてくれるのです。

モチベーションを保つためには

目の前の仕事を頑張ることはとても大切なことです。しかし、ただ単に頑張るだけでは、ふとした瞬間に「何でこんなにも自分は頑張っているんだろう。明日も明後日もそれ以降も頑張るだけの毎日って……」と走り続けている自分に虚しくなることがあります。

自分に虚しくならないためにも、毎月の楽しみを作りましょう。

たとえば、ひと月の売り上げ目標を掲げます。

その際、売り上げ目標が１００％達成できたら、高級店での食事会や小旅行に行くと決めておきます。

また、80％の目標達成ならば通常の食事会、60％の目標達成ならばカラオケや映画など、達成率によって行く場所を決めておきます。

このように毎月の目標の達成度合いに応じて、自分へのご褒美を変えていくのです。

すると、ご褒美は家族にも影響するので、家族も応援してくれるようになります。

「自分のために、そして家族のために、今月も頑張ろう」という気持ちが高まります。

POINT 3

円満な家庭環境が長く仕事を続ける秘訣

カウンセラー自身が十分に癒されていること

カウンセラーは、心を扱う仕事です。特に、その中でも人間関係を扱うことが多いはずです。

究極を言えば、すべての悩みは人間関係にいきつきます。

人間関係の根本は、「家族」です。

カウンセラーであっても、家族関係が良くなければ、カウンセリングでの説得力は欠けます。

どんなにテクニックが優れていても、カウンセラーの精神状態や心のあり方は、クライアントに伝わってしまうからです。

外面だけ良くて、家族には気分次第で当たり散らしている人では、一時的に商売が繁盛しても、長期的な視野で見れば、どこかにほころびが生じてきます。

家族やパートナーとの良好な関係が土台になければ、クライアントをテクニックだけで導くことになります。

私は土台が安定した上で、テクニックがあることが大切だと思います。ですので、「円満な家庭が円満な経営につながる」と私は信じています。

そのためには、まず、自分自身の身近な人間関係に取り組むべきです。

「普通、親だったらこれくらいはしてくれるだろう」

「パートナーだったら、これくらい気づいてよ」

「子供は親の言うことを聞くのが当然」

このように、人間関係がより身近であればあるほど、お互いが相手に甘えてしまいます。

甘えられる関係だからこそ「良好な関係を築いていこう」と常に意識していくことが大切です。

すでに円満な人間関係を築けている人は、その状態が継続できるように努めていきましょう。

一方、問題を抱えている人は、周囲と適切な距離を取れるようにしていきましょう。

カウンセラー自身が癒されていない状態だと、自分を癒すためにカウンセリングを行うことになりかねません。

ん。

一方、あなたと同じような境遇のクライアントに、極端に肩入れしてしまうことにもつながります。

先ほどの「心の敷地」でいうと、相手の敷地に思いっきり踏み込んでしまっている状態です。

クライアントに身内のような感覚で、深入りしてアドバイスしてしまったり、お節介をやいてしまったりして、自分と相手の心の敷地が重なった状態になります。

重なった状態に気づかずにカウンセリングを続けていると、やがてはクライアントに振り回されるようになります。思うように行動しないクライアントに、あなたはイライラしたり、やきもきしたりするのです。

また、クライアントと距離を置こうとすれば、クライアントは見捨てられたように感じて、「やっぱり他人は信じられない」という思いを強化させてしまうことにもつながりかねません。

カウンセラー自身が十分に癒されていて心にゆとりがあると、「今は相手の敷地に入っていいとき、今は出たほうがいいとき」と適切に判断できます。

ですので、もしあなたが人間関係に問題を抱えていたら、ゆとりを保つためにも、改善に取り組むようにしましょう。

POINT 4

スキマ時間で勉強する

勉強に取り掛かる環境を作っておく

経営者は生涯勉強し続けていく必要があります。経営やカウンセリングのスキルアップはもちろんですが、人間性の向上も大切です。

経営において現状維持は衰退を意味します。現状維持の経営をしていれば、いずれ時代の流れに取り残されて、あっという間に赤字体制に突入するからです。

とはいえ、カウンセリング業が忙しくなってくると、まとまって勉強する時間は取れなくなってきます。

こういうときは、スキマ時間をうまく活用していきましょう。早朝や仕事を始める前の時間、カウンセリングの合間の数分間、仕事が終わった後など、スキマ時間はあるはずです。

スキマ時間を活用するときのポイントは、すぐに勉強に取り掛かれるように環境をあらかじめ整えておくことです。

本や教材で勉強するときは、続きのページをあらかじめ開いておきましょう。筆記用具も準備しておきます。

音声講座で学習するときは、イヤホンを耳に入れたら、ワンタッチで音声が流れるようにセットしておきます。

次のカウンセリングまでの間がわずかなら、ほんの数行テキストを読むだけでも構いません。そして、行動した自分を、毎回褒めてあげます。

すると、行動が自信に変わり、次のカウンセリングも非常にいい状態でのぞめるようになるのです。逆に少ししかできなかったという思いが残っていると、気分よくカウンセリングには向かえません。

本は費用対効果がとても高い

数ある学習手段の中で、本は安価な割に効果が得られやすいです。本には、著者が何年にもわたりトライ&エラーを繰り返し、必死になって身につけたメソッドが凝縮されています。

また、本を一冊書くための労力は大変なものです。私が拙著『10秒でこころの悪循環を断ち切る方法』（セルバ出版）にかけた時間と労力は、想像以上のものでした。書き終わったときは、達成感よりも疲労感のほうが圧倒的に強かったくらいです。

このような経験も影響していますが、最近は本を読むときに、著者の英知の結晶をいただけることに「ありがたいな」と感謝してから読むようにしています。

そして、何か1つでも収穫があれば、読んでよかったと思えるようになりました。極端な話、ワンフレーズでも心に響いたら、もう元は十分取れたと思っています。

純粋無垢な状態で本を読む

第1章のカウンセリングスクールでの学び方でも書きましたが、本を読むときは、自分の価値観はいったん置いておくというのが最大のポイントです。批判はとりあえず、自分の隣に置いておきましょう。心も頭も、純粋でまっさらな状態で本を読むことをお勧めします。

純粋無垢な状態になるためには、文章を読みながら「そうだったのか！」「うわっ！　知らなかった」「すごい考え方だな！」「読んでよかった！」と感情を込めてつぶやきながら読むことです。

こうすると、感情が動きやすくなるので、著者の訴えたいことが自然と入ってきます。

もちろん、カフェで読むときは、声に出さずに心の中でつぶやきましょう。

同じ本を何回も読む

昨今、速読法の本を書店でよく見かけます。

人生は有限だから、様々な本の知識を効率よく処理して、知識をインプットしていくという考え方です。

たしかに短期間で知識を大量にインプットしたいときには役立ちます。私も速読法を使うときはあります。

とはいえ、私自身は少々味気ないと感じることもあります。知識は得られても、広く浅い知識では心の奥底にまで、じんわりと浸透する感じがしません。

そこで、私が本の読み方としてお勧めしたい方法は、気に入った本を何度も何度も繰り返し読むことです。本の紙が擦り切れてボロボロになるくらい読み返します。

「一度読んだ本を繰り返し読むことは時間の無駄遣いではないか」と考える人もいるでしょう。

しかし、そんなことはありません。同じ本であっても、それを読むときの年齢によって、文章を受け取る感覚は変わっていきます。また、そのときの心理状態によっても変わるので、別の視点から文章を味わえます。

読み返すたびに、今までは気づけなかった著者の真意を見つけることができます。

それは、自分の考え方を捉え直す機会になったり、生きる姿勢を自身に問いかけたり、正したりするためのものとして、非常に有効な方法なのです。

知識を得ることだけを目的にすると、実践には結びつきにくいです。知識欲が満たされて、そのときはいい気分に浸れますが、その気分は実践が伴わなければ、いずれは静かに終息してしまいます。ただ勉強するだけではモチベーションが続かないのです。

学習は、実践してこそ意味があります。知識をインプットするときには、同時に知識をアウトプットすることも大切です。

本を読むときもアウトプットを意識して、いきなり中身を読むのではなく、本の表紙と裏表紙、帯、目次というふうに本の全体像をよく見ましょう。そして、パラパラと何度か全体を通して眺めてみます。

そうすると、本の趣旨がだいたいわかりますので、その時点でアウトプットを決めていきます。

学んだあとに、あるいは学んでいる最中に、アウトプットする具体的な行動を箇条書きで思いつく限り書き出します。最終的に、なりたい状態も掲げておくといいでしょう。

本を読んだあとの行動を決めておくと、本を読むときの集中力がまるで違います。そして、その後の行動力も高まります。

中長期間の展望

中長期間の自分の展望は、必ず視野に入れておいてください。3年後、5年後、10年後、なりたい自分の状態をイメージしましょう。

10年後の自分から逆算すると、5年後にはこの状態になっていて、3年後にはこの状態になっているというのが見えてくるはずです。

なりたい状態がわかってくると、具体的にどういう行動が必要なのかも明確にしやすいです。

短期目標だけではなく、長期目標も書きとどめておくといいでしょう。

音声講座は効率的な勉強ができる

音声講座は非常に優れた学習法です。目が疲れていて、とても文字を追いかける気持ちになれないときに重宝します。また、何か用事をしながら、勉強できることもポイントです。

たとえば、掃除やウォーキング、お風呂で湯船に浸かりながらでも、手軽に勉強できます。

私は10年以上前に買った教材を今でも繰り返し聞いています。不思議なことに聞くたびに新たな発見があるのです。そのときの自分の心の状態や成長によって、受け取るメッセージが変わってくるからです。

繰り返し同じ内容を聞くことは、心の奥底に浸透させるためにも大切な学習法だといえます。

謙虚に学ぶ姿勢がある人は、他業種からもいいヒントが得られるのです。

リアル店舗は学びの宝庫

カウンセリングは、カウンセラーであるあなたが、クライアントにサービスを提供する側です。とはいえ、一歩カウンセリングルームを出れば、あなた自身がサービスを提供される側の立場になります。

客の立場でお店のサービスを体験するということは、あなたが利用しているお店すべてが学びの場だということです。

あなたが客としてお店のサービスに感情が動いたときが、学びの瞬間です。

「ポジティブな感情が湧いたときは、何が良かったのか？」

「ネガティブな感情が湧いたときは、なぜそういう気持ちが湧いたのか？」

このように、検証していきましょう。

また流行っているお店は、是非体験しに行きましょう。流行りの店には、必ず人の心を動かす理由があるはずです。

「自分の業種とは関係ないから、特に学ぶことはない」と思わないでください。

POINT 5

消費と投資

儲けが出ると誘惑が増える

お店は、いったん売り上げが上がる仕組みができると、その後は安定して収益を得ることができます。

しかし、うまくいき出したときこそ、気をつけなければなりません。そのあなたの傲りが、すでに事業の衰退へとつながっているのです。

お金が入りだすと、すべてが儲けであるかのような勘違いに陥ります。すると、私用での消費が拡大します。

あくまでも、売り上げはお店のお金だという認識が必要です。儲けがでたら、その分税金を支払う額が増大します。儲かった翌年は、驚くほどの額を納税することに愕然とするでしょう。

入ってきたお金を好きなように使っていたら、手元に現金がなくて、支払いに困窮することになります。

売り上げたお金がそれほど出ていないときは、たとえ消費への誘惑があったとしても、目の前のことに必死になって行動しているので、お金に目もくれないでしょう。もちろん、そんな余裕もないはずです。

開業当初は、休日返上で走り回り、休日があっても心が休まりません。

しかし、儲けが出てくると心にゆとりが生まれ、時間も程よく取れるようになります。

また、儲けが出てお金が入ってくると、たいていの人は支出が増えます。

その程度ならまだいいのですが、私のもとへカウンセリングを受けに来たクライアントは、さらに欲求を満たそうとしていました。

クライアントの会社は事業売り上げも順調でした。自由にできるお金を手にした彼は、パートナー以外の異性と関係を持つようになりました。支出が増えるのに従い、家族との関係は悪くなり、結果、家庭は崩壊しました。

家族の信用を失い、自身の心のバランスを崩して、仕事もうまくいかなくなってきた状態で、そのクライアントは私のもとへカウンセリングを受けに来たのです。

大きなお金を手にしたとき、「見栄を張りたくなる」「傲慢になる」「家族への感謝がなくなる」「消費が拡大する」「異性が気になる」などの感情が生まれたときは、注意が必要です。

信用を築いていくには時間がかかりますが、信用を失うのは一瞬です。一度、信用を失うと、自分の力だけではどうしようもない状況に追い込まれるのです。

リターンがある投資は積極的に行う

さて、消費を抑えることはもちろん大切ですが、投資は積極的に行いましょう。消費は仕事においてリターンはありませんが、投資はリターンがあります。

消費とは、車やバッグ、宝飾品といったものです。仕事へのリターンは一切ありません。投資には、お金の投資、時間の投資、エネルギーの投資があります。

何より**リターンが大きく、一番堅実な投資は、自分への投資**です。本やセミナーへの支出は、最もリターンが高い確実な投資といえます。

最も自分への投資リターンが大きいのは、連続の講座です。

単発の講座と違って、一定の期間、様々な肩書きを持った参加者と学びの場を共有します。講座後の懇親会では、参加者たちと心の距離が一気に縮まります。

ここで知り合った仲間は、一生の付き合いになります。ときには、共同で講座を開いたり、新規事業のアイデアをもらったり、集客に困ったときは親身になって相談に乗ってくれます。

人とのつながりから、新たな未来の希望が開かれるのです。

また、コンサルタントを雇うことも投資の1つです。事業は開始してから軌道に乗るまでが最も苦労します。苦労を経験することは大切ですが、できることなら短期間で乗り切りたいものです。

コンサルタントを活用することで、苦労する期間を圧倒的に縮めることが可能になります。

マーケティングのやり方、事業の継続、そういったことを短期間で一気に習得できるのです。そして、習得した手法は一生に渡ってあなたを助けてくれるでしょう。

次に考えたいのは、事業への再投資です。クライアントに喜んでもらえるように、新しいサービスを投入したり、広告費を投入して新規クライアントを獲得したり、設備投資をしたりします。

集客にかける費用も投資です。新規の集客に投資して、リピート客にしていくことで、リターンが得られるわけです。

設備投資は、たとえばパソコンをハイスペックなものに買い替えたりすることで、生産性がアップします。起動が遅い、たびたびフリーズするパソコンでは、無駄な時間を取られます。

また、店舗の内装を変えて、癒しの空間を作ることも、クライアントに喜んでもらえる、いい投資だといえるでしょう。

利益は内部留保しておく

税金を支払ったあとに残るお金は、いざというときのための再投資として備蓄しておきます。

儲けが出たときは、やたら気が大きくなって、大きな消費をしがちです。

とはいえ、何が起こるかわからないのが世の中です。事故や病気などが、自分の身に降りかかる可能性もあります。

長い人生の中では、自分の力だけではどうすることもできない、悪い流れが舞い込んでくることも考えられます。そのときのためにも、毎年内部留保しておく堅実さは、長く経営をしていくためにも必要です。

いざというとき使える資金を、計画的に増やしておきましょう。

POINT 6

勘だけに頼らない安定したカウンセリングをするために

経験と勘だけに頼らない

テレビドラマで見る刑事のように、「経験と勘だけが頼りだ」というカウンセラーはよくありません。もちろん、経験と勘も必要です。しかし、経験と勘が足りなくても、安定して質のいいカウンセリングを提供できることが大切なのです。

そのために、私は「カウンセリングファイル」というものをクライアントに提供しています。

カウンセリングファイルとは、自分がクライアントに提供できるメソッドのすべてを、目に見える形にまとめたものだと思ってください。

A4用紙にそれぞれの手法や、クライアントに行動してもらいたい内容を記し、それらの用紙をファイリングしています。

通常、カウンセリングの現場ではクライアントに資料を見せることは少ないようです。

カウンセリングファイルのことを同業のカウンセラーに話すと、「自分のノウハウが全部知られてしまうのではないか」と驚いていました。

たしかに、高額の講座やセミナーに投資をして、やっと手に入れた手法です。

「ノウハウを知られてしまう」

「手の内がバレてしまう」

このように、高額のお金を出して手に入れた手法を、カウンセリングですべて出してしまうのは「もったいない」とたいていの人は考えてしまいがちです。

しかし、もともとカウンセラーはカウンセリングを通じて、クライアントが前向きな行動を踏み出せるサポートをしようと考えていたはずです。

さらに、クライアントの家族も明るくなり、社会全体が希望に満ち溢れた世界になっていく、こういうことを夢見ていたのではありませんか。

このようなビジョンのためなら、あなたはすべての知識を提供しようと考えるはずです。だからこそ、カウンセリングファイルを提供するという考え方も取り入れてほしいものです。

私がカウンセリングファイルを提供するようになったのは、自身が受けたカウンセリング体験からです。

私が受けたカウンセリングは、話を聞いてくれるところが圧倒的に多かったです。ただ、それだけでは私は不満を感じていました。

とはいえ、私に行動のきっかけを与えてくれるカウンセリングもありました。しかし、家に帰ると何をしていいのか、すっかり忘れてしまいます。

たとえば、催眠療法はその場では癒されましたが、日常生活に活用できないことに不満を覚えました。

そこで、自分がカウンセリングを提供する立場になったときには、私と同じような不満が湧かないように、クライアントが日常生活でもセラピーの技術を使えるようなカウンセリングファイルを作成したのです。

通常、初回のカウンセリングでは、今後のカウンセリングの見立てをすると思いますが、私の場合は、初回にクライアントへ方向性を示すためにカウンセリングファイルを見せます。

その際、クライアントに見せる形の資料がない場合、どうなるでしょうか。

「こういう状態なので、こういう方針でカウンセリングをやっていきたいのですが、いかがでしょうか?」

いくら口頭で説明しても、クライアントへはあまり伝わりません。また、その場では納得したとしても、すぐに忘れてしまいます。

実際、私がカウンセリングを受けていたときも、口頭でいくら説明されてもさっぱり伝わってきませんでした。

「カウンセリングファイル」が安定したカウンセリングを生む

逆に、目に見える形でカウンセリングファイルを提供すると、「今はこういう状態で、こういう取り組みをしていくと改善方向に進める」ということをクライアントへわかりやすく伝えられます。

さらに、私が持っているメソッドのすべてを視覚的に見せることで、「こんなに知識やノウハウを持っている人なんだ」とクライアントから信頼も得られやすいです。

加えて、カウンセリングで使った資料を持ち帰ってもらうことで、私が出した課題をやってきてくれるクライアントは格段に増えました。

また、カウンセリングファイルはクライアントが一生手元に置いて活用できます。

私のクライアントはパニック障害を改善するために、カウンセリングファイルを毎日眺めては、自身が取り組んでいく内容を日々実践していました。そして、抗不安剤を服用することもなくなり、念願だった出産も叶いました。

その後、私に「今度はカウンセリングファイルを見ながら、育児に役立てていきます」とメールで報告してきました。

クライアントの家族に対しても目に見える資料があれば、クライアントは家族に「今、何に取り組んでいるのか」が説明しやすくなります。そうすることで、クライアントは家族からのサポートを受けやすくなります。

一方、私がかつてカウンセリングを受けていたときに不満だったのは、毎回同じ質問をされることでした。「ちゃんとメモくらいしておいてよ」と内心嫌気がさしていました。

もちろん、意図的に同じ質問をする場合もありますが、クライアントがうんざりするようではいけません。

一度に複数のクライアントにカウンセリングを行うので、どんなに記憶力に自信がある人でも、クライアント各々の進捗状況がわからなくなってしまいます。

その点、カウンセリングファイルを使うと、どの資料を使ったのか毎回記録しているので、それぞれのクライアントがどこまで進行しているかが一目瞭然なのです。

安定したカウンセリングができる

自分で作った資料は、自分のためのカウンセリングマニュアルとなります。また、それを軸にして、カウンセリングの方法をどんどん改良していくこともできます。

新たな学びがあったとき、資料があれば簡単に付け加えることもできるのです。

また、自分自身の調子の波に左右されず、カウンセリングを行えるようにもなります。

経験と勘だけのカウンセリングでは、調子が悪いときにはひらめきがなく、不安定なカウンセリングになってしまいます。

一方、提案できるカウンセリングファイルがあると、たとえ調子が悪くても、クライアントに安定したカウンセリングを行えます。

たとえるなら、カウンセリングファイルを持っていないカウンセリングを従来型のカウンセリングとすれば、カウンセリングファイルを持っているカウンセリングは、企画提案をするコンサルタント型のカウンセリングといえるでしょう。

コンサルタント型のカウンセリングを続けるほどに、カウンセラーの独自性が発揮されます。

もちろん、常にカウンセリングファイルが必要なわけではありません。

また、従来型のカウンセリングを否定するわけでもありません。クライアントの話をじっくり聞くことは非常に大切です。

しかし、カウンセリングファイルを持っていると、いろいろな事態に柔軟に対応できるということです。

このファイルに頼り切るのではなく、「上手に活用していきましょう」ということです。

うまく活用することで、どのクライアントにもバランスよくカウンセリングを行うことができるのです。

カウンセリングファイルを持っていれば、安定してクライアントのサポートを長く続けられるので、私にとってはなくてはならないものです。

おわりに

本書では、開業準備からお店を軌道に乗せ、発展させるためのノウハウを中心にお伝えしてきました。

開業当初を思い出すと、私も初めはわからないことだらけでした。

当時は、経営コンサルタントに質問しても「細かい部分は私にもわかりません」「その辺りはご自身で調べてやってみてください」という返答ばかりをいただいたものです。

今、振り返ると、私の質問があまりにも次元が低くかったので、コンサルタントの先生も答えに困っていたのだと思います。

このような経験から、私自身が開業するときに、私が知りたかった内容を本書では紹介しました。

ですので、物理的につまずくポイント、精神的につまずくポイントなど、実体験に基づく生々しい話をあえてお話ししました。

あなたが成長し続けることで、事業は継続していけるのです。

その中で、予期せぬ困難があなたに降りかかってくることもあるでしょう。

しかし、困難があるから、人は成長していけるのです。

ピンチは、成長するチャンスだということです。

こういう捉え方ができるようになれば、困難にも感謝できるようになれます。

このような状態では、もはや成功するしかなくなるでしょう。


これからカウンセラーとして開業される方、すでに開業しているけれど苦戦している方に、本書が少しでもお役に立てれば、これほどうれしいことはありません。

参考文献

阿部圭司著『新版リスティング広告 成功の法則』ソーテック社、2013年3月
五十嵐和也著『たった90日であなたの先生ビジネスは絶対儲かる!』秀和システム、2013年11月
遠藤晃著『たった5人集めれば契約が取れる! 顧客獲得セミナー成功法ー全国No.1営業マンが初公開!』ダイヤモンド社、2010年3月
大谷由里子著『DVD付 講師を頼まれたら読む「台本づくり」の本』中経出版、2010年12月
北林絵美里著『「カウンセラー」になって月収100万円稼ぐ法』同文舘出版、2012年8月
五藤万晶著『コンサルタントのための〝キラーコンテンツ〟で稼ぐ法』同文舘出版、2013年9月
瀧内賢著『これからはじめるSEO内部対策の教科書』技術評論社、2012年10月
竹村徹也著『儲かる会社はNewsづくりが上手い』実務教育出版、2004年9月
玉井昇著『Google Analyticsで集客・売上をアップする方法』ソーテック社、2013年9月
中村博著『誰でも年収1000万円! 稼げるコーチ・カウンセラーになる方法』日本実業出版社、2014年4月
浜口隆則著『起業の技術』かんき出版、2013年12月
平賀正彦監修『実例が教える! ネット購買心理をつかむ成功の法則』TAC出版、2010年3月
馬場乾竹著『うまくいく治療院&サロン経営6つのかんたんルール』ごま書房新社、2011年5月
福満ヒロユキ著『メディアを動かすプレスリリースはこうつくる!』同文舘出版、2011年3月
向井邦雄著『お客様がずっと通いたくなる小さなサロンのつくり方』同文舘出版、2011年4月
やまうちよしなり著『最新版〝地域一番〟美容院 開業・経営のすべて』同文舘出版、2014年9月
吉田崇著『儲かる! 治療院経営のすべて』同文舘出版、2005年5月

著者紹介

矢場田 勲（やばた・つとむ）

心の悪循環を断ち切る心理カウンセラー
カウンセラー専門の開業・集客コンサルタント

1973年3月26日生まれ　京都市出身
10代半ばで、不登校や引きこもり、対人緊張、不安神経症、うつ病等で悩みはじめる。20代半ばで心の悩みを克服。さまざまな職業を経験したあと、2008年に心理カウンセリングルーム「健康物語」を開始。

最初の半年間は集客で苦戦するが、HP、チラシ、ブログといった集客ツールを駆使して試行錯誤を繰り返しながら、安定した集客やリピートのノウハウを確立する。現在に至るまで、うつ病、不眠症、パニック障害、強迫性障害、社会不安障害、過食症、心身症、対人恐怖といった悩みを抱えたクライアントの心を癒し、成長させるためのサポートを続けている。

自宅兼店舗でありながら、毎月集客10名以上、リピート率70%以上を達成。1対1のカウンセリングだけで月収100万円を超える。カウンセラーとしての成功実績が注目され、自著を2013年に出版している。

1対1のカウンセリングで生涯活躍したいカウンセラーを育成するために、開業・集客の成功ノウハウを伝えるコンサルティング事業も開始。現役の心理カウンセラーならではのカユいところまで手が届くアドバイスや、本人が気づいていない強みと魅力を最大限に引き出す手腕に定評がある。

心理カウンセリングルーム「健康物語」
https://kokoro119.net

カウンセラー開業・集客サポート
https://no1-support.jp

カバーデザイン
bookwall

カバーイラスト
ウラモトユウコ

本文デザイン+レイアウト
矢野のり子+島津デザイン事務所

本文イラスト
矢場田麻希

協力
小山睦男(インプルーブ)

本書の内容に関するご質問は封書もしくはFAXでお願いいたします。

弊社のウェブサイト上にも質問用のフォームを用意しております。

〒162-0846
東京都新宿区市谷左内町21-13
(株)技術評論社　書籍編集部
『プロカウンセラー 開業&集客バイブル』質問係
FAX　03-3513-6183
Web　https://gihyo.jp/book/2015/978-4-7741-7368-9

プロカウンセラー　開業《かいぎょう》&《あんど》集客《しゅうきゃく》バイブル

2015年　6月25日　初版　第1刷発行
2020年 12月31日　初版　第2刷発行

著　者　矢場田《やばた》　勲《つとむ》
発行者　片岡 巌
発行所　株式会社技術評論社
東京都新宿区市谷左内町21-13
電話　03-3513-6150　販売促進部
03-3513-6166　書籍編集部
印刷／製本　港北出版印刷株式会社

ISBN978-4-7741-7368-9　C2034
Printed in Japan